本书得到国家自然科学基金项目"基于缺陷修复视角的企业内部控制风险免疫能力强化机制研究"（项目号：71572002）的资助

风险提示信息的决策价值研究
——基于年报文本信息的实证检验

林钟高　杨雨馨◎著

图书在版编目（CIP）数据

风险提示信息的决策价值研究——基于年报文本信息的实证检验/林钟高，杨雨馨著. —北京：经济管理出版社，2019.3
ISBN 978-7-5096-6427-8

Ⅰ.①风… Ⅱ.①林… ②杨… Ⅲ.①上市公司—会计分析—研究—中国 Ⅳ.①F279.246

中国版本图书馆 CIP 数据核字（2019）第 040830 号

组稿编辑：张巧梅
责任编辑：张巧梅
责任印制：黄章平
责任校对：董杉珊

出版发行：经济管理出版社
（北京市海淀区北蜂窝 8 号中雅大厦 A 座 11 层　100038）

网　　址：	www.E-mp.com.cn
电　　话：	（010）51915602
印　　刷：	三河市延风印装有限公司
经　　销：	新华书店
开　　本：	720mm×1000mm/16
印　　张：	15.5
字　　数：	296 千字
版　　次：	2019 年 4 月第 1 版　2019 年 4 月第 1 次印刷
书　　号：	ISBN 978-7-5096-6427-8
定　　价：	68.00 元

·版权所有　翻印必究·

凡购本社图书，如有印装错误，由本社读者服务部负责调换。
联系地址：北京阜外月坛北小街 2 号
电话：（010）68022974　邮编：100836

前　言

　　会计信息在资本市场中的决策价值成为财务会计与金融学领域研究的热门话题，自瓦茨和齐默尔曼《实证会计理论》发表以来，关于会计信息决策的有用性不仅成为中外会计目标的核心特征和首要价值取向，而且研究文献几乎涵盖了整个财务会计的各个领域，为会计信息的决策价值提供了相当丰富的理论思想与经验证据。通过对会计信息决策价值相关研究成果的简要回顾，不难看出，会计信息的决策价值表现为强烈的会计经济后果，会计信息披露制度安排或结构直接形成资源配置状况，或驱动资源配置状况改变，或影响对资源配置的调节。会计的历史其实质就是会计选择的历史，按照不同的会计（准则）选择生成不同的会计信息，诱导出不同的会计经济行为，从而影响到市场上各行为主体对稀缺资源配置的选择，包括资源在不同主体间的配置、资源的流向和流量以及资源使用的分布状况（格局），从而影响不同主体的利益，包括一部分人受益，另一部分人受损，因而会计信息具有"深刻的经济意义和经济后果"的功能。就此而言，会计信息经济影响总是从经济后果的角度涉及"公司必须报告什么（即披露问题）和如何描述其经济活动（即计量问题）"的一系列问题。具体来看，会计信息的经济后果（Beaver，2009）主要包括：第一，影响投资者之间财富的分配，这一后果涉及权益或公允的问题，信息不对称实质上就是不公正，这成了会计信息立法管制的重要动因之一。第二，影响所招致的累计风险水平和可能影响该风险在不同利益关系人之间的分布。例如，针对道德风险问题考虑的投资者和管理当局之间的激励合同，还决定了风险是如何由他们共担的。与此同时，赋予管理当局对不利后果的法定义务，可能影响管理当局在项目选择中进行风险与收益之间的权衡，并影响经济中所发生风险的累计水平。第三，影响用于生产、鉴证、传播、处理、分析和解释披露所花费的资源数量，并借助于社会财富在消费与投资之间的资源配置，以影响经济中的资本构成率。第四，影响投资在企业之间的配置。会计信息披露可能改变投资者关于与具体证券有关联的收益和风险的信念，从而使投资者转向更合乎需要的投资机会，并将这种转移反映在新资本在企业间配置的方式中。第五，改变民间机构搜集非披露信息所使用的资源数量。股份公司具有提供这类信息的动机，财务分析师等中介组织具有搜集和传播此类信息的动机。这些活动构成了民间机构的信息生产和允许该类投资活动,以及反映到证券价格上,从而反映出比股份公司正式文件更广阔的信息内容。第六,改变管理当局采纳一定项目的动机。比如通过披露降低了企业获取创新活动利益的能力,即形成披露的"竞争劣势";改变了管理当局愿意去做的风险回报权衡,即形成披露的"法律责任";阻碍了管理当局某些不当的行为方式(如欺诈);等等。会计信息如此,作为会计信息重要组成部分的风险提示等文本信息焉能例外。

在社会经济系统的运行中,由于各种随机的不可测因素的影响,经济主体面临的决策环境充满着不确定性,信息始终是一种重要的稀缺资源。从产权经济学角度看,经济学所研究的是资源稀缺性对人的利益的影响,以及由此而产生的人与人之间的利益冲突。对于信息资源的占有程度决定着相关利益人的获利大小。于是,在有限理性的前提下,信息持有者将会根据自身利益的需要而披露一定的信息,以免因信息的完全披露而使利益受损。现实中,由于交易费用、委托代理关系、契约不完全性、机会收益、信息产权的模糊性以及知识主体的认知有限性,导致信息不对称性的广泛存在,包括管理者与投资者之间的信息不对称而引发的"逆向选择"和"道德风险"问题,投资者之间的信息不对称导致财富在消费与投资之间的分配以及资金如何在可提供的各种证券之间进行分配的错位。它们都会造成资源配置无法达到合理有效,使社会资源造成浪费。包括风险提示在内的会计信息披露的价值正是为了在一定程度上努力减少信息不对称,协调信息提供者和使用者之间的利益,维护信息市场的公平性和有效性。

在实证会计研究中,对会计目标的探索,通俗地说,就是要寻找经验证据来回答"会计信息有什么用"这个问题。实证会计研究是随着资本市场,特别是证券市场的发展而发展起来的,围绕着"会计信息有什么用"这个问题并结合资本市场数据从不同的视角展开研究,形成了信息观、计价观和契约观三个不同维度对会计信息有用性的理解。信息观认为,在市场不完全和充满不确定性的现实经济世界中,任何会计方法都不可能得到企业的"真实收益",会计信息的作用是向投资者传递某种有助于判断和估计经济收益的"信号"(Signal)而不是经济收益本身。信息观以"会计信息—实际股价"的思路展开研究,研究者通常使用事项研究(Event Study)的方法来探查会计信息的信号功能及其特征,主要研究会计信息(如盈利信息)对股票价格的作用,不考虑市场是怎样把信息转换到股票价格中去的。如果股票价格对所披露的会计信息有反应,则说明该会计信息在股票定价中起了作用,反之,则说明会计信息并没有被投资者(信息使用者)所利用,因此,信息观成为验证会计信息的作用和对现行会计信息进行甄别和取舍的重要依据。计价观认为,股票市价是不合理、不准确的,但会计信与股票价值有关系,人们可用会计数据来计算股票的内在价值,并反过来验证股票定价的合理性。奥尔森(Ohlson,1990,1995)、费尔森和奥尔森(Feltham and Ohlson,1995)基于"会计信息—计价模型—股票内在价值—实际股价"的逻辑思路,在其计价模型中首次将股票价值与股东权益账面价值和未来盈利联系起来,确立了会计信息在决定股票内在价值中的直接作用,从而打开了股票价格这个"黑匣子",当然也回答了信息观所没有回答的问题,即会计信息是如何决定股价的。在证券市场上,各类投资者紧盯着证券价格的波动,极力捕捉着种种对证券价格能够产生现实及潜在影响的信息,经过对这些信息的迅速加工分析,按照自己对有关证券价位、收益率及风险的判断并做出决策,从而促使经济资源包括人力资源在企业间流动转移,由此,社会资源得到重新组合与配置,而会计信息就是其中的一个非常重要的信息源。契约观是在现代企业理论的基础上,把企业看成是拥有不同要素的所有者为了获得各自的要素报酬,通过明示的或暗含的契约(法律、合同、承诺、文化、习俗等)相互联结在一起的一个利益混合体。因此,企业是没有明确的目标的,企业中契约各方之间利益冲突不可避免,按照生存原则,亦即经济达尔文主义(阿尔钦安,1950),就减少利益冲突的成本并最大限度地提高企业价值而言,一套能随着时间推移而"生存"下来的契约是有效的(法玛和詹森,1983)。无论有关"财产权"的文献还是有关订约的文献都表明,会计在制定契约的条款以及在监督这些条款的实施中发挥了重要的作用。会计和审计是作为企业契约的监督工具而产生的,因此,会计信息就是为企业这一契约集合体各种契约的签订与执行提供基础性数据,并因而成为企业契约的重要组成部分,以此降低企业(作为一系列契约的联结)的契约成本(包括签约成本和监督成本等)(Watts and Zimmerman,1986)。显然,契约观是从会计是企业契约组成部分的角度对会计作出的解释。从信息决策有用性的角度看,契约观是从企业制度这一层面来诠释会计信息的,而信息观和计价观是从市场制度这一层面来诠释会计信息的,它们是互为补充的。在信息观和计价观看来,如果会计信息与股价变动或股价水平没有关联,那么,会计信息就是无用的。实际上,即使会计信息与股价没有关系,但它仍然可能是有用的,这就是它在构成企业的各种契约中扮演着十分重要的角色,会计是企业契约的重要组成部分。如果我们仅仅局限于信息观和计价观,就不能解释,为什么企业管理当局热衷于那些不影响企业现金流量从而也不影响股票价格的非实质性会计政策的变更,为什么企业管理当局愿意耗费大量的资源用于某项会计准则制定过程中的"游说"活动。诸如此类的非"股价"问题,大多可以通过契约观得到解释。

然而,不管现有的研究观点有多大的不同,研究角度有多大的区别,会计信息都在其中扮演着十分重要的角色。但是令人感到遗憾的是,20世纪80年代初之前的会计实证研究基本上局限于结构化信息的使用（可以数字化的数据信息，可以方便通过计算机和数据库技术进行管理），非结构化信息（也称文本信息，无法完全数字化的信息）基本被排除在研究视野之外，直到 Core 等（2008）和 Henry 等（2008）提出管理层讨论的语调研究课题，非结构化信息才逐渐成为国外会计实证研究的热点，许多学者开始致力于运用文本分析方法来解决会计与财务问题，并取得了众多有价值的研究成果。根据财务报告信息披露的特点，除了结构化信息之外，大量的表现为非结构化信息，这些信息资源中拥有大量的有价值的决策线索，而且正在以成倍的速度增长。据统计，在信息化时代，企业所管理的结构化数据只占到企业全部信息的 10%，其他的 90% 都是数据库难以存取到的非结构化信息和知识。这些信息资源因为"信息流的不畅通、计量的困难"而丧失了其应有的巨大价值。这些非结构化的信息隐性包含了掌握着企业命脉的关键，隐含着许多提高或者影响企业效益的未来机会，成为企业内部以及企业与供应商、客户、合作伙伴、监管机构解读和使用数字化共享所有形式的数据资源的重要基础，而且已经越来越重要。本书正是在这样一种背景下，从年报管理层讨论的文字表述中提取风险提示文本信息，实证研究风险提示文本信息对企业信贷行为、控制行为、治理行为以及审计行为等方面的决策支持价值。其主要的学术贡献在于：

第一，从会计信息的本质属性出发，结合风险信息的固有风险特征，探究已有的风险提示信息披露产生了何种信息增量贡献，为非财务信息披露研究提供新的研究视角。本书基于现有有关资本市场信息效率研究取得的成果，以上市公司风险信息披露、风险信息质量、市场决策反应为切入点，并考虑市场参与者对信息感知的异质性，探索风险信息披露行为对资本市场信息效率的影响机制，对当前有关资本市场信息效率的相关研究进行了补充与拓展，既拓展了资本市场信息效率影响因素的研究范围，又完善了关于"投资者信息获取—公司信息披露行为/质量—资本市场反应"的研究框架。

第二，揭示企业风险提示信息披露面临内外部治理环境变化的能动性，建立内外部公司治理机制和微观企业信息披露行为的互动分析框架，从完善信息披露视角进一步丰富上市公司治理机制领域的理论经验证据。本书希望通过内外部治理机制的互动分析，进一步探索年报风险提示信息的内外部影响因素及其交互作用，丰富风险信息披露环境的相关文献，更好地发挥文本型风险信息披露的补充说明作用，也为投资者法律保护相对较弱的新兴市场经济国家改善本国企业的公司治理提供借鉴。

第三，从市场微观结构的视角丰富了关于风险提示信息披露产生的经济后果研究。本书以中国资本市场为研究对象，从市场微观结构的视角考察上述问题，

前 言

一方面有利于揭示在一个新兴市场,年报风险提示信息披露行为如何影响了内外部信息使用者的信息解读、交易动机以及价格发现过程,使监管当局更有效地监管市场;另一方面有利于丰富公司信息披露融入市场微观结构的相关文献。

第四,丰富了现有研究中关于文本类数据的收集和度量方法,借助文本分析软件 ROSTCM6 对公司年报进行关键词检索,实现了大样本、高效率研究,同时保证了客观的度量标准。本书采用内容分析法和文本分析软件对年报中风险信息披露问题进行方法上的创新研究,突破定性信息、语言文字信息和定量数据信息等量齐观的信息研究瓶颈,扩展了内容分析法在年报研究中的应用空间和应用前景。

第五,为利益相关者的决策和监管行为优化与制度安排提供经验证据。面对日趋复杂的环境,企业的经营者、所有者必须关注经营环境,关注资本市场对企业的评价和反应。作为投资者必须准确掌握企业面临的各种各样的风险,从而确定投资的报酬要求。作为债权人必须密切关注企业的风险,据此评估偿付要求和回报要求。风险存在于企业的各个方面。风险会给企业带来超过资金时间价值的报酬,同样会给企业带来无法弥补的巨额损失。相对于风险给利益相关者带来的报酬而言,风险所带来的损失更值得关注。本书试图通过研究风险信息披露质量、影响因素以及经济后果,期望使资本市场信息不对称状况有所改善,为年度报告信息披露注入新的元素,也为利益相关者的决策行为和监管行为提供经验证据。

综观会计实证研究的大量文献,我们总感到有一些遗憾,似乎凡是使用了财务报告数据的,都是会计实证研究,其实不然。就我们的认知和理解而言,会计实证研究的落脚点应该是如何完善会计准则及其一系列规范,会计实证研究还是要回到原点,即会计信息在资本市场的价值,通过会计信息经济后果(直接抑或间接)的理论分析与实证检验,反思会计准则及其会计规范的质量与有效性,为会计准则及其规范的制度安排、会计准则国际趋同等效进程的中国话语权提供思想与经验证据。这也是本书的写作初衷。

本书作为国家自然科学基金的阶段成果,我们试图为会计信息研究"回到原点再出发"的初心做点贡献。说实在话,在本书的研究过程中,我们碰到了不少的困难。首先是文本信息研究文献大量地存在于国外学者中,国内学者涉猎得不多,而且是近几年才开始重视的,因此可参考的文献不多,这迫使我们要从信息经济学等理论方面挖掘相应的理论基础,丰富信息理论根基。同时由于文本信息没有现成的商业化数据库可供采用,这迫使我们必须大量地依赖计算机技术,采用相应的文本信息挖掘方法和内容分析方法,建立自己的文本研究数据库。因此,艰难的前期准备工作让我们备受煎熬,好在有一大批学术界朋友的鼓励与支持,有大量充满思想和智慧光辉的研究成果指引,有研究生弟子们的齐心协力与聪明才智,才有这本书的面世。在此,我们要感谢一直支持研究和探索的国家自然科学基金委管理学部,感谢给予我们精神和智慧的学界朋友,感谢课题组成员的努力,感谢安徽工业大学这片热土,感谢经济管理出版社的张巧梅老师。但是由于水平所限,特别是文本提取技术和能力尚有差距,本书难免存在诸多瑕疵甚至错误,期待大家本着学术精神给予指正,以期今后做出更好的研究。

目 录

第一章 问题提出与研究创新 ·· 1
    第一节 问题提出 ·· 2
    第二节 研究价值与理论创新 ·· 12
    第三节 研究内容与逻辑框架 ·· 15

第二章 理论基础与文献回顾 ·· 18
    第一节 理论基础：对现代企业理论的借鉴 ························· 18
    第二节 实证基础：有效市场假设与资本资产定价模型 ·········· 29
    第三节 文献回顾与评论 ·· 34

第三章 风险提示信息与银行信贷决策 ······································ 49
    第一节 问题提出 ·· 49
    第二节 理论分析与研究假设 ·· 51
    第三节 研究设计 ·· 55
    第四节 回归结果及其实证分析 ··· 57
    第五节 进一步分析：基于产权与市场化进程的检验 ············ 63
    第六节 本章小结 ·· 65

第四章 风险提示信息与企业内部控制缺陷及其修复 ················· 71
    第一节 问题提出 ·· 71
    第二节 理论分析与研究假设 ·· 74
    第三节 研究设计 ·· 78
    第四节 回归结果及其实证分析 ··· 80
    第五节 动态视角的递进分析与内生性检验 ························ 87
    第六节 稳健性检验 ··· 93
    第七节 本章小结 ·· 97

第五章 风险提示信息与公司外部治理机制 …… 99
第一节 问题提出 …… 99
第二节 理论分析与研究假设 …… 102
第三节 研究设计 …… 107
第四节 回归结果及其实证分析 …… 109
第五节 内生性检验与稳健性测试 …… 121
第六节 本章小结 …… 127

第六章 风险提示信息与审计意见 …… 130
第一节 问题提出 …… 131
第二节 文献回顾 …… 136
第三节 理论分析与研究假设 …… 147
第四节 研究设计 …… 160
第五节 回归结果及其实证分析 …… 165
第六节 进一步检验：基于公司状态与审计频率 …… 180
第七节 内生性检验与稳健性测试 …… 196
第八节 本章小结 …… 205

参考文献 …… 208

第一章 问题提出与研究创新

会计信息与市场决策之间究竟是怎样一种关系，这是会计学界乃至经济学界长期以来一直在探讨的一个问题。会计作为一种具有管理功能的信息系统，它固有的职能和中心内容是通过会计报告的形式提供信息，因而信息披露（揭示）的管制方式、项目内容在很大程度上制约着整个会计工作过程。严格意义的会计信息包括定量化信息（或者叫作结构化信息，可以数字化的数据信息，可以方便通过计算机和数据库技术进行管理）和非定量化信息（非结构化或者文本化信息，无法完全数字化的信息），对会计信息的关注长期以来侧重于定量化（结构化）信息，而对于非定量化（非结构化）信息则较少关注，这不能不说是会计研究的一大遗憾。因为从结构化信息与非结构化信息的发展趋势看，不管是理论研究还是企业实践，都需要重视非结构化信息的应有价值的挖掘。根据财务报告信息披露的特点，除了结构化信息之外，大量的表现为非结构化信息，这些信息资源中拥有大量的有价值的决策线索，而且正在以成倍的速度增长。据统计，在信息化时代，企业所管理的结构化数据只占到企业全部信息的10%，其他的90%都是数据库难以存取到的非结构化信息和知识。这些信息资源因为"信息流的不畅通、计量的困难"而丧失了其应有的巨大价值。这些非结构化的信息隐性包含了掌握着企业命脉的关键，隐含着许多提高或者影响企业效益的未来机会，成为企业内部以及企业与供应商、客户、合作伙伴、监管机构解读和使用数字化共享所有形式的数据资源的重要基础，而且已经越来越重要。

需要指出的是，文本信息包括广义与狭义两种，广义文本信息包括分析师研究报告、媒体新闻报道、互联网论坛上的帖子以及投资者通过各种渠道发表的观点评论等与现代财务会计研究紧密相连、一切可纳入会计研究的各种文本内容和信息，而狭义的文本信息是公司发布的具有会计相关性的文本信息，主要包括公司披露的年报、季报、招股说明书、季度盈余公告、管理层盈余预告以及电话会议纪要等文本。本书所指的文本信息专门针对年报"管理层讨论"和"董事会报告"中关于风险的提示信息。

第一节 问题提出

一、从会计目标看：经济资源有效配置，离不开非结构化信息的解读

经济资源有效配置作为会计的终极目标，它决定着会计信息系统运行的指向，以及需要达到的基本要求，它是整个会计信息系统运行的定向机制。在会计实践中，人们之所以选择了某些程序和方法，而摒弃了另一些程序和方法，总是基于一定的动机和理由，由此追溯下去直至最终的理由，就是经济资源有效配置这一会计终极目标。可以说，会计终极目标已经成为会计信息与市场决策相关性的重要理论依据，成为会计实践中起决定性方向作用的客观因素，这个因素制约和影响到会计工作的所有方面，控制着会计工作的各个环节和整个过程，是会计工作的内在规定性。正如亨德里克森所言：任何研究领域都要以确定目标为其出发点。在会计领域中，目标可以视为超过或同于假设水准的一组建议——各种原则和规则都应逻辑地引自各种假设，并达到与会计的终极目标相一致的要求（亨德里克森，1977）。

（一）会计目标理论的简要回顾

大规模研究会计目标问题，虽然是 20 世纪 70 年代初期以后的事情，但人们关注会计目标却始于 20 世纪 30 年代（葛家澍，1988）。20 世纪三四十年代，美国一些会计文献都直接或间接涉及会计目标问题，如佩顿和利特尔顿在其合著的经典名著《公司会计准则绪论》中认为，会计的目标是"提供关于某一企业的财务数据，加以汇集、整理与提供，以满足管理当局、投资人和社会公众的要求"（1940）。50 年代，美国会计理论界的很多学者都将会计目标直接作为研究的对象，其杰出的代表作是利特尔顿的《会计理论结构》，他把会计目标分为中间目标、前提目标和最高目标，提出"会计是以数据为手段来帮助人们了解企业"，"为了帮助管理当局和其他人士了解企业实现这一目标，会计必须对数据如实分类、正确浓缩并充分报告"。60 年代，迪瓦恩在《研究方法论与会计理论设计》一文中，第一次提出了会计目标在会计理论体系中的重要性，他说，"企业在构造一种起服务职能的理论体系中，第一个程序是建立职能的目标。随着时间的推移，目标是会改变的，但是在任何时候，目标都是必须明白或有可能明白地予以规定"（1960）。直到此时，会计目标理论才真正作为会计理论的逻辑起点进入会计人员的研究视野中，并因此揭开了会计理论研究新的一页。引起这种

变化的原因，固然有会计人员长期探索的结晶，但不可否认，会计外部环境的变化是极其重要的一个因素。因为，60年代以后，美国经济学和财务学的研究，出现了突破性的进展。一方面，研究对象扩大化、广义化，从传统经济学的核心内容——财富——发展到社会生活的各个领域，特别是财务学中的有效市场假设和资本资产定价模型理论等，为早期的会计目标研究提供了直接的理论依据。另一方面，经济学和财务学的主流派方法逐步转向信息与市场的实证分析，为早期的会计目标理论研究提供了可资借鉴的方法和模型。

1966年，为纪念美国会计学会成立50周年，美国会计学会专门发表了《基本会计理论说明书》，明确提出了会计应当为下列目标提供信息：①对有限资源的利用所做出的决策，包括辨认决定性的决策领域，并确定目标与方向；②有限地管理和控制一个组织的人力资源与物质资源；③记录（保存）与报告资源的受托责任；④促进（会计主体的）社会职能并控制此种资源。1970年，美国会计原则委员会发表了题为"企业财务报表编报的基本概念与会计原则"的第四号报告，提出财务会计和财务报表的目标是"向财务报表的使用者特别是所有者和债权人，提供有助于他们进行经济决策的定量化的财务信息，这些信息有助于报表使用者（主要指所有者和债权人）进行经济决策"，这个目标包含提供能用来评估管理当局执行经营责任和其他管理责任的效率的信息。第四号报告还把"遵守公认会计原则，公允地揭示财务状况、经营成果和财务状况（现金流量）的其他变动"作为财务报表的具体目标。

1973年，受美国注册会计师协会委托成立的特鲁伯鲁德研究小组发表了题为"财务报表的目标"的研究报告，并将目标分解为基础目标、使用者和用途、需求的信息、信息性质、财务报表、特别推荐的报表等共12项。1978年，美国财务会计准则委员会发布了第一号概念公告（财务报表的目标），这一公告在财务报告目标方面既有不少新的见解（如将财务报表扩大为财务报告、分离出企业与非营利组织的财务报告目标等），发展了特鲁伯鲁德报告，又坚持了权责发生制，并肯定了历史成本信息在实现财务报告目标中不容置疑的作用。

随着第一号概念公告的发布，对会计目标的研究从理论逐步走向应用，受到全面重视，并被作为财务会计理论框架的逻辑起点。其他国家的会计准则制定机构也纷纷研究会计概念，将会计目标作为一个核心的概念。主要观点有：①财务报表的目标广泛集中于对投资者决策有用的信息……财务报告在整个经济中的作用是提供对经营和经济决策有用的信息，而不是确定这些决策应该是什么样的信息（FASB，1978）。②财务报表的目标是提供在经济决策中有助于一系列使用者关于企业财务状况、经营业绩和财务状况变动的信息……财务报表还反映企业管理当局对交付给它的资源的受托管理责任或经营管理责任。使用者之所以评估企业当局的受托管理工作,是为了能够作出相应的经济决策,例如,是保持还是出卖其对企业的投资,是续聘还是更换管理者等(IAS,1989)。③通用财务报告的目标是向信息使用者提供对制定并评价稀缺资源配置有用的信息……它还可以用作管理当局免除向报告使用者所承担的受托管理责任的手段(AARF,1987)。④财务报表的目标是提供有关企业的财务状况、业绩和财务适应能力,以便为一系列广泛的使用者在进行经济决策时提供有用的信息(ASB,1991)。

随着20世纪60年代后期以来的实证研究方法在会计中的应用逐步深入,实证会计学者们尝试用实证研究的思路来解释会计目标,他们从信息观、计价观和契约观三个不同的维度对会计目标进行了探索,并取得了许多成果和相关经验证据①。

---

① 信息观的提出最初是针对长期占据会计理论统治地位的经济收益观而来的。经济收益观又称真实收益(盈余)观,持这种观念的会计学家认为会计的目的是为了通过特定的会计确认、计量等程序得到企业的"真实收益"。这种观念会自动引出两个问题:一是企业存在"真实收益",既然存在"真实收益",那么它就可以成为一种价值判断标准,用来规范企业的会计行为;二是一定或应该存在一种会计程序或方法,可以计算出企业的"真实收益"。因此,在信息观提出之前,会计学家争论最多的是何种会计程序是"最好"的和"应该"采用的会计方法。系统阐述信息观的专著是实证会计学派的元老之一、美国斯坦福大学 Beaver 教授所著《财务呈报:会计革命》一书。信息观以资本市场是有效的为前提,在信息观下,研究者通常使用事项研究(Event Study)的方法来探查会计信息的信号功能及其特征,主要研究会计信息(如盈利信息)对股票价格的作用,不考虑市场是怎样把信息转换到股票价格中去的。如果股票价格对所披露的会计信息有反应,则说明该会计信息在股票定价中起了作用,反之,则说明会计信息并没有被投资者(信息使用者)所利用,因此,信息观成为验证会计信息的作用和对现行会计信息进行甄别和取舍的重要依据。从20世纪60年代起至80年代末,建立在证券市场有效性假设基础上的信息观在证券市场会计研究中处于主流地位,而到了80年代末90年代初,人们发现股票价格不仅反映了信息,还反映了噪音交易者的噪音(Black,1986),引起证券市场会计研究视角的变化,计价观占据了主导地位。计价观的建立主要应归功于奥尔森(Ohlson,1990,1995)、费尔森和奥尔森(Feltham and Ohlson,1995)的开创性工作,在他们提出的计价模型中首次将股票价值与股东权益账面价值和未来盈利联系起来,确立了会计信息在决定股票内在价值中的直接作用,从而打开了股票价格这个"黑匣子"。当然也回答了信息观所没有回答的问题,即会计信息是如何决定股价的。在证券市场上,各类投资者紧盯着证券价格的波动,极力捕捉着种种对证券价格能够产生现实及潜在影响的信息,经过对这些信息的迅速加工分析,按照自己对有关证券价位、收益率及风险的判断作出决策,从而促使经济资源包括人力资源在企业间流动转移,由此,社会资源得到重新组合与配置,而会计信息就是其中的一个非常重要的信息源。而契约观则是基于 Jensen 和 Meckling 在1976年发表的那篇经典论文得到的启示,企业作为一种组织,只是一个法律虚构,是"一系列契约的联结"。这一系列契约的参与人(企业契约方)包括投资者、债权人等利益相关者,契约观正是在现代企业理论的基础上,把企业看成是拥有不同要素的所有者为了获得各自的要素报酬,通过明示的或暗含的契约(法律、合同、承诺、文化、习俗等)相互联结在一起的一个利益混合体。因此,企业是没有明确的目标的,企业中契约各方之间利益冲突不可避免,按照生存原则,亦即经济达尔文主义(Economic Darwinism)(阿尔钦安,1950),就减少利益冲突的成本并最大限度地提高企业价值而言,一套能随着时间推移而"生存"下来的契约是有效的(法玛和詹森,1983)。无论有关"财产权"的文献还是有关订约的文献都表明,会计在制定契约的条款以及在监督这些条款的实施中发挥着重要的作用。会计和审计是作为企业契约的监督工具而产生的,因此,会计的目标就是为企业这一契约集合体的各种契约的签订与执行提供基础性数据,并因而成为企业契约的重要组成部分,以降低企业(作为一系列契约的联结)的契约成本(包括签约成本和监督成本等)(Watts and Zimmerman,1986)。

(二) 两种研究思路：规范性目标与实证性目标

从以上关于会计目标的回顾可以看出，会计目标的研究一直沿着两条不同的思路在进行着，这就是：规范性目标和实证性目标。

规范性目标主要是建立在演绎法基础之上的，期望通过目标的界定，提出会计应当提供什么样的信息，以期改进现行会计程序与结构。20世纪70年代以后，规范性目标研究形成了两个代表性的流派：受托责任观和决策有用观[①]。受托责任观认为会计的目标就是向资源的提供者报告资源受托管理的情况，它应以历史的、客观的信息为主；决策有用观认为会计系统的根本目标就是向信息的使用者提供对他们进行决策有用的信息，更强调信息的相关性、有用性。

规范性目标重视研究过程中归纳或演绎推理的正确性、合理性，注重理论的内在科学性和一致性。所形成的会计目标理论具有对实践的指导和影响作用，可以规范会计行为。同时，通过规范性目标的研究，能找出较佳的会计规则和较优的会计程序和方法，能推动会计理论向前发展。但是，规范性目标由于不太重视目标理论本身的验证，许多理论、概念没有经过验证，仍属于学术上的推论和假设。这里的检验包括：来自实践的检验（即理论预测的推论与实际结果的一致性程度）、运用大量经验数据及数学模型的验证。因此，规范性目标的规范功能、预测功能很强，但对实践的解释功能相对较弱。

实证性目标主要是借鉴实证经济学的分析手段，将会计目标研究从纯粹的逻辑推理发展为在一定的推理之上，用大量的经验数据来验证结论。强调研究过程、研究结果能精确地计量、表述，第三者可以对研究过程和结果加以验证。从代理理论看，会计信息的作用之一是降低代理成本；而依照契约理论，企业是一系列复杂契约关系的联结点，其功能在于通过这一联结点所隐含的委托—代理关系（实际上体现了复杂的委托受托经济责任关系），让企业的各方参与者（股东、经理、债权人、雇员、政府等）根据所订立的各种契约来取得其于企业中分配现金流量与其他资源的权利，因而，财务会计的目标就是，为企业各种契约的

[①] 受托责任，是指资源的直接管理者（受托者）对资源的所有者所承担的、有效管理所有者所托付资源的责任，即资源的受托者负有对资源的委托者解释、说明其活动及结果（受托财产的保值与有效增值）的义务。受托责任是一种普遍的现代经济关系，也是一种普遍的、动态的社会关系。美国会计学家沃尔特·梅格斯说：我们正生活在一个受托责任时代。决策有用论是在证券市场日益扩大化和规模化的历史背景下形成的。随着市场经济的发展，投资者进行投资决策需要有大量可靠而相关的财务信息，而信息的提供又必须借助于会计系统，因此，会计行为必须以提供信息、服务于决策作为目标取向。在决策有用论的形成和发展过程中，资本市场化的加速发展，投资者对会计信息的能动反应以及信息理论、决策理论的出现，极大地强化了决策有用论的现实基础和理论基础。决策有用论认为，会计行为的首要目标是提供对决策、控制、业绩评估有用的信息，必须仔细研究谁在使用会计信息、他们需要什么样的信息、信息又是如何被利用的，以及会计能够提供哪些信息等问题，并以此为会计行为目标，不能一味地追求会计数据精确计量，而不管其用途。

订立与执行提供相应的数据,以界定契约关系,并由此减少或消除会计信息不对称及其所引起的相关经济问题,从而实现资源的有效配置(林钟高和赵宏,2001)。

从现有的研究成果看,实证性目标主要关注这样两类问题:一是以会计信息与资本市场的关系为研究对象,通常针对市场上所有企业或某一类企业股票价格的变动及其原因,资料来自资本市场上所公开的全部数据(其中包括会计数据),结论主要包括:会计信息与资本市场的相关性、企业会计政策的选择对资本市场的影响等①。二是以会计信息的使用者如何接收并使用会计信息为研究对象,着重研究会计信息在生成和传递过程中与人们行为之间的交互复杂的影响,包括会计人员对信息生成、传递的影响以及信息发布对信息使用者的影响,关注某一个体或某一方面会计信息的"社会影响"。但是不管哪一类问题,这里的会计信息都包含了定量信息与非定量信息两个部分,而且随着"大智移云"时代的到来,非定量化信息更是实证研究关注的重点和难点。之所以是重点,是因为第一,非定量化信息拓展了企业会计信息的内容,打破了三张主要报表内容必须符合会计要素的定义,又必须同时满足相关性和真实可靠性的限制。第二,它突破了揭示项目必须用货币加以计量的局限性。第三,它充分满足了企业财务报告是为其使用者提供有助于经济决策的信息的要求,增进了会计信息的可理解性。比如,"管理层讨论与分析"(Management Discussion & Analysis, MD & A)作为上市公司年报的重要组成部分,它立足管理层视角,对公司财务状况、经营成果和现金流进行分析,是对传统财务报表的有益补充,MD & A 叙述性的文字信息拓展了信息使用者对信息的需求,更容易被非会计专业人士或者职业投资者所理解,使得广大会计信息使用者吸取决策所需要的"增量信息",提高预测能力和决策能力,有助于促进资本市场发展,指导和提高舞弊审计业务水平。我国上市公司年报准则自 2002 年引入 MD & A 后,历经四次修订,其披露规则和内容不断规范化。2012 年,证监会的修订强化了 MD & A 的披露内容,重点在于提高MD & A 信息的有用性。这充分说明,政府对 MD & A 信息披露的监管已经从内容和格式上转向了有用性方面。第四,它提高了会计信息的可比性,比如,通过揭示会计政策的变更原因及事后的影响,可以使不同行业或同一行业不同企业的会计信息的差异更具可比性,从而便于进行对比分析。之所以是难点,是因为非

---

① 会计信息含量一般分为相对信息含量和增量信息含量。相对信息含量研究不仅要回答一种信息是否提供了另一种信息不能提供的信息含量,还要研究是否具有更多的信息含量,价值相关性研究就是这一类。相对信息含量则多用于研究竞争性信息,如竞争性会计准则的制定和选取等。相对而言,增量信息含量研究更经常地应用在资本市场的会计研究中,主要包括两个方面:检验追加信息披露的增量信息含量和检验财务报告各组成部分的增量信息含量。

第一章 问题提出与研究创新

定量化信息的数据转换难度大。一方面,如何尝试引入文本挖掘的方法,从非定量化信息披露的语调分类及内容的年度差异,如乐观、中性与悲观等,来检验这些信息的含量,并考察这些特定信息的预测作用。另一方面,由于叙述性信息的特质,非定量化的信息数据量化成为很多研究者面临的难题,现有有用性文献大多数以特殊小样本为基础,导致研究结果缺乏普适性。如何采用事件研究进行短期窗口市场反应研究,或者采用关联研究法进行长期窗口市场反应研究?在样本数据方面,如何以各类非定量化信息大样本数据为基础,以非定量化信息披露的内容或语调变化为对象进行研究,来检验有市场代表性的这类信息披露的总体市场反应等问题,既要有过硬的文本挖掘技术,同时又必须要选择具有中国本土的研究话题,比通用数据库的大样本研究,明显增加了难度。

实证性目标由于将会计目标定位在降低契约成本之上,这不仅丰富了会计目标理论的内容、拓展了会计目标研究的领域、提高了会计目标的科学性及其在会计经济活动中的地位和重要性,而且为财务会计的历史演变提供了一个非常有用的解释工具,据此可以大致说明复式簿记的产生、对外提供财务报表和定期审计制度的形成。不过,实证性目标理论提出的假设,可能难以在客观地收集样本检验的基础上,即从事实证性目标研究的学者通常可能为证实自己的假设和结论,而去有选择地收集样本。同时,由于实证性目标不承认会计目标应当如何,这就把会计目标发展的道路堵塞了,影响到会计目标理论的进步,即实证性目标理论的任务仅限于解释和预测现行实务,似乎不可能提出导致会计目标理论向前发展的新观点、新概念。鉴于本书的研究主题,我们在继承规范性目标研究成果的基础上,可能在很大程度上更加关注实证性目标的研究成果,以更好地说明会计信息与市场决策之间的相关性。

乍看起来,似乎两者之间距离很远,毕竟表面看来,它们确实是"不同"的,因为规范性目标在于要求"会计应该怎么做",即会计应该提供什么样的信息以实现经济资源的优化配置,而实证性目标则在于解释和预测"会计是什么",即会计信息在经济资源的优化配置中起到了什么样的作用。事实上,它们不过是方法论不同而已,而在本质上,它们都是为了解决同一个问题,即会计信息如何引导经济资源的优化配置。可以说,它们两者之间是相辅相成的:只有明确了会计在经济资源的优化配置中起到了什么样的作用,才能够要求会计应该提供什么样的信息以实现经济资源的优化配置;而要求会计应该提供什么样的信息以实现经济资源的优化配置,必须以会计在经济资源的优化配置中起到了什么样的作用的经验证据来检验此要求的合理性。

根据以上分析,我们倾向于将会计的目标区分为三个组成部分:终极目标、基本目标和具体目标。其中:基本目标就是提供有助于决策(契约签订)和评价受托责任履行情况（契约执行）的定量化财务信息；具体目标则明确地表述了会计应当向谁提供信息、为何提供信息、提供什么信息以及以何种方式提供这些信息这样四个问题（林钟高，1997）；而会计的终极目标就是稀缺资源的有效配置。下面对这最后一点做一具体分析。

"在本质上，经济学是对稀缺资源产权的研究"（菲吕博腾，1994）。会计学作为经济学的一个重要分支，以其货币计量、综合性、真实性等特征提供关于经济资源的流动（流量、流向、流速等）、分配和配置的有关信息，可以说，会计学是在资源稀缺的前提下产生和发展起来的。会计的历史其实质就是会计信息供求关系不断调整选择的历史，不同的会计信息揭示将诱导出不同的经济行为，从而影响到市场上各行为主体对稀缺资源的选择，这里的逻辑关系就是：会计信息生成规范（即会计准则）的管制→会计信息生成→会计信息使用者的决策行为→资源的有效配置。会计信息的终极目标就是稀缺资源的有效配置。正如孙铮先生在其博士论文《论证券市场管理中的会计规范》中所指出的：会计信息之所以对证券市场有用，是由于它能够促成投资者拥有一个合理的证券投资组合，会计信息的披露应该导致资源在生产者之间的最佳配置。

竞争市场的经济分析有两个最基本的假设：市场主体都期望能得到自身利益的最大化；人类社会的经济资源是稀缺的。在这种假设条件下，当两个或更多的市场主体都想获得更多的利益时，竞争就发生了，会计信息在竞争中的重要性逐渐显露出来。在哈耶克看来，资源任何配置都是特定决策的结果，而人们做出的任何决策都基于给定的信息（哈耶克，1991）。因此，企业经济活动中所面临的根本问题不是资源的最优配置问题，而是如何最好地利用分散在整个社会中的不同信息。因为资源配置的好坏取决于决策者所掌握的信息的完全性和真实性。如果决策者不了解企业的财务状况、经营业绩和未来现金流动的数量、时间和不确定性等情况，那么资源最优配置就无从谈起。反之，如果解决社会资源配置问题所必需的全部信息都集中于决策者和决策机构，那么最优配置问题便归结为具有千百万变量和约束条件的最优规划。信息资源是自然资源、人力资源、资本资源、科技资源耦合运作的"中介"和"桥梁"（施镇平，2000）。但要注意的是，会计人员并不是企业信息的唯一提供者，市场决策行为往往是综合了包括会计数据在内的许多信息的结果，因为虽然某一项目可能没有在财务报表中披露，但它可以通过其他方式提供有关信息。无所不在的成本—效益原则要求我们以成本最低的方式提供相同的信息。以下问题值得我们认真考虑：财务会计信息的其他源泉在哪里？其他信息源提供的信息成本是多少？最重要的问题是：在提供市场决策使用的各种信息源中，会计信息是否具有比较利益？如果要有比较利益，会计应提供的信息量是多少？这些问题充分表明了，随着现代社会经济的发展，尤其是证券市场的发展和完善,人们之间的交易关系越来越复杂,会计信息在企业经济活动中的作用越来越重要,需要研究的问题也越来越复杂。

二、从经济现实看:非结构化数据的增长及其隐含的信息价值

如前所述,年报是由定量信息与非定量信息组成的一个整体,两者相互补充和验证,为信息使用者的决策提供有用的信息组合。经过近20年的发展,定量信息的实证研究相对成熟,但是由于技术上的困难,非定量化信息却是一块待开垦的处女地,也为人们开辟了另外一片广阔的研究天地。通过将"文本型风险提示信息"的披露水平作为本书的主要突破口,同时引入相关学科的理论基础和内在逻辑,一方面,检验由风险提示信息披露水平提升带来的各项经济后果,尤其是以非财务信息为代表的风险信息内容及质量的规范和强化形成的价值效应,提高非财务信息的确定性,据以为上市公司改进信息披露制度做出有益贡献,优化信息资源的配置,提高信息的决策支持价值。另一方面,探索各项内外部公司治理机制以及制度环境的差异性特征对风险提示信息披露水平的作用机理,考察该部分信息披露质量是否以及如何受到内外部力量的影响,同时进一步分析和检验哪些重要的公司治理机制特征在风险提示信息披露过程中构成传导机制,以期为"风险会计"的建立提供理论依据。

现实背景 1:证券市场资源配置效率较低。截至 2016 年底,作为资本市场主要组成部分的股票市场上市公司数量已超过三千家,总市值与 GDP 比重超过 70%,在支持实体经济发展、优化资源配置方面发挥了不可替代的作用。然而,目前来看,我国证券市场资源配置效率依然有待进一步提高。究其原因,主要在于资金需求方——上市公司与资金供给方——投资者之间的信息不对称程度较高,由此产生了一系列资源错配问题。再加上各项配套制度缺失引发的代理冲突,使得上市公司内部人员借财务决策之机从事机会主义行为的能力与动机大大提升,不少公司高管能够通过信息操纵等方式获取私利。这些公司内部人员的机会主义行为进一步扭曲了我国资本市场的生产要素配置,也成为我国经济转型过程中的重大障碍。

在现代公司制度下,影响公司信息披露行为的主要内因是所有者与经营者之间的博弈,这种博弈结果会随着双方信息地位的高低而发生改变(李莉等,2014),并对公司的信息披露频率、信息披露质量等方面产生深远影响。另外,我国资本市场参与者以散户为主,其信息地位较低,在博弈中往往处于劣势地位(Djankov et al., 2008),因此,相对于其他信息披露政策,以改善投资者信息地位为出发点的信息披露政策在降低资金供需双方的信息不对称程度→提升资本市场有效性→合理配置资源从而保障投资者权益和促进上市公司健康发展方面具有

更为重要的现实意义。

现实背景 2：年报风险提示信息披露的制度要求愈渐提升。有效的监管不仅体现在对一些恶性事件出现之后的调查和处罚上，还可能体现在该事件出现之前的主动防范上。如果能在问题公司出现风险苗头时及时发出警示，有可能起到防患于未然的效果。美国 SEC 于 1997 年要求披露关于交易及未交易金融工具的风险信息，并于 2005 年后强制要求在年报第 1 页披露风险因素。2001 年，实行强制性风险披露的德国，发布《德国会计准则第 5 号：风险报告》，引导了综合风险报告的发展方向。我国 2007 年《年度报告的内容与格式》开始强制要求披露风险信息，并在随后的 2012 年、2015 年、2016 年修订中不断强化风险信息披露要求（见表 1-1）。风险信息披露从自愿性披露向强制性披露转变的政策规范是否能成为企业抵御风险的一道屏障？是否能够切实保护投资者的利益？据统计，在信息化时代，企业所管理的结构化数据只占到企业全部信息的 10%，其他的 90% 都是数据库难以存取到的非结构化信息和知识。这些信息资源因为"信息流的不畅通、计量的困难"而丧失了其应有的巨大价值。这些非结构化的信息隐性包含了掌握着企业命脉的关键，隐含着许多提高或者影响企业效益的未来机会，成为企业内部以及企业与供应商、客户、合作伙伴、监管机构解读和使用数字化共享所有形式的数据资源的重要基础，而且已经越来越重要。在世界各国均积极加强风险信息监管的背景下，我国应如何进一步规范风险信息披露的数量、内容、形式等，有待于进一步探讨。

表 1-1　公开发行证券的公司年度报告披露内容与格式

时间	内 容 变 化
2007 年	第三十三条"董事会报告"（二）对公司未来发展的展望：公司应当遵循重要性原则披露可能对公司未来发展战略和经营目标的实现产生不利影响的所有风险因素（包括宏观政策风险、市场或业务经营风险、财务风险、技术风险等），公司应当针对自身特点进行风险揭示，披露的内容应当充分、准确、具体。同时公司可以根据实际情况，介绍已（或拟）采取的对策和措施，对策和措施应当内容具体，具备可操作性
2012 年	第二十二条"董事会报告"（五）可能面对的风险。公司应当针对自身特点，遵循关联性原则和重要性原则披露可能对公司未来发展战略和经营目标产生不利影响的重大风险因素（包括政策性风险、行业风险、业务模式风险、经营风险、环保风险、汇率风险、利率风险、技术风险、产品价格风险、原材料价格及供应风险、财务风险、单一客户依赖风险、核心技术人员变动风险等），披露内容应当充分、准确，采取图表结合数据的形式，简要分析各风险因素对公司当期及未来经营业绩的影响，并说明已经或计划采取的应对措施。 对于报告期内较上一年度的新增风险因素，公司应当对其产生原因、公司的影响以及已采取或拟采取的措施及效果进行分析。如分析表明相关变化趋势已经、正在或将要对公司的经营成果和财务状况产生重大影响的，公司应当提供管理层对相关变化的基本判断，详细分析对公司的影响程度

续表

时间	内 容 变 化
2015年	第二十八条"管理层讨论与分析"（四）可能面对的风险。公司应当针对自身特点，遵循关联性原则和重要性原则披露可能对公司未来发展战略和经营目标的实现产生不利影响的风险因素（如政策性风险、行业特有风险、业务模式风险、经营风险、环保风险、汇率风险、利率风险、技术风险、产品价格风险、原材料价格及供应风险、财务风险、单一客户依赖风险，以及因设备或技术升级换代、核心技术人员辞职、特许经营权丧失等导致公司核心竞争能力受到严重影响等），披露的内容应当充分、准确、具体，应当尽量采取定量的方式分析各风险因素对公司当期及未来经营业绩的影响，并介绍已经或计划采取的应对措施。 对于本年度较上一年度的新增风险因素，公司应当对其产生的原因、公司的影响以及已经采取或拟采取的措施及效果等进行分析。若分析表明相关变化趋势已经、正在或将要对公司的财务状况和经营成果产生重大影响的，公司应当提供管理层对相关变化的基本判断，尽可能定量分析对公司的影响程度
2016年	第二十八条"经营情况讨论与分析"（四）可能面对的风险。公司应当针对自身特点，遵循关联性原则和重要性原则披露可能对公司未来发展战略和经营目标的实现产生不利影响的风险因素（如政策性风险、行业特有风险、业务模式风险、经营风险、环保风险、汇率风险、利率风险、技术风险、产品价格风险、原材料价格及供应风险、财务风险、单一客户依赖风险、商誉等资产的减值风险，以及因设备或技术升级换代、核心技术人员辞职、特许经营权丧失等导致公司核心竞争能力受到严重影响等），披露的内容应当充分、准确、具体，应当尽量采取定量的方式分析各风险因素对公司当期及未来经营业绩的影响，并介绍已经或计划采取的应对措施。 对于本年度较上一年度的新增风险因素，公司应当对其产生的原因、公司的影响以及已经采取或拟采取的措施及效果等进行分析。若分析表明相关变化趋势已经、正在或将要对公司的财务状况和经营成果产生重大影响的，公司应当提供管理层对相关变化的基本判断，尽可能定量分析对公司的影响程度

资料来源：中国证券监督管理委员会官方网站（http://www.csrc.gov.cn/pub/newsite/）。

现实背景3："风险会计"应运而生。由于科技的不断进步以及企业对全球互联网的电子数据和信息网络的日益依赖，在企业经营过程中不断演化的风险趋势在过去几十年时间内经历了沧桑巨变。全球化和地缘政治的不确定性导致供应链变得日趋脆弱，而企业也必须使用错综复杂的金融产品来加强对金融风险的管控。这使得公司董事会成员、首席执行官（CEO）与其他高层管理人员越来越关注风险。国际财务报告准则（IFRS）和美国公认会计原则（US GAAP）旨在确保企业能够向公众提供一个自身财务状况客观公正的结果，但目前全球尚未能制定出一个针对风险的类似于IFRS与GAAP这样的会计准则。简言之，一个企业的利益相关者——投资人、监管机构、客户与审计人员获取很少或者根本就得不到任何有关企业能够承受风险的信息，抑或从创造股东价值角度来看，企业利益相关者无法获得相比其他领域现成的会计准则。因此,目前会计学界诸多学者正通过整理出一套被称为"风险会计"的最新会计方法来破解这一难题。

企业的利益相关者需要有关风险存在、发生、控制、影响及防范等方面的系统信息支持,风险提示等非财务信息的提供是风险会计的核心内容,有助于企业管理当局制定科学的风险管理政策,提高风险管理效率,也有助于增加企业风险承担的透明度,减轻和缓解不同利益相关者之间的"信息不对称"以及派生的道德风险与逆向选择问题。

综合上述分析,基于我国证券市场信息不对称程度普遍较高的现状以及资本市场资源配置的重要性,本书拟结合中国企业年报中披露的风险提示信息现实状况,力求深入、系统地考察该信息披露行为对资本市场信息效率的影响机制、各项内外部公司治理机制以及制度环境的差异特征对该信息披露水平的作用机理,在详细描绘当前披露现状的基础上,试图回答以下几类问题:①从会计信息基本属性的理论视角对风险提示信息披露现状加以概述,包括对披露形式、存在问题以及改进措施进行的探讨。②从外部投资者使用频率角度来探究风险提示信息是否发挥了其"应有之功效",即对该信息的重要性进行证明。③风险提示信息的披露受到哪些因素的制约?即多样化的宏观环境因素、外部治理机制和微观企业特征对该信息披露水平的作用机理。④风险提示信息披露行为产生了怎样的经济后果?即考察该信息披露行为是否给企业本体带来了基本价值效应,并从审计师、债权人、供应商、客户和外部投资者等视角,检验此类信息如何重塑了企业利益相关者对企业风险的感知及其反映出来的资源配置效率问题。

通过对上述问题的解答,本书期望能够建立起"投资者信息获取—公司信息披露行为/质量—资本市场反应"传导机制的框架,并为监管部门制定更为合理的信息披露政策提供建议;为投资者尤其是个人投资者避免信息盲从、提高投资决策有效性;为公司管理层优化改进信息披露水平和质量以应对投资者信息需求提供相应指导;为相关理论研究工作者提供理论和经验证据。

第二节 研究价值与理论创新

本书的研究对于揭示风险提示信息作用机理、拓展会计信息披露水平研究新视野具有理论价值;对于强化上市公司年报文本信息内涵、提升利益相关者的风险感知进而优化资源配置具有现实意义;对于证券监管部门制定与修缮年报内容披露政策也有重要的借鉴与促进作用。具体的理论和现实意义表现在:

1. 理论意义

第一，从会计信息的本质属性出发，结合风险信息的固有风险特征，探究已有的风险提示信息披露产生了何种信息增量贡献，为非财务信息披露研究提供新的研究视角。年报风险提示信息披露的产生效用可以从以下两方面理解（王雄元等，2017）：①信息观。年报风险信息主要是对已知风险因素和事项的进一步说明和解释，这能够提高公共信息的供给量与信息质量，向市场参与者解释公司所处的风险状态。同时公司能精确量化并公开该类风险，说明其对此类风险有足够的认识，更容易让人们相信公司有能力应对风险，增加了市场参与者对公司的信心。风险报告品质提高后，公司信息披露越来越透明（Elmy et al.，1998），市场参与者对信息的感知将呈现较少异质性。②风险观。年报风险信息主要披露未知风险与突发事件，市场参与者对这些信息的判断呈现较强异质性。这种异质性较强的信息能增加市场参与者对公司风险的直接感知，引发市场参与者对未知风险的恐惧，降低投资者对公司的信心（Kravet and Muslu，2013；Campbell et al.，2014）。本书基于现有有关资本市场信息效率研究取得的成果，以上市公司风险信息披露、风险信息质量、市场决策反应为切入点，并考虑市场参与者对信息感知的异质性，系统全面地探索了风险信息披露行为对资本市场信息效率的影响机制，对当前有关资本市场信息效率的相关研究进行了补充与拓展，既拓展了资本市场信息效率影响因素的研究范围，又完善了关于"投资者信息获取—公司信息披露行为/质量—资本市场反应"的研究框架。

第二，揭示企业风险提示信息披露面临内外部治理环境变化的能动性，建立内外部公司治理机制和微观企业信息披露行为的互动分析框架，从完善信息披露视角进一步丰富上市公司治理机制领域的理论经验证据。根据权变理论的基本思想，会计信息披露行为总是在与外部环境的交互作用过程中不断发展和完善的。鉴于新兴市场国家普遍面临法律对投资者利益保护不足的问题，单纯依靠对投资者权利的法律保护而实现公司治理的改善在短期内并不现实（Rajan and Zingales，2003）。同时，现有的关于公司治理如何实现投资者保护的理论观点都存在某种程度的片面性，未来的研究需要从互动的视角，将不同的公司治理理论观点结合起来进行综合考察（林钟高等，2015）。因此对于转型经济国家而言，一个自然的应对是把加强对投资者权利的法律保护作为长期努力的方向，而在短期内谋求外部治理机制和内部公司治理间的耦合互动，共同促进实现法律对投资者权利保护的替代或补充，从而在一定程度上实现改善公司治理的目的。本书希望通过内外部治理机制的互动分析，进一步探索年报风险提示信息的内外部影响因素及其交互作用，丰富风险信息披露环境的相关文献，更好地发挥文本型风险信息披露的补充说明作用，也可能为其他法律对投资者保护目前相对较弱、新兴市场经济国家改善本国的公司治理提供借鉴。

第三,从市场微观结构的视角丰富了关于风险提示信息披露产生的经济后果研究。过去的财务报告主要反映企业经营、投资等行为带来的报酬,很少反映与报酬俱生的风险,高质量会计准则所要求的信息披露,应当涉及风险(葛家澍,2002)。尤其对于私有信息交易较为严重的中国资本市场而言,从市场微观结构的角度考察文本型的风险信息如何重塑了外部投资者对企业风险的感知,以及如何影响资本市场信息效率,可能比以年度、月度或日度的股价及交易量数据构造的变量更有优势。在现有研究中,对企业披露的风险提示信息是否具备市场决策价值这一问题还存在争议:一方面,有研究指出 MD & A 中披露的非财务信息在一定程度上能够帮助投资者预测企业未来的盈利能力(薛爽等,2010;王雄元等,2017);另一方面,有研究发现公司侧重于披露过去和现在的风险信息,而非未来的风险。当涉及预期风险时,董事不愿说明其影响可能是正面的还是负面的。此外,报告风险时董事有自我解释的倾向,也就是说他们侧重于把风险归因于外部事件的负面结果(Beretta and Bozzolan, 2004)。同时,已有的文献大多以西方成熟的资本市场为研究对象,对中国这个新兴资本市场的风险提示信息披露行为如何重塑了外部投资者对企业风险的感知、这种风险感知是否以及如何被市场看待以及风险提示信息价值的鉴证机制,没有能够引起学术界的充分重视。本书以中国资本市场为研究对象,从市场微观结构的视角考察上述问题,一方面,有利于揭示在一个新兴市场,年报风险提示信息披露行为如何影响了外部投资者的信息解读、交易动机以及价格发现过程,使监管当局更有效地监管市场;另一方面,有利于丰富公司信息披露融入市场微观结构的相关文献。

第四,丰富了现有研究中关于文本类数据的搜集和度量方法,借助文本分析软件 ROSTCM6 对公司年报进行关键词检索,实现了大样本、高效率研究,同时保证了客观的度量标准。虽然信息的重要性已被各利益相关者所认识,然而由于风险提示信息属于文字信息,对其进行研究有一定的难度,如没有现成的数据库,需要手工收集数据,花费的时间较多等,与强制性的财务报表相比,此类信息披露研究受到的重视还远远不够。本书采用内容分析法和文本分析软件对年报中风险信息披露问题进行方法上的创新研究,内容分析法正是一种以语言文字为研究对象,将用语言表示而非数量表示的文本内容转化为用数量表示的资料,并将分析的结果用统计数字描述,它通过对文本内容量的分析,找出反映文本内容的一定本质又易于计数的特征,从而克服定性研究的主观性和不确切性的缺陷,是一种基于定性分析的定量分析方法。从对西方的内容分析法在年报研究中的成果介绍可以看出,内容分析法在年报研究中有广泛的应用空间和应用前景,定性信息语言文字信息和定量数据信息一样具有信息含量。

2. 现实意义

面对日趋复杂的环境，企业的经营者、所有者必须关注经营环境，关注资本市场对企业的评价和反应。作为投资者必须准确掌握企业面临的各种各样的风险，从而确定投资的报酬要求。作为债权人必须密切关注企业的风险，据此评估偿付要求和回报要求。风险存在于企业的各个方面。风险会给企业带来超过资金时间价值的报酬，同样会给企业带来无法弥补的巨额损失。相对于风险给利益相关者带来的报酬而言，风险所带来的损失更值得关注。本书试图通过研究风险信息披露质量、影响因素以及经济后果，期望使资本市场信息不对称状况有所改善，为年度报告信息披露注入新的元素，其现实意义主要体现在：

第一，为监管者制定更为合理的信息披露政策提供建议。基于我国特殊的制度背景探讨风险提示信息披露行为对资本市场信息效率的影响，能够使监管者更为深刻地了解投资者信息获取机制通过信息环境改善对公司信息披露行为产生的影响，并且能够了解该影响在不同类型投资者之间的差异，为今后更为合理地制定信息披露政策，进一步降低公司内外部以及不同投资者间的信息不对称程度提供有益参考，以提高资本市场效率，促进资源的有效分配。

第二，为投资者如何利用披露的风险提示信息进行决策提供指导。通过系统分析和考察风险提示信息披露行为对资本市场信息效率的影响，并进一步对披露质量、影响因素以及经济后果进行研究，能够为相关投资者特别是中小投资者有效利用文本型风险提示信息溢出效应进行投资决策提供指导，提高中小投资者理性程度，使其能够在瞬息万变的资本市场中更为有效地把握上市公司信息，从而做出准确而及时的投资决策，降低其根据流言进行交易的程度，避免盲目的"追涨杀跌"。

第三，为提高我国上市公司信息披露决策有效性提供参考。通过考察投资者对上市公司披露的风险提示信息感知以及资本市场反应，为我国上市公司年报风险信息披露决策提供了理论及实践参考。即上市公司在进行诸如风险之类的非财务信息披露时，有必要充分考虑投资者利益，提高信息披露数量与质量，以满足投资者信息需求，同时减少管理层通过非财务信息披露实施机会主义行为的动机，从而使公司内外部利益一致，从而让资源得到有效配置，有利于公司长远发展目标的实现。

第三节 研究内容与逻辑框架

从一般的意义上说，市场是由交易者（买者和卖者）、物品和劳务、货币、交易场所组成的,作为一个过程,它是由在劳动分工条件下合作的不同个人之间的行为的相互影响驱动的。但如果从制度角度理解市场,可以把市场定义为一种信用控制的社会制度体系。其中大量的商品(物品和劳务)的交换有规律地发生,并在某种程度上受到那些制度的鼓励和约束。市场是一种包括构造、组织交换活动并使其程序化、合法化的机制。简言之,市场就是组织化、制度化的交换。其目的是调整和确立价格的一致性,以及提供更一般的沟通产品价格、数量、潜在的买者和卖者的信息(金晓瑜和沈卫平,1997)。本书所谓的"决策价值",主要是研究风险提示信息的揭示(内容、时间、质量等)对市场决策的影响或者说市场决策对于风险提示信息揭示的反应情况,所以这里的"市场"一般是指传统意义上的概念,即权益资本市场、债务资本市场、人力资本市场、政治市场等,我们的研究以资本市场为核心而展开。

作为会计信息的核心组成部分,风险提示信息也是企业契约各方与资本市场之间相互联系的桥梁和纽带。资本市场是一个信息流动的市场,其中大量的基础信息是包括风险提示在内的会计信息,没有会计信息的资本市场是不可想象的。作为资本融通的场所,一个有效的资本市场能够迅速有效地引导稀缺的经济资源——资本流向效率更高的企业,实现资源的优化配置。企业在本质上是一个契约的结合体,作为为降低契约(代理)成本而产生的会计所生成的会计信息,企业契约各方无不对它充满了关心,并在有关契约的签订与执行中大量运用。包含风险提示信息在内的会计信息就是为资本市场上企业契约各方的决策提供基础性数据,这就是会计信息与资本市场相关性之根本所在。现实中我们看到,在资本市场这个经济活动的大舞台上,企业契约各方是如何运用风险提示信息进行决策的:投资者在作出是否向某企业投资或是否从某企业撤资的决策时,需要基于风险提示信息对该公司价值、投资回报以及有关风险进行评估,其中的债权投资者就是在一定的利率水平限制下对企业可能的违约风险进行综合考虑后决定是否放贷并形成债务契约关系;企业要想从资本市场筹集到所需资本,一方面它必须向资本市场披露有关信息,其中主要是包括风险提示在内的会计信息,并在最优资本结构的指导下进行筹资,另一方面企业内部的分权决策系统必须致力于降低代理成本,努力实现企业价值最大化,一是企业董事会经理人员报酬委员会与经理人员需要基于会计信息签订和执行经理人员报酬契约,二是高层经理人员需要基于会计信息对其下级责任中心经理人员经营业绩进行评价与奖惩;由于信息是资本市场效率的灵魂,包含风险提示在内的会计信息又是资本市场的一个主要信息来源。因此,鉴于会计信息的"经济后果",为了实现资源的优化配置,增进社会福利,政府有关规制机构(在我国是中国证监会)会强制要求上市公司进行会计信息披露,并且为了减少契约成本,所披露的会计信息必须符合一般由政府最终控制的有关机构（在我国是会计准则委员会）制定的会计准则，同样是基于减少契约成本的原因，对这种合规性的验证一般是由独立的第三方——注册会计师来进行的。

从经济学中"商品"的定义来看，年报中的风险提示信息也是一种"商品"，因为一方面该信息需要经过加工、整理后才能对外披露，可以理解成是一种劳动产品；另一方面风险提示信息也可以用于交换，可以理解成是公司将加工整理后的信息公开披露出来从而换得融资等利益。

在这一基本假设下，首先，作为"商品"的风险提示信息供给会随着"价格"的增加而逐渐上升。这里的"价格"可以理解为风险提示信息供给方因生成并披露该信息所获得的收益，如获得更多的融资、公司知名度提升等。故而研究各种影响因素对该信息供给具备的促进功效，简言之，研究何种条件能够帮助风险信息供给方提高信息披露质量，从而使其获取超额收益对于供给方而言至关重要。

其次，作为"商品"的风险提示信息的需求主体主要包括现有和潜在的投资者、债权人、供应商、客户、企业职工以及代表职工利益的组织如工会、政府和公众等。由于风险提示信息主体的多元化及其差异性，上市公司究竟应该考虑全部风险信息使用者的所有需求，还是有所侧重地考虑部分使用者的需求？现有的信息披露是否能够满足以上所有需求主体的要求，还是仅仅满足了部分需求主体的要求？这些疑问的解决对于信息需求方而言不可或缺，应当被深入探讨。

基于上述思考，本书的研究思路与研究内容如图 1-1 所示。

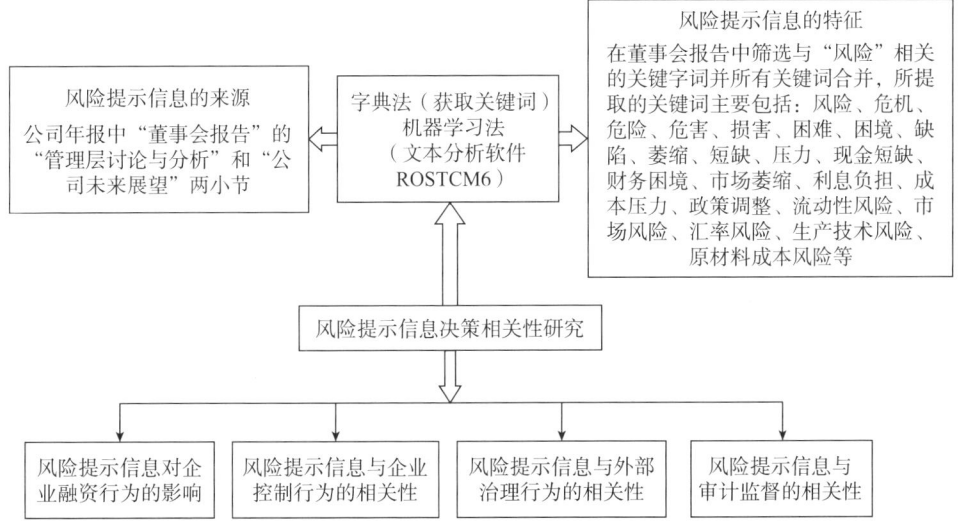

图 1-1　研究思路与逻辑框架

第二章 理论基础与文献回顾

风险提示信息作为年报文本信息的核心内容,也是会计信息与资本市场相关性研究的重要组成部分。本章首先从新主流经济学的基本理论出发,阐述代理理论、契约理论、产权理论、交易费用理论等与风险提示信息披露之间的关系。其次,基于会计信息市场价值研究的需要,我们借鉴有关文献简要回顾了实证研究的两个重要前提,资本市场有效性假设和资本资产定价模型,这为后文的实证研究提供了一个应用基础。最后,我们从多个视角对非结构化信息的国内外研究文献做一个比较全面的梳理、回顾,并结合研究主题的需要进行评述。

第一节 理论基础:对现代企业理论的借鉴

企业理论是过去20年间主流经济学中发展最为迅速、最富有成果的领域之一,它与博弈论、信息经济学、激励机制设计理论及新制度经济学相互交叉,大大丰富了微观经济学的内容,改进了人们对市场机制及企业组织制度运作的认识。博弈论作为经济学方法论的普适性是毋庸置疑的,博弈论的产生和发展顺应了人类社会发展的趋势,不难预见,博弈论全面进入经济学所引发的变革,不仅现在其他任何一种方法都难以与其匹敌,而且其深刻程度和深远影响不亚于甚至会超过历史上任何一次经济学革命,目前,现代企业理论的各主要流派都不约而同地引入了博弈论。因此,从现代企业理论等主流经济学的高度来研究会计信息的市场价值问题,特别是站在博弈论等最新理论前沿透视企业契约各方的决策行为,会使我们的研究视角和理论层次更为全面、深刻。

根据企业理论的研究成果(张维迎,1999),现代企业理论有两个主要分支:交易成本理论和代理理论。交易成本理论的重点限于研究企业与市场的关系,代理理论则侧重于分析企业内部组织结构及企业成员之间的代理关系。这两种理论的共同点是都强调企业的契约性、契约的不完全性及由此导致的企业所有权的重要性。本书是在现代企业的背景下探讨风险提示信息的决策价值的,鉴于研究主题的需要，我们主要选择代理理论、契约理论、产权理论、交易费用理论、博弈理论等现代主流经济学的原理（理论），从深层次上分析研究风险提示信息问题。

一、代理理论与风险提示信息

现代企业的核心机制是代理关系机制，企业本质是由若干人之间的一组相互重叠"代理关系的综合"，代理关系既是指企业的所有者与管理者之间的狭义代理关系，又包括企业内部管理由于分权而形成的各管理层之间、管理当局与企业职工之间的委托代理关系，以及因社会对企业履行社会责任的要求而形成的社会与企业管理当局的委托代理关系。代理理论又将这复杂的层级组织简化为契约，它们将委托代理关系看作是一种契约，企业就是"契约关系的综合"。委托人设计一种合约机制，授权给代理人从事某种活动，并要求代理人采取适当的行为最大限度地实现委托人的效用。然而委托人与代理人具有各自不同的利益，当代理人追求自身利益时就可能造成对委托人利益的损害。要建立一套约束机制，用以实施对代理人的有效监督和激励。委托人为了自身利益目的，必然要对代理人进行某种程度的约束，也就是说，有必要对代理人的业绩进行恰当的评价，而评价代理人的效用往往要依据代理人向委托人陈报的用以认定和解除其受托责任的会计信息。契约的实质是信息，它反映出委托代理双方的权责关系。若委托代理双方所掌握的信息是完全一致的，那将不会出现代理问题，然而在现实中，双方有不同的效用函数，为了自身利益目的，不可能把彼此的私人信息如实告诉对方，因此，委托代理双方存在信息不对称性。

代理问题之所以提出主要是因为委托人与代理人订立契约前和实施契约中双方之间存在着信息不对称。这包括以下两种情况：一种情况是代理人掌握着不为委托人所知晓的私有信息，这样在与委托人签订契约时，代理人就可能根据私有信息向委托人提出有利于自己的条款，这种行为被称为"逆向选择"；另一种情况是签订契约后，代理人出于自身利益的考虑，对委托人采取阳奉阴违的态度，而委托人一般是分散的，并不直接参与企业的经营管理，且无法对代理人进行直接观察和监督，事后也无法对代理人进行正确的推测，虽然可以通过及时收集大量关于代理人的行为信息对其做出考察，但其费用是昂贵的。委托人在高薪聘请代理人管理企业的同时，又拿出一笔巨款对其进行监督，那样巨大的成本将超出企业的利润。这种得不偿失的举措对于一个追求企业财富最大化的所有者来说是不会去做的，这种行为被称为"道德风险"。由于信息的不对称性，无论是代理人在签订合约时做出的"逆向选择"，还是在履行契约时采取的"道德风险"，都会给委托人带来损失。

现代会计产生于现代企业代理关系管理的客观需要，会计对代理关系的形成、执行、解除等进行记录和反映。建立有效的信息系统，改善委托代理双方的信息分布，是现代企业会计的主要任务，而风险提示信息作为企业未来发展态势的重要导引，更是会计信息披露不可或缺的重要组成部分。信息的反映应从代理层级关系中考虑，做到逐层逐步反映，将私有信息公开化。具体来说，对于道德风险，由于管理者为相关利益者的利益而工作的努力程度是不可观察的，他就有"偷懒、机会主义"的动机，然后把公司经营业绩的下降归咎于不可控的客观因素（林钟高和赵宏，1999）。显然这种情况的出现必将严重损害相关利益者的利益和经济运行的效率。这里会计报告的收益及其相关的风险提示就成了管理业绩计量的信息，它从两个相互补充的方面来控制道德风险：一是会计报告的收益及其相关的风险提示（或者说明）作为可执行契约变量（比如超额分成）来激励管理者努力工作；二是会计报告的收益及其相关的风险提示（或者说明）不仅在股票市场而且会在经理人员的劳动力市场传播，从而使管理者的"偷懒、机会主义"承受个人收入、名誉等的损失，自己的人力资本市场价值也会大大下降。逆向选择的治理主要通过建立以信息（包括相关的风险提示）及其充分沟通为基础的激励约束机制的设计与运作。所谓激励机制，就是委托人设计一套信息激励机制，使代理人在决策时，不仅需要参考原已获知的信息，而且需要参考由信息激励机制所发出的新信息，这些新信息能够使代理人不会因为隐瞒私人信息或显示虚假信息而获利，甚至会招致更大损失，从而保证代理人无论是隐瞒信息还是采用虚假信息进行欺骗都是徒劳无益的，以最终保证委托人的利益，实现代理人行为目标与委托人行为目标最大限度的一致。其激励机制：一是要了解企业高层经理的目标函数，包括货币收入、声誉、社会地位、追求豪华的办公条件等；二是采用客观的度量标准测定企业的利润、盈利状况、企业信誉、经理的品格、个性特点、一贯表现以及绩效等；三是设计适当的激励手段，包括固定薪金、股权和退休金相结合的办法、用富有弹性的收入指标激励企业经理的努力和能力发挥；四是利用各种竞争手段对经理行为进行约束，比如未来被委托人雇佣的预期价格、通过市场竞争实现对经理的约束。而包括风险提示在内的会计信息就是一种有信誉地把企业内部信息转化为公司信息而克服逆向选择的重要机制。通过为各类信息使用者提供全面、充分、真实、公允的财务信息，以满足决策的需要，维护且平衡各相关利益者的权益。

二、契约理论与风险提示信息

如前所述，企业是"契约关系的综合"，契约的签订、履行和评估包含了代理关系的基本模型，见表2-1。

表2-1　契约理论与风险提示信息

第一阶段	第二阶段	第三阶段
订立契约的双方选择一个共同认可的契约和信息系统	代理人决策行为（不同的努力程度决定）	订约双方联合观察产出结果，代理人获得报酬（按第一阶段制定的契约）

代理关系的第一阶段是代理双方选择一个共同认可的契约和信息系统，由于代理双方的信息不对称性和利益的不一致性，代理人若掌握不被他人所知晓的私有信息就会提高代理条件，获得更高的货币和非货币报酬，委托人也可以凭借自己了解的信息，尽量压低代理人应该获得的报酬，降低代理成本。通过契约使双方达成一致，既充分利用了双方的信息，又满足了各自的利益，如契约中的利润目标、资本增值比例满足委托人的目标，同时代理人也获得报酬津贴，信息系统的建立又对代理人的代理责任、履行契约情况予以记录和反映，使代理双方做出正确的决策。

代理人履行契约作为第二阶段，这一阶段可以认为是私有信息转化的过程。代理人对企业的经营管理自然离不开各方面的信息收集、处理和输出。他们所掌握的信息也为企业服务，代理人工作的努力程度与信息质量相联系。高质量信息的获得要付出辛苦的劳动，有了全面、系统的信息才能做出正确的行为决策。

代理关系的最后一个阶段是代理双方共同观察产出结果的阶段。这个结果是由会计提供的代理人代理绩效等方面的会计信息和一些必要的数据指标，代理人将据以获得报酬，委托人则可以决定是否继续或解除代理关系。

契约的实质是信息，而代理关系的每一步都离不开信息，特别是包括风险提示信息在内的会计信息更是与契约有着密不可分的联系。为了使现代企业管理机制得到有效运转，就必须对代理活动的过程和结果进行记录、计量和报告。而现代企业会计的基本职能就是反映和监督。将各种代理关系中代理活动的行为和结果客观地记录下来，如实报告给代理双方，以供其合理地进行决策，同时要建立一系列沟通、激励、协调代理关系的机制，对代理人进行监督，使其采取适当的行为最大限度地增加委托人的利益。契约理论与现代会计具有逻辑上的对应关系。没有现代会计，不管是委托方在企业的权益结构，还是受托方的实际经营业绩和责任都无法反映出来，进而契约责任和代理绩效就无法衡量和评价，从而对包括风险提示信息在内的会计信息系统产生影响。

也就是说，经济学中"契约理论"与会计在一定范围内势必相互交叉。经济学中的"契约理论"的研究包括会计，其研究成果也完全可以引进到会计中来，在会计中应用；而会计研究也将充实和发展经济学中的"契约理论"。而且更重要的是会计是一个信息系统，其产出的是会计信息。无论是在公司中，还是在资本市场、经理人市场上，有关当事人订立的各种契约总是与会计信息交织在一起，"会计本质上是契约的集合体"（田昆儒，2000）①。

（一）风险提示信息是契约当事人订约的基础之一

在委托代理关系形成时，由会计对受托财产加以计量，以明确界定委托方的权益和代理人初步的受托经济责任，只有代理双方了解了对方的相关信息之后，才能相互协商，达成一致，订立契约。例如，股票发行是公司管理当局与投资者之间的一种契约，投资者在购买股票之前主要通过公司财务报表信息及其相关的风险提示信息了解公司的财务状况、经营业绩以及现金流动状况，尤其是未来的发展趋势，进而考虑契约签订的内容、履约方式以及考核兑现方式。

（二）风险提示信息是构成契约的一个因素

在契约中常规定一些指标来约束代理人的行为，考核、评价代理人的业绩。而这些指标恰恰是由会计信息系统提供的结构化数据与非结构化数据构成的，如利润指标、责任成本指标，它们既是会计信息同时又是契约的一部分。例如，在公司融资、投资以及日常运营中，发行债券要有契约，其中有关股利、营运资本、公司合并、对外投资、资产处理以及后续举债等约束债券发行公司的条款，都或多或少地涉及会计信息及其相关的风险预期。还有将公司经理的报酬与公司利润挂钩，实际上是将会计信息包括在对经理的雇佣合同中。

（三）风险提示信息是监督契约执行和评估契约执行结果的手段

委托人判断代理人是否为企业努力工作，是否按委托人利益进行经营决策，主要是靠会计的陈报（包括数据呈报与非数据的提示说明），通过会计记录、计量的有关数据和比例关系，委托人可以了解代理人的行为决策，明确代理成本和代理效益，让委托人与代理人之间的信息增加透明度，更好地约束各自的行为。例如，为了保护债权人的利益，债券中通常对营运资本规定一个最低额度。在这种情况下，债权人可以通过嗣后的资产负债表或现金流量表及其管理层讨论来监督债券发行公司履行债券契约的情况。一旦发现违约，债权人利用债券中授予的权利，对债券发行公司采取行动。在公司内部例证更多，如责任中心对公司总部的期中报告，核算成本等项标准执行情况的报告，都是上级对下级进行监控的工具。

---

① 桑德（Sunder, 1997）认为，会计信息这种契约组合具有帮助实施和有效推行公司所包含的契约的功能，这一功能主要体现在五方面：计量各个主体对公司资源集合的投入；确定和支付每个主体的约定利益；把其他主体履行约定义务和获取约定利益的情况告知相应的主体；帮助维持一个缔约地位和由占有者提供生产要素的流动的市场，以使一个主体的离去不会危及公司的存续；向所有参与分期商订契约的主体提供证实信息的共同知识，以便进行协商和拟定契约。这说明，财务报告是公司契约执行机制不可或缺的要件之一，而关于财务报告的准则安排本身也是它所帮助运作的契约组合的一部分，有的甚至以公共契约（法律）条款的形式存在。

数据型的会计信息是与契约紧紧联系在一起的，这些信息保证了契约的订立与执行，对契约有激励和约束的重要作用。但我们更应该看到，在公司中或资本市场和经理人才市场上所达成的各类契约中，不单纯包括数据型会计信息，更重要的是非数据型的其他信息，这些信息虽不像会计信息那样与契约交融在一起，但对契约当事人的行为也产生一些影响，比如在公司中，某一产品的市场供求状况、产品的寿命周期等信息，将会影响企业供、产、销方面的契约的订立；而资本的供求状况、投资利润率、信贷利率、企业的风险预期等信息也会使债权人谨慎地做出投资的决策；经理人员的业务水平、职业道德水平很可能是资产所有者选择代理人的重要因素，有时外部环境的变化、重大政治事件、自然灾害等都可能对契约产生影响。

归根结底，包括风险提示信息在内的会计信息系统设计在激励机制中发挥着不可替代的作用，这种作用通常通过对不同会计原则、会计方法和会计程序的选择来实现。

三、产权理论与风险提示信息

虽然会计信息有规范性目标和实证性目标的不同表述，但按照现有会计信息揭示理论，企业提供会计信息的目的无非在于解除"受托经济责任"或者"为决策提供服务"（或曰为契约的签订与执行提供信息）。这些理论实际上只说明了企业提供会计信息对企业利害关系集团的必要性，以及会计信息的使用者对会计信息的偏爱内容的不同，并没有从本质上对会计信息揭示的原因做出确切的回答。我们认为，企业作为若干"契约的集合体"，其本质是各种"权利"的组合。决定企业提供包括风险提示信息在内的会计信息的原因可能很多（邓小洋，1999；晓远，1998），但是真正的原因是：围绕企业利害关系集团的权利即"产权"问题。

历史地看，会计对产权的贡献是与生俱来的，并一直成为产权思想的忠实随从，其产生、发展和变革的根本使命是：体现产权结构、反映产权关系、维护产权意志。会计理论和实务的环境无不充满产权主体的身影，会计从职能上看无不为界定产权和保护产权而效力，会计原则和制度的建立，无非是为了减少市场交易费用，保护各产权主体的平等权益，而包括风险提示信息在内的会计信息揭示的目的就在于解除产权主体的受托经济责任。企业产权制度的变化对会计信息揭示所产生的影响是巨大而决定性的，会计信息是对企业产权制度在数量、结构及其运动变化上的反映，企业的产权制度对会计信息及其揭示有一种内在约束机制，企业产权制度，或者说企业的财产所有权数量、质量、结合方式，以及企业财产权利契约的缔结内容、方式等规则都制约着会计信息及其有关风险的揭示①。

第一，业主制下的会计信息及其风险揭示。业主制就是独资产权制度，它是产权主体唯一的企业组织形式，财产所有权的诸权能都由业主来享有。由于业主制下的产权单一、利害关系集团简单，会计信息的质量受所有者强有力的约束，其主要目的在于保护财产的安全完整、管理财产以及纳税，会计信息的主要风险基本上不存在，受法律和技术处理手段的影响较大。此时，会计信息披露简单，而风险提示信息基本不存在披露问题。

第二，合伙制下的会计信息及其风险揭示。会计信息的质量同样受所有者强有力的约束，但约束内容较少，其主要目的同样在于保护财产的安全和完整、管理财产以及纳税，但同时要兼顾到计算期间收益和分配红利的需要。会计信息的主要风险较低，受法律和技术处理手段的影响也较大。此时，会计信息披露处于适中状态，而风险提示信息逐步得到重视。

第三，公司制下的会计信息及其风险揭示。会计信息的质量在法律前提下受经营者强有力的约束，其主要目的在于揭示企业财务状况和经营业绩，以提供决策有用的信息，并确认和解除经济责任，从而稳定社会秩序、维护社会利益、合理社会分配。由于会计信息的利用者人数众多，所需求的会计信息各不相同，又充满着信息不对称性和利益非均衡性，所以会计信息揭示的风险高，且受到法律和信息生成成本的强烈限制。此时，会计信息披露要求公正、充分与透明，而风险提示信息列入了信息披露的总框架，受到高度的关注。

产权理论认为，会计信息是一种稀缺资源，通过会计信息的揭示可以实现企业内部资源的合理组合及优化、引导社会资源的有效配置和流动。随着产权制度的改革和进一步完善，未来会计信息揭示将在目标、内容、形式等多方面产生根本性的发展变化，关于这一点已有专著作了论述，此不赘述（陈少华，1998；陈毓圭，1997）。

---

① 从20世纪90年代以来，我国部分会计学者摆脱传统会计学理论的束缚，在对传统会计学理论的批判和扬弃过程中开拓自己的发展道路，避免西方会计学片面追求数学化、模式化和理论脱离实际等缺陷，在对现实的会计问题进行探索和概括的基础上，提出和发展新理论，取得了丰硕的研究成果。他们多角度、多层面、全方位地研究了产权与会计的相关问题，从产权角度系统地研究会计一系列理论，形成了一个比较完整的体系。伍中信的《产权与会计》及《现代财务经济导论——产权、信息与社会资本分析》、田昆儒的《企业产权会计论》、林钟高等的《会计准则经济论纲》和《公司治理与会计》、刘峰的《会计准则研究》和《会计准则变迁》等产权与会计理论专著已经开始结束简单的介绍、模仿阶段，以对现有的会计学理论的一般结论提出挑战的方式开展了自己的思考和研究。这些会计学者把产权、制度、信息等经济理论和要素引入会计学的研究中来，为会计学科的发展提供了崭新的视角和研究范式（主要体现在运用产权经济学的分析方法上），并为会计学提供了强有力的理论基础。尤其是对会计本质的认识、会计制度的建设和发展、会计信息的利用等方面的研究对现有会计理论的发展作用是巨大的。更重要的是，产权经济学为会计学的发展提供了一个理论平台，为会计理论提供了逻辑线索和理论基础。

公共选择理论认为，信息是一种典型的公共物品，任何人掌握了某项信息，不会减少他人了解这一信息的可能性。作为信息的一种，会计信息也同样是公共物品，即借助财务报告所传递的会计信息，一旦公开呈报之后，每个人都可以机会均等地获取相同的内容。但是，会计信息这一公共物品的提供，却是政府在会计准则中的强制性要求，也就是说，政府总是要直接或间接地控制、掌握对会计信息这一公共物品的管理权[①]。因此，为了降低交易费用、消除会计信息提供中外部不经济的情况，进而确保会计信息市场的秩序以促进资源的优化配置，对会计信息的产权界定也就有了必要。我们知道，会计信息产权的主体是信息的提供者和需求者两个方面，要界定会计信息产权必须先明确会计信息供需双方的产权，了解提供方和需求方主体的具体内容。产权经济学开山鼻祖科斯在《社会成本问题》一文中举了一个"失散的牛群毁坏邻近地区农作物"的例子，这个例子的实质在于澄清产权的实质——相互影响性：是允许农夫保护自己的产权而使养牛人的利益受损呢，还是允许养牛人损害农夫的庄稼而对农夫补偿？这主要取决于哪一种产权界定能导致社会资源的长期优化配置。同样，会计信息的产权界定也存在这一类似情况：是允许会计信息提供方拥有私有信息，公布限制性的会计信息而使会计信息使用者利益受损呢，还是允许会计信息使用者无限制地要求有用的会计信息而使会计信息的提供方受损呢（如过度公布某些信息可能会导致企业的商业秘密对外泄露，不利于企业的长远发展）？是站在股东立场上尽量提供对他们有利的会计信息呢，还是站在债权人的利益角度使会计信息尽量为他们服务？这些矛盾的权衡便是产权界定过程。这时便需要了解会计信息使谁受益、使谁受损，根据对受益受损的比较，决定哪些信息可以由提供者私自占有，哪些信息必须提供给使用者，并为使用者占有。只有这样才能压缩管理人员拥有的大量私有信息，消除会计信息提供中的不对称现象。当然，这种受益受损孰多孰少的判断是困难的，这就需要从会计基本假设、会计目标和会计对象入手，研究新的会计环境（因为会计环境的变化必然会使原有产权界定均衡产生偏离或被打破，此时就需要重新界定和安排会计信息的产权），通过改进财务会计的确认、

[①] 在现代企业制度条件下，一方面，会计信息作为一种公共产品，其使用权和收益权属于社会公众，会计信息失真将导致严重的外部不经济；另一方面，会计信息是否提供、如何提供、何时提供以及提供多少等决策权属于经理阶层，二者的矛盾使明确界定会计信息产权、确立会计信息供给的统一标准成为必要，这就导致了会计准则的出现。究其本质是一种能节约交易费用的特殊公共品，人们就会计处理程序和方法而达成的一种公共契约，这就是会计准则的合约观，也是目前用来解释会计准则的主流理论。

计量和报告模式，为会计信息及其风险提示信息的产权界定奠定基础①。

四、交易费用理论与风险提示信息

交易费用理论是由罗纳德·科斯（1937）创立的（学术界通称"科斯定理"）。科斯定理是关于产权安排、交易费用、资源配置效率之间内在联系的定理。尽管经济学家对科斯定理有不同的表述，但我们从实用的角度，认为可以从三方面表述科斯定理（限于篇幅，我们不准备对每一个定理做出理论上的解释）。科斯第一定理：如果市场交易费用为零，不管权利初始安排如何，当事人之间的谈判都会导致那些使财富最大化的安排，即市场机制会自动地驱使人们谈判，使资源配置实现帕累托最优。科斯第二定理：在交易费用大于零时，不同的权利界定会带来不同效率的资源配置，也就是说，由于交易是有成本的，不同的产权制度下，交易成本不同，从而对资源配置的效率有不同的影响，所以，为了优化资源配置，产权制度的安排和选择是重要的。科斯第三定理：由于制度本身的产生不是无代价的，因此，产生什么制度，怎样产生制度的选择将导致不同的经济效率。产权制度的产生也就是对产权制度的设计、制定、实施和变革，包括对产权的划分、界定等。可见，在第一定理中，科斯假定自己接受"零交易费用假设"，那么，三者关系就是：第二和第三定理是科斯在否定了"零交易费用假设"后，第二定理揭示了在不同产权制度下人们从事具体交易活动的成本的差异与资源配置效率的相关性，而第三定理揭示了不同产权制度及同一产权制度的不同设计的成本差异与资源配置效率的相关性。以此为基础，我们可以从科斯的三个定理中得到有关会计信息及其风险提示的若干启示：

第一，如果科斯第一定理中的"零交易费用假设"成立，那么，作为保护产权、反映企业产权关系的会计信息及其风险提示，也就失去了其存在的意义。因为，在交易费用为零的前提假设下，产权制度的任何安排和选择都不会影响资源的最优配置，对资源配置的效率没有意义。因为效率是成本与收益的比较，既

---

① 何谓产权？德姆塞茨认为：所谓产权，意是指"一个人或其他人使自己或他人受益或受损的权利"。新经济史学派的创始人诺斯也从与德姆塞茨基本一致的角度给产权下了定义："产权的本质是一种排他性的权利"。E. 菲吕博腾和 S. 配杰威奇在《产权与经济理论——近期文献的综述》一文中，通过对产权理论文献进行总结，把产权经济学家的各种各样的产权定义归纳为：产权不是指人与物之间的关系，而是指由于物的存在及关于它们使用所引起的人们之间相互认可的行为关系……它是一系列用来确定每个人相对于稀缺资源使用时的地位的一种经济和社会关系。尽管中外学者对产权概念的理解存有分歧，但基本上接受了 E. 菲吕博腾和 S. 配杰威奇的观点，即产权是人们（主体）围绕或通过财产（客体）而形成的权、责、利关系，其形式上是人对物的关系，本质是产权主体之间的利益关系。可见，在任何一个交易关系中都包括了以下的产权关系：产权的确认、产权的界定和产权的交易过程。这三个基本点就是交易过程中所形成的最必要的共同信息，并表达为一份市场交易的契约，因此，市场契约是交易过程中双方所形成的共同信息。

然交易成本为零，效率总是最优的。这实际上否定了人们能动地选择和建立这种而不是那种产权制度的必要性，原始或初始的、自然形成的产权格局，就是永久的格局，改变它对资源配置没有意义，不改变它也不会影响资源配置。但事实上，现实世界是一个交易费用大于零的世界，任何一项交易或多或少都需要一定的费用。因此，科斯定理实际上从交易费用与产权制度的关系上反证出：会计信息及其风险提示有其存在的必要。

第二，任何一项会计信息都要付出一定的交易费用，包括提供信息的成本、竞争劣势的成本、行为管束成本、诉讼成本和政治成本等（朱丹、屈腾龙，2000），交易费用是比较会计信息孰优孰劣的重要因素（也就是衡量会计信息质量特征的"成本效益原则"）。会计活动是在会计准则规范下发生在企业内部因受托责任而引起的一种提供信息为主的管理交易活动（这种信息有助于决策和评估受托责任的履行情况），不同的会计信息，其会计活动的成本即交易费用也不相同，从而对资源配置的效率有不同的影响，应该选择使会计活动的费用相对最低、最有益于企业经营管理的会计信息及其风险提示。

在以上所列的信息成本因素中，实际上包括了信息生成内部成本和因信息提供所产生的影响（即外部成本）两个部分。就外部成本而言，如果信息提供不足，信息提供的内部成本较低，但不能充分揭示，而导致外部使用者如股东等，对企业产生不信任感，做出抛售股票、停止贷款、不签订长期购销合同等决策，使得企业经营受到损害，导致信息提供的外部成本上升；另外，如果信息过量提供，揭示了本不应该泄露的"商业秘密"，使得企业在竞争中处于劣势，既增加了内部成本，也增加了外部成本。

第三，会计信息及其风险提示是人们在会计"游戏"规则约束下所生成的结果，为人们决策和评估受托责任等需要创造条件，提高会计交易活动效率，减少经济环境的不确定性，提高人们认知经济环境的能力。因此，就这一意义上说，会计信息具有经济与安全两方面的功能。所谓会计信息的经济功能是指通过会计信息提供者与使用者之间的合作可以获得一些追加收益即外部利润，而实现追加收益是通过两种方式实现的，即节约人们在进行会计信息交流活动中的费用与实施决策时所具有的经济规模效应。会计信息的本质是一种公共物品，人们使用这种公共物品可以减少会计环境的不确定性，对同一经济事项不同的企业或人们进行确认、计量、记录与报告就可以形成一个合理、可靠的预期，为人们运用会计信息进行决策提供一个有保障的框架，从而将决策的效度与信度统一起来，这就是会计信息的安全功能（这种功能有赖于会计准则规范的约束）。会计信息的经济功能与安全功能综合起来，就是会计信息及其风险提示具有节约交易费用、增进全社会福利的功能。

泽夫（Zeff）在《"经济后果"学说的兴起》一文中认为，会计准则具有经济后果，这种经济后果是指：不同的会计准则将生成不同的会计信息，从而影响到企业、政府、工会、投资者和债权人的决策行为，进而影响到不同主体的利益，包括一部分人受益，另一部分人受损。所以，会计准则历来关注其规范下的会计信息的经济影响，总是从经济后果的角度提出"公司必须报告什么（即披露问题）和如何描述其经济活动（即计量问题）"的一系列规范。具体来看，会计信息及其风险提示的经济后果主要有：第一，影响投资者财富的分配，这一后果涉及权益或公允的问题，信息不对称实质上就是不公正，这成了会计准则管制机构对财务报告进行立法管制的重要动因之一。第二，影响所招致的累计风险水平和可能影响该风险在不同利益关系人之间的分布。例如，针对道德风险问题考虑的投资者和管理当局之间的激励合同，还决定了风险是如何由他们共担的。与此同时，赋予管理当局对不利后果的法定义务，可能影响管理当局在项目选择中进行风险与奖励之间的权衡，并影响经济中所发生风险的累计水平。第三，影响用于生产、鉴证、传播、处理、分析和解释披露所花费的资源数量，并借助于社会财富在消费与投资之间的自然配置，以影响经济中的资本构成率。第四，影响投资在企业之间的配置。会计信息披露可能改变投资者关于与具体证券有关联的奖励和风险的信息，从而使投资者转向更合乎需要的投资机会，并将这种转移反映在新资本在企业间配置的方式中。第五，会计信息能改变民间机构搜集非披露信息所使用的资源数量。股份公司具有提供这类信息的动机，并且财务分析师具有搜集和传播此类信息的动机。这些活动构成了民间机构的信息生产和允许该类投资活动，以及反映到证券价格上，从而反映出比股份公司正式文件更广阔的信息内容。第六，会计信息可能改变管理当局采纳一定项目的动机。主要有：通过披露降低了企业获取创新活动利益的能力，即形成披露的"竞争劣势"；信息披露改变了管理当局愿意去做的风险回报权衡，即形成披露的"法律责任"；信息披露阻碍了管理当局某些不当的行为方式（如欺诈）。当然，这些方面可以看成是以上几方面的综合结果。

五、风险提示信息对资本市场决策支持作用的简要总结

通过以上的全面分析，我们可以对"风险提示信息对资本市场决策支持作用"这一涉及本书的主题思想，得出几点简要的结论，这些结论实际上就是风险提示信息在资本市场决策中的主要价值。

（1）会计信息及其风险提示价值之一，计划、计划的实施和控制。一个企业既是一个投入产出系统，又是一个由不同利益者相互间的经济合同组成的网络的集结点。在这个系统和集结点中，会计信息可以度量合同各方的投入，确认和

度量合同各方的应得利益，帮助合同各方相互传递信息，有利于合同市场的有效运转，帮助合同各方谈判合同条款，等等。

（2）会计信息及其风险提示价值之二，降低合同成本。作为一个经济合同的集结点，企业与利益相关者的经济合同往往要通过会计信息来建立和实施以降低合同成本。也就是说，在代理理论的假设下，最优解是无法获得的。所以，研究的重点是如何通过减少代理成本而达到次优解。即如何通过会计信息的作用，设计一个激励系统，使所有者和管理者的利益一致，这样管理者在为自身利益工作的同时也增进了所有者的利益。

（3）会计信息及其风险提示价值之三，降低代理人成本。委托人（投资者）可以用会计信息来衡量公司的表现并相应地激励（惩罚）代理人（管理层），使其最大限度地促进委托人（投资者）的利益，降低代理人成本。

（4）会计信息及其风险提示价值之四，分析公司的价值。

第二节　实证基础：有效市场假设与资本资产定价模型

有效市场理论的两个核心理论即有效市场假设（Efficient Markets Hypothesis，EMH）和资本资产定价模型（Capital Asset Pricing Model，CAPM），是会计信息市场价值研究的理论基石。一般来说，一个国家的资本市场不会是完全无效的，但也达不到强式效率，往往具有一定的效率，我国的资本市场也不例外，这使得会计目标的实现有了有效市场这个市场基础。

前面我们分析了会计信息的目标有规范性目标与实证性目标之分，如果将规范性目标理解为一种对目标的理性分析的话，那么，实证性目标无疑就是一种对目标的应用性分析，即会计信息在市场决策中的应用价值分析，包括经济决策价值和评估受托责任。但是，会计信息的这种市场价值具有很严格的研究逻辑限制：首先验证市场的有效性，在市场有效的前提下，分析各种与会计信息生成过程有关的因素，寻求影响会计信息生成的相关变量，然后分析促成这些变量发生变动的原因，进而达到解释和预测会计信息趋势的目的。如果市场是无效的，则会计信息与代表公司价值的股票价格的相关性就无从考证，从而也就无法考证影响会计信息生成的各种会计程序选择发生的真正原因。换言之，没有有效市场假设，会计信息的市场价值研究就成为无本之木，而没有资本资产定价模型，就无法对有效市场假设进行验证。因此，是有效市场假设和资本资产定价模型奠定了会计信息市场价值，会计信息市场价值研究的基石就是有效市场假设和资本资产定价模型。

一、有效市场假设理论

"有效市场"的定义主要有以下几种：1970年，法玛（Fama）定义为：如果证券价格"充分反映"了可获得的信息，则证券市场是有效的。1975年，比弗（Beaver）给出的定义为：如果证券价格行为反复显示所有投资者都了解到了某个特定的信息系统，则市场对于这个信息系统是有效的。1978年，詹森（Jensen）把有效市场定义为：对于一组信息 θ_T，如果根据该组信息从事交易而无法赚取到经济利润，那么市场就是有效的。1992年，马克尔（Malkiel）给出的定义包括以下三方面的内容：①一个有效的资本市场应该充分正确地反映所有与决定价格相关的信息；②对某个特定的信息而言，如果将其披露给所有市场参与者后，证券价格不会发生变化，则该资本市场是有效的；③若市场是有效的，就不可能以某个特定的信息为基础进行交易而获取经济利润。通过对以上四人所给定义的比较分析，马克尔给"有效市场"下的定义应最为全面明确。

一般地，与证券价格相关的信息可分为以下三个层次：①所有历史的信息，如过去几年里股市变动的信息资料或上市公司过去几年的财务会计报表资料；②所有公开的信息，包括股票行情的历史性信息资料，也包括公众从其他公开渠道如报纸、杂志等获得的有关信息；③所有可用的信息，除了以上两类之外，还包括投资者私下得到的内部消息及各种传闻。与这三种信息相对应，股票市场被认为可以达到以下三种有效性：

（1）弱式（Weak Form）有效性。如果现行的股票价格能够充分反映股票价格变动的历史性信息，则股票市场被认为可以达到弱式有效性，或者说，股票市场的弱式有效性表明投资者无法简单地通过对股票价格的历史性信息资料的统计和分析来谋取超常利润。通常地说，技术分析学派主要是以股票价格在过去的走势规律来决定他们的买卖策略。他所依靠的各种技术分析指标都是建立在股票价格历史变动的基础上的。而弱式有效性则不承认这种基础，因此，技术分析学派被认为是违背弱式有效性的。

（2）半强式（Semistrong Form）有效性。假设现行的股票价格充分反映了有关股票行情的所有公开信息，那么股票市场可以说具有半强式有效性。也就是说，投资者不可能仅仅通过分析这些公开的信息而获取额外利润。每一个投资者所获得的信息和其他人所掌握的信息没有什么差别。这一假设彻底地排除了基本分析学家的作用，因为基本分析学家一般都是通过对各种宏观经济数据等公开信息的分析来制定投资策略的。

(3) 强式（Strong Form）有效性。当现行的股票价格充分反映了有关股市行情变动的全部信息，包括公开信息和内部信息，股票市场即被认为具有强式有效性。这时候，投资者更无法只通过获取公开或内部的信息来赚取比其他投资者多的利润。因为在强式有效性的市场上，投资者对所有的信息都有高度的反应能力，在我们获得有关信息的同时，其他投资者也都已获得和掌握了同样的信息。作为所有投资者对这些信息的综合反应，股票价格也已及时地进行了调整。因此，认同内幕交易的人在强式有效性下是无法获得超常利润的。事实证明，各国的证券市场迄今为止尚未出现这样的理想环境。

以上划分具有重要的意义。一方面，它使人们能够运用不同类型的信息对有效资本市场的模型进行经验上的验证；另一方面，表明了会计信息的价值主要表现在它与日后发生的实际结果有着密切的相关性，如果会计信息始终保持不变，也将失去其价值。证券市场是世界各国配置社会资源的重要枢纽，会计信息披露对证券市场信息需求的满足程度成为衡量会计信息披露有效性的重要因素。20世纪60年代早期，会计研究中普遍地隐含这样的假设，即会计报告是获取公司信息的唯一来源。由于经营者具有选择会计程序的灵活性，在上述假设下，经营者能够随心所欲地报告公司经营业绩从而欺诈市场。通过夸大报告收益，经营者就可以抬高公司股票的价值，这样股票市场不仅无法对高效率和低效率的公司加以区分，而且无法对这些不同的股票进行合理定价。如此，会计收益信息就不是计量公司价值变化并使股票价格成为资源配置的正确信号，这无疑说明会计收益信息对股票市场的资源配置没有意义。实际上，对于股票市场而言，会计收益信息是一个会计循环的最有意义的结果。有效市场假设认为"唯一来源"不成立，如果会计收益信息和股票价格之间存在着实证性联系，那么即使不是按照经济学定义的收益进行计量的会计收益信息仍将是十分有用的，这说明会计收益信息的披露对证券市场的资源配置是有意义的。据瓦茨和齐默尔曼（1986）的归纳，有效市场假设酿成了一批以经验为依据的、研究会计收益与股票价格之间的关系［如 Ball 和 Brown（1968），Beaver、Lamfert 和 Morse（1980），等等］及会计程序的变化与股票价格之间的关系［Kaplan 和 Roll（1972），Ball（1972），Sunder（1973，1975），等等］的文献，它还引起了实施公司信息揭示管制的有关理论基础的变化。在我国，有不少学者对我国证券市场的效率进行了大量的实证研究。如吴世农的系列研究（1993，1996，1997）表明，1993年以前，深市每天的股票价格并不是随机的和独立的，有许多已公布的交易信息并未反映在当时的价格中或被当时的股价所忽略，掌握过去的一些信息仍有可能获得非正常回报，因此，深市尚未真正通过弱式效率检验；1996年的研究结论是，我国股市尚未达到真正意义的弱式效率；1997年采用累计超常收益分析法针对年度盈利信息的研究结论是，沪市尚未达到半强式效率。沈艺峰（1996）的检验结果是，我国股票市场不具有半强式效率。孙铮（1996）的检验结论是，中国股市对历史信息反应效率较低；信息的传递速度较慢，投资者对信息的理解能力极差，从而在突发事件出现后不能在较短时间内充分吸收信息；尚无有效的办法阻止内幕信息，杜绝内幕交易。而陈小悦等（1997）的研究显示，深市较早达到弱式效率，沪市在1993年以前不能通过弱式效率检验，而1993年以后开始逐渐达到弱式效率，总体结论是中国股市已经达到弱式效率。赵宇龙（1998）的检验也不支持沪市具有半强式效率。

如果套用以上关于市场有效性的三种分类，则有效市场假设对于会计信息研究的根本意义就是：①如果市场是无效的，则需要强化市场交易规则的建立和完善，现行会计信息的披露内容、方式等可能面临着重大的变革；②如果市场是弱式有效的，则市场交易规则需要完善，现行会计信息的披露内容、方式等存在修改的必要性；③如果市场是半强式有效的，则市场交易规则基本完善，现行会计信息披露内容、方式等基本符合市场需求，但仍然存在对内幕交易信息披露进行规范的必要；④如果市场是强式有效的，则市场交易规则十分完善，现行会计信息披露内容、方式等已满足市场需求。当然，对有效市场假设的检验，绝不是会计信息研究的终结，而恰恰是研究的开始。

二、资本资产定价模型

资本资产定价模型最初是由夏普（Sharp）、特雷纳（Trenor）和林特纳（Linter）在20世纪60年代中期分别提出的，是对风险如何定价和度量的均衡理论。其根本作用在于确认期望收益和风险之间的关系，揭示市场是否存在非正常收益。根据资本资产定价模型，股票收益要受市场风险、企业特有风险以及相关信息的多重影响。如果投资者要获得某一特定的报酬率，必须对相关风险进行规避，高风险的资产比低风险的资产要产生更高的预期收益。一种资产的预期收益（报酬）可以分解为无风险报酬加上一个风险报酬。预期的报酬率可以用数学公式表述如下：

$$E(r_j) = r_f + [E(r_m) - r_f]\beta_j$$

式中：$E(r_j)$——第 j 项风险资产的预期报酬率（收益率）；

r_f——无风险资产收益率；

$E(r_m)$——市场组合资产的预期收益率；

$\beta_j = cov(r_j, r_m)/\delta_{r_m}^2$——第 j 项资产不可分散风险的量度。

倘若市场缺乏效率，报酬率就应为无风险报酬率加上证券市场上组合资产的预期报酬率与知晓企业信息所得到的报酬率之和。倘若市场有效率，那么因知晓企业信息所得到的报酬率将趋于零,这样,一种资产的预期报酬率就可以分解为无风险报酬率加上一个经调整的风险报酬率。例如,某企业无风险报酬率为2%,资产组合预期报酬率为12%,β系数为0.7,这样该企业特定证券的预期报酬率就应为9%,即2%+0.7(12%-2%)。如果实际报酬率为10%,则其差额就称为非正常报酬率,本例为1%。

会计信息市场价值研究所关注的是半强式的市场效率,相应地十分关注的就是上述非正常报酬率。在半强式的有效市场假设下,当会计信息公开揭示之后,就不可能出现非正常报酬率,即非正常报酬率趋于零。如果此时还能获取非正常报酬,则证明市场是无效的。

该模型建立在如下假定的基础上:①市场是由理性而厌恶风险的,力图使其预期消费效用最大化的投资者组成。这些投资者用标准差和期望收益率来度量资产组合的风险和收益。该假设提供了风险度量的尺度(如β值)。②所有投资者在进行其投资决策时,都有一个普遍的时间期间(如一个月、一年等)。该假设使得对预期收益的计量结果具有意义。③所有投资者可以免费获取信息,且具有完全一致的市场期望。在不同的系统性风险中,投资者之所以选择不同的投资组合,是因为他们对风险的偏好不同。④市场是完善的,即不存在能左右市场的投资者;不存在交易成本和差别税收;所有资产可无限分割。⑤存在着一种无风险资产,所有投资者均能以无风险利率 r_f 进行借贷。

会计信息市场价值的应用性研究,离不开有效市场假设理论和资本资产定价模型,但这并不意味着这两个前提理论就不存在问题,实际情况恰恰相反。由于假设和模型都有其赖以成立的前提条件,有效市场假设隐含的前提条件是市场为完全竞争市场,无交易成本及所有信息都会很快被市场参与者领悟并立刻反映到市场价格之中(资本资产定价模型的前提条件已如前述)。由于存在严格的理论前提限定,而现实经济世界千变万化、纷繁复杂,结果,假设和模型在解释和预测现实经济问题时,有时就给人以捉襟见肘之感(李明,1999)。如果再加上我国特有的经济环境:我国法律环境尤其是执法环境的差强人意,会计监督机制尚不完善,各种非会计规范因素对会计信息的质量产生重大的影响,公司治理与市场化进程企业间和地区间差异程度大,股票市场是一个不完全竞争的市场,加上地方政府干预的惯性与偏好并没有得到彻底的改观(企业发展的市场主体作用尚未得到广泛发挥)。因此,在这些情况的综合作用下,究竟如何看待我国会计信息的市场价值、如何研究会计信息与市场决策的相关性问题,就是一项十分困难的研究探索工作。如果说本书能对此有所拓展和创新的话,那将是我们所期待的。

第三节 文献回顾与评论

文本信息作为非结构化信息的一种表现形式,其信息价值及其披露动因受到学术界的高度重视,尽管开展研究的时间不长,但却表现出强劲的研究态势,呈现丰富多彩的研究成果。已有文献依托信息不对称理论、信号传递理论、委托代理理论、信息供给与需求的经济学视角、声誉机制、印象管理等理论基础对年报风险信息披露的现状、影响因素、经济后果、研究范式进行了探讨。本节从信息价值、披露现状、影响因素及其经济后果等方面做一个回顾。鉴于风险提示信息与审计意见相关性的研究具有更为丰富的文献,这一部分将在第六章予以专门回顾。

一、广义文本类非结构化数据的研究概况

社会科学领域有丰富的、非结构化形式的自然语言文本信息,如报告、陈述、手册、报道、档案、记录、Web 页面等。对这些文本信息进行有效的收集、处理与分析,从中发现潜在的、新的、有价值的知识,是重要的社会科学研究途径。余钧(2017)指出,文本信息分析在国内社会科学研究中应用可以划分为初步发展(1998~2003年)、快速发展(2004~2008年)、持续发展(2009~2016年)三个阶段;文本信息分析应用的热点领域包括报纸/杂志(传统媒体)、网站/微博/论坛/微信(新媒体)、法律/政策/规划/报告(政府)和竞争情报(企业);虽然文本信息分析在社会科学研究中的应用逐步广泛和深入,但仍有待于进一步提高效率、有效性以及研究深度。以年报管理层讨论与分析为例,大量研究均已证实,与专业财务报表数据相比,上述非结构化数据、叙述性的文字信息应更容易被非专业投资者所理解,使投资者汲取决策所需的"特别信息"甚至开发了读取这些"特别信息"的"词典",以帮助投资者识别和理解公司灾难性财务事件。Li(2008)发现,低盈余和收益不稳定公司的年度报告(包括管理层讨论与分析部分,以下简称 MD & A)更难读懂。Cecchini 等(2010)以欺诈和破产公司作为样本,实证研究了 MD & A 文本信息的预测能力,证实 MD & A 是对数据信息的补充,提高了对财务事件的预测能力。Arnold 等(2012)发现通过对复杂的叙述性披露添加标签处理,投资者能够更有效地理解和利用公司风险相关信息来做出决策。但是 Brown 和 Tucker(2010)认为可能由于 MD & A 冗长篇幅中的许多"垃圾信息"的困扰以及缺乏年度间修正,MD & A 的有用性在下

降。此外,他们还论证了 MD & A 对流动性、资本来源均具有信息含量。这与前人的研究结果一致,且为更好地编制 MD & A 提供了借鉴。以报纸、杂志等为例,彭华涛(2014)以 1985~2013 年《人民日报》科技创新相关新闻报道的标题作为研究对象,采用文本分析法,选用 T-lab 作为分析工具,考察中国科技体制改革演进过程中的概念图谱和主题聚类,并对科技的"科学"与"技术"进行共词分析,由此提炼科技体制改革过程中科技创新的总体演进规律。以网站、微博等为例,陈海平(2012)以中国、美国的高校网站为研究对象,采用随机抽样各抽取 50 个样本,运用内容分析法考察高校网站的主要功能(管理服务、校园文化、教学与科研等),在此基础上比较中美高校网站的差异。研究发现,相较于美国高校网站,中国高校网站在管理服务功能、校园文化展示、自主空间建设等方面存在不足。以法律、政策报告等为例,赵勇和赵筱媛(2016)以 1949~2015 年以来国家层面中小企业政策文本为研究样本进行计量和内容分析,考察中小企业政策的演进历程、类别分布、发文主体,研究发现,我国中小企业政策体系的现状不容乐观、特征不明显以及存在的诸多不足与问题,但同时也发现我国中小企业政策体系正在逐步健全与完善。以竞争情报等为例,曾忠禄和马尔丹(2011)探讨了文本分析在竞争情报分析中的应用,包括战略集团分析、竞争对手假设分析、竞争对手目标分析、竞争对手战略分析、竞争对手使命分析等。

具体从会计研究视角观测,这一领域内的非结构化信息主要包括公司披露的年报、季报、招股说明书、季度盈余公告、管理层盈余预告以及电话会议纪要文本、分析师的研究报告、媒体的新闻报道以及投资者通过各种渠道发表的观点与评论等。这些文本中涵盖的非结构化数据在生成过程中受到诸多内外部因素的影响,在生成之后亦对资本市场产生了不容忽视的信息传输作用。从影响机制角度观测,法律政策中的各项规定首先对其形成重要制约,SEC 在 1980 年便开始强制要求上市公司在年报中增加 MD & A 部分,用于评估企业的流动性、资本以及经营状况,这使得 MD & A 毫无争议地成为年报中最具可读性和最重要的部分。Campbell 等(2014)发现,强制性披露政策确实促进了公司对特质性风险的揭示,并且此信息对投资者是有用的。在 1995 年的美国私有证券诉讼改革法中,安全港条款鼓励公司在年报或季报的 MD & A 中进行更多的前瞻性表述。Li(2010b)的研究表明,安全港条款的要求确实提高了 MD & A 中的信息含量,MD & A 中前瞻性描述对公司未来的业绩具有增量解释力。市场环境在文本信息形成过程中发挥的作用同样极为关键。Hanley 和 Hoberg(2010)发现,作为市场的组成部分,承销商的声誉能够提高招股说明书的信息量。Muslu 等(2014)发现,当股票的市价无法充分反映未来盈利信息时,公司会选择在年报 MD & A 文本中进行更多的前瞻性信息披露,而这种策略确实能有效缓解股价信息效率低的问题。当然，与文本信息内容及其含量保持最紧密关联的依然是对其予以披露的组织机构及发布者的自身特征。Nelson 和 Pritchard（2007）研究也证明，当公司自身面临更大的诉讼风险时，它会在年报中采用更多的警告性语句，并运用更易读的语言，以求获得法律的保护和减少诉讼成本。Merkley（2014）的研究表明，公司业绩的下滑会导致公司增加对社会责任信息的披露，以降低信息不对称程度。Li 等（2009）认为，CEO 的真实权力会影响他在公司电话会议中发言的多少。Hanley 和 Hoberg（2010）发现，勤勉工作的管理者能够提高招股说明书的信息含量。

从经济后果角度观测，非结构化数据产生的直接影响体现在股票的异常收益、交易量、IPO 抑价、市场异象等方面。Kothari 等（2009）则发现，公司如果在年报中发布好消息，就能够减少风险，同时降低股价的波动性。Hanley 和 Hoberg（2010）运用内容分析法，发现上市公司招股说明书中披露的非财务信息具有价值相关性，能够显著降低 IPO 的折价程度。部分基于新闻报道、在线舆论等外部文本信息分析的研究表明，舆情信息的分析确实有用，但由于这些信息来自公司企业外部，包含大量的噪声信息，其价值相对有限（Lu et al., 2012；Lu et al., 2013；边海容等，2013；宋彪等，2015）。贺建刚等（2013）指出年报中 MD & A 披露为投资者决策提供了增量信息，非财务披露机制有助于改善信息环境，这在一定程度上具有审计替代的信息治理功能。Brochet 等（2015）对电话会议的研究发现，管理者语言越复杂，引起市场反应越小，无论是股价反应还是交易量均如此。当公司披露更多的社会责任信息时，不仅能够吸引更多的分析师关注，而且能够提高分析师预测的精度、减少分析师预测分歧（Merkley, 2014）。Bryan（1997）以 MD & A 强制披露项目为研究对象，检验了 MD & A 与未来财务变量，分析师预测修正和股票收益的关系，结果发现对未来趋势和计划资本支出的讨论与短期业绩衡量和投资决策显著相关。MD & A 披露之后，价值线投资调查公司利用了 MD & A 信息对公司未来销售收入预测做出了修正。紧随其后，Clarkson 等（1999）的研究证明 MD & A 是一种"新而且有用"的信息来源。Cole 和 Jones（2004）对零售行业 MD & A 信息预测能力和价值相关性的研究发现，MD & A 中的收入变动和未来资本来源计划等量化信息对预测公司未来的盈利能力和营运能力具有增量解释能力，且与短期股票收益有关。类似地，Yan Sun（2010）以制造业公司为样本进行研究，发现 MD & A 有助于报表使用者理解异常存货增长并预测未来公司业绩。林乐和谢德仁（2017）基于 2005～2012 年上市公司年度业绩说明会互动平台的相关文本信息研究发现，管理层提高了分析师更新其荐股报告的可能性及更新人数比例，并会提高分析师荐股评级水平及其变动。孟庆斌等（2017）采用文本向量化的方法，对 2007～2015 年中国A股上市公司年报的管理层讨论与分析（MD&A）所披露的信息含量加以度量，研究其对股价崩盘风险的影响。其分别从文本可读性和信息不对称的角度出发，表明信息的可读性越高，信息不对称程度越高，展望部分的信息含量对股价崩盘风险的降低作用越大。朱朝晖和许文瀚（2018）研究了业绩预告的文本信息及其语言特征对市场反应的影响，发现业绩预告的文本信息对报告后的股价波动具有解释作用，文本信息越乐观，其股票回报越高。李燕媛（2008）从法理学的角度讨论了MD&A披露的信息价值，认为MD&A的披露提高了资本市场的资源配置效率，提高了市场透明度，降低了信息搜寻成本。李常青等（2008）通过问卷调查发现，机构投资者普遍认为MD&A具备信息含量；李晓慧和孙蔓莉（2012）则从自利性归因的角度分析MD&A在风险导向审计中的有用性，设计了风险导向审计与MD&A中业绩归因对应的分析框架，以帮助独立审计人员简便地发现企业可能存在的舞弊。

非结构化数据产生的间接影响体现在其能够反映竞争环境、管理者特征，同时能够增强财务信息的信息价值，描述财务数据的生成环境。Hoberg和Phillips（2016）基于年报对产品的文本描述构建出一个公司特征性的竞争指标，并在此基础上证明了公司广告和研发投入与其产品差异化战略显著相关的经济理论。Li等（2006）发现，CEO在电话会议中的发言刻画出其真实权力，CEO真实权力不等于形式上的权力，它受到企业组织因素的影响。Bochkay和Levine（2013）发现，融合MD&A文本和财务数据的新模型较单纯的财务数据模型有更准确的盈余预测。Levine和Smith（2011）发现，当公司重要会计政策涉及资产负债表具体科目（如应收账款）时，不仅该科目在总资产中的占比更高，而且其时序波动性也会更大。

二、年报风险提示信息的披露现状

一方面，从风险信息披露数量角度来看，已有研究认为年报中披露的风险信息在预测信息和定量信息方面的含量较为匮乏。Beattie（2004）通过分析3个行业共27家样本公司在年度报告中提供的与风险有关的信息，发现风险预测信息和定量分析较少。Beretta和Bozzolan（2004）研究发现公司侧重于披露过去和现在的风险信息，而非未来的风险，即使涉及预期风险，董事也不愿说明其影响可能是正面还是负面的。Linsely和Shrives（2005）认为涉及商业机密从而董事不愿披露风险信息，并且不愿意提供尚未规避风险措施的前瞻性风险信息。李胜利（2002）认为，我国上市公司信息披露制度不健全，可操作性和实用性不强，并认为中国证监会应当加强对信息披露的监管和处罚力度。邓传洲和李正（2003）以2002年100家股上市公司为样本通过描述性统计得出上市公司风险信息披露的现状：第一，漏掉了重要的风险，如样本中的房地产企业对利率风险非常敏感，但公司并未提及；第二，对风险的重要程度或影响范围披露很少；第三，对于风险管理措施的披露欠缺。贾炜莹（2007）以家上市公司的年报为样本，通过描述性统计对风险信息披露现状进行分析，结论表明风险信息披露内容不够完整、风险分类不够严密、风险披露方式定性分析多定量分析少。杜莉和戴倩倩（2010）指出，从目前我国上市公司的实践来看，风险信息的披露数量和质量都有待提高。尽管由于各国实践的差异，很难形成一致的风险信息披露规范，但保持风险信息披露数量的适度水平，应该是一种国际共识。谢少敏（2010）通过对中国9家同时发行A股和ADR公司财务报告中市场风险披露信息的分析指出，公司的A股年报与ADR年报在市场风险披露上存在较大差异：ADR年报的表外定量信息披露程度远远高于A股年报，ADR年报的表内定量信息披露程度也高于A股年报。

另一方面，从风险信息披露质量角度来看，已有研究部分认为此类文本信息已经发挥一定的信息价值，如Ceccini等（2010）基于公司年报管理层讨论和分析部分文本内容，Lu等（2012）、Lu等（2013）基于新闻报道、边海容等（2013）基于中证网新闻报道、宋彪等（2015）基于网络舆情信息等研究均表明其中涵盖的与风险相关的文本信息可以提高风险管理的效力。鉴于年报等信息公告反映了经理人违约的内在倾向与动机，新闻报道反映了媒体和外部专业人士的判断和分析，微博、论坛等在线评论反映了社会公众的判断和评价，这些都为风险管理与风险决策提供了新的线索，通过对上述文本信息的挖掘分析，构建相应的量化指标，并与传统的定量信息相结合，就可以实现对信用风险实时而更准确的评价与管理（陈艺云，2017）。杨扬等（2017）对中国上市公司的年度财务报表和企业关联交易的独立董事意见以及网民评论的文本进行实证分析表明，这些文本均含有与企业信用风险有关的信息增量。而部分基于印象管理理论的研究则指出此类文本信息的质量未能完全达到制度规定的标准。Mckisnytry（1996）认为印象管理中的自立性归因方式其实是管理方在业绩表现好时将功劳归于自己，在业绩表现差的年份将问题归于经济环境，或者充分预计好的趋势但忽略或只是部分报告向下的趋势。Skinner（1994）发现公司披露的好消息多为有具体数值的定量信息，而坏消息倾向于文字性的定性描述。孙蔓莉和姚岳（2005）指出公司报告的语言信息部分也有"美化"的方法。"语言美化"表现在语言内容选择和语言形式设计上，它比"数据粉饰或作假"更为隐蔽和不易察觉，但其危害是同性质的，它们是对客观事实的歪曲，对投资者的未来决策产生误导。Merkl Davies等（2007）发现，管理层倾向于在可读性、修辞、主题、内容排版、业绩比较、数字选择、业绩归因方面操控描述性信息的披露进行印象管理。Li

(2010)认为管理层很少用完全悲观、负面的词语来表达未来前景的负面消息，而倾向于用中性的或含义模糊的词语，如风险、不确定、危机和危险等。Lehavy等（2011）指出，管理层可能会通过与风险相关的词语来模糊披露信息，降低信息的可读性，增加投资者了解真实情况的难度，降低了风险信息的信息价值。林江辉（2002）经过对安然公司倒闭的研究指出现有的市场风险披露方法依旧存在问题，未来不确定的市场因素及假设没有充分披露、风险披露的范围不够全面、风险分布结果披露不充分、风险的分类和汇总方式不尽合理、风险披露的灵活性有余、统一性不足。张苏彤和周虹（2003）在对我国上市的商业银行进行研究后发现，我国上市银行对风险信息披露的质量是不高的，这一方面与我国上市银行风险管理水平不高有关，也与我国证券与银行监管部门对上市银行信息披露的要求不高、不具体有关。我国证监会的有关规范与巴塞尔新协议的披露要求相比，仍存在许多不足。赵亚明（2006）选择20家上市公司"管理层讨论与分析"的信息披露状况进行抽样分析，并考察其对2005年管理层讨论与分析新规的执行情况，结果发现近半数公司在风险提示方面不合格。黎文靖和杨丹（2013）指出，民营企业经营层可通过披露劳动力成本上涨的风险信息来"解释"其较差的公司业绩，以满足考核要求，并获取较高薪酬。张曾莲（2014）通过对21家双重上市公司113个样本2000多条风险记录的两配对样本T检验发现，其境内外风险披露基本一致，对风险的描述和应对基本一致。刘井建等（2015）发现，高管薪酬激励会影响其风险行为，与上市公司的债务期限呈倒U形关系，但是上市公司积极披露信息的做法会削弱由高管激励机制造成的负面影响的可能性。Lu和Shi（2018）认为信息披露的透明度与高管薪酬的水平呈正向变动，提高信息透明度，需要增加高管薪酬以弥补由于其受到更多的监管带来的不利影响。与此同时，研究者发现，管理层出于利益动机、政治目的或者公司治理等方面的考虑，极有可能利用自身的信息优势自主选择会计信息披露的时间、内容和方式，这些披露策略都会影响到上市公司的披露质量。

三、风险提示信息披露的影响因素及其经济后果

一方面，根据已有文献，年报中披露的风险提示信息大体受到如下一些因素的影响：公司规模、盈利能力、资产负债率、账面市值比、境外上市地点、诉讼风险、独立董事比例、两职合一、高管自利动机、审计委员会的设置、机构投资者持股比例、承销商声誉、债权人监督、行业等。Linsley和Shrives（2006）通过实证得出风险披露质量和公司规模正相关。Nelson和Pritchard（2007）研究了"谨慎性语言"披露和诉讼风险的联系，发现面临诉讼风险更高的公司在披露信息时会采用更多的谨慎性的语言。杜莉和戴倩倩（2010）以我国2007年沪市A

股180指数中披露描述性风险信息的公司为样本分析发现,描述性风险信息的披露与独立董事比例、公司规模、机构投资者持股比例等存在一定的关联。张瑞芳(2010)考察了深市2005~2008年首次发行上市的227家公司在上市发行阶段招股说明书中的风险信息发现,审计委员会的设置、两职合一与风险信息披露质量正相关;承销商声誉、公司规模、年度与风险信息披露质量负相关;风险信息披露质量具有行业差别。彭博(2012)以2010年沪市A股的上市公司中披露描述性风险信息的838家公司为研究样本发现:独立董事促进了风险信息自愿披露;债权人对公司风险信息披露的监督作用明显;公司规模、盈利能力与上市公司年报风险信息披露水平均呈负相关。张曾莲(2014)通过风险信息披露一致率、披露相同率与其影响因素的回归分析发现,规模、风险水平、资产负债率、账面市值比、境外上市地点、行业和年度会影响双重上市公司境内外风险信息披露的一致性。周婷婷(2016)研究发现国企高管的腐败行为是风险信息披露的重要影响因素,腐败高管在腐败发生年度多披露的风险信息显著降低了腐败高管在腐败暴露年度被惩罚的程度,风险信息在国企高管腐败行为中成为腐败高管的牟利工具。张馨艺等(2012)从高管持股视角出发研究发现,高管持股比例会显著影响其选择的信息披露策略,持股比例越高,高管越倾向于进行择时披露(唐红珍等,2014)。吴明礼和戴荣波(2015)从政治关联视角出发的研究表明,当上市公司的实际控制人、董事长或者总经理具有政治关联时,将会削弱上市公司由于提高信息披露质量而降低的债务融资成本的程度。从高管的人口学特征出发,路军(2015)认为高管人员的性别特征与信息违规披露紧密相关。李端生和周虹(2017)研究发现,学历较高的管理者凭借其在知识层面的优势,往往能够更加客观地评价公司现存的弊端与不足,并准确地定位风险点,提供更高质量的风险信息。傅传锐等(2018)以沪深两市高科技上市公司为样本,依据高层梯队理论,实证考察高管背景特征与公司智力资本信息披露行为间的相关性以及产品市场竞争对这一关系的调节效应。结果表明:高管年龄与智力资本信息披露水平显著负相关,而高管学历、任职时间与智力资本信息披露显著正相关。

另一方面,根据已有文献,年报中披露的风险提示信息在以下一些方面发挥了其信息价值和资源配置效应:降低资本成本、提升资本市场投资效率等。Bryan(1997)采用事件研究法发现,MD&A中对计划资本支出的讨论与信息公告日前后的短期股票累计异常收益率显著相关。同样地,Eikner等(2000)、Cole和Jones(2004)的研究也都表明,MD&A信息与同期股票收益率显著正相关,具有显著的增量解释能力。Eikner等(2000)以专业财务分析师跟踪MD&A披露对证券价格影响的评分为依据,通过建立MD&A证券价格影响指数,对MD&A前瞻性信息的增量信息含量进行检验,研究表明MD&A指数与证券累计异常收益率变动显著相关,即 MD & A 具有增量信息含量。同时表明,好消息比坏消息的市场反应更强烈,说明好消息更加具有价值相关性。这与 Pava 和 Epstein（1993）的研究相一致。Rajbopal（1999）实证研究得出风险披露会引起石油、天然气价格的变动。Linsley 和 Shrives（2000）认为企业风险信息披露质量提高促进了资本成本的降低。即如果对风险能力加以披露,支付公司不确定风险的成本就会得到削减。Dietrich 等（2001）研究发现披露前瞻性风险信息是有效的,风险信息披露能够提高市场效率。Behn 等（2001）研究了审计师的持续经营报告是否与 SAS 第 59 号规定中的管理计划相关。该研究发现,审计师的持续经营报告决策与公开提供的与某些管理计划信息（主要来自年报中的管理层的讨论和分析 MD & A）密切相关。其中,发行股权和借入额外资金的计划与发布无保留意见的关系最为密切。Kravet 和 Muslu（2013）发现年报风险披露增量增加了股票回报波动率和交易量以及分析师预测修正方差,证明风险披露增加了投资者的风险感知。Campbell 等（2014）指出年报风险信息披露增加了分析师对未来现金流模型参数估计的精确度,因此有助于提高分析师的预测准确度。邓传洲和李正（2003）指出由于公司面临的风险加剧,公司在年度报告中系统披露风险将有利于投资者决策。薛爽等（2010）研究表明 MD & A 中披露的非财务信息在一定程度上能够帮助投资者预测企业未来的盈利能力。张继勋和屈小兰（2011）研究发现,管理层讨论与分析中的风险提示信息显著影响了投资者对上市公司未来盈利潜力的估计和投资者投资可能性的判断。彭博（2012）以 2010 年沪市 A 股的上市公司中披露描述性风险信息的 838 家公司为研究样本发现:风险信息披露水平越高的公司具有比较低的股票交易量和更高的收益波动率。说明风险信息的披露能够对资本市场的信息不对称性进行弥补,使其更有效地运行。程新生等（2012）指出在市场化进程较高时,非财务信息对投资效率具有一定的积极影响。吴运建和商行（2013）研究发现公司当年经营业绩和市场表现与风险信息披露负相关;风险信息披露较多的公司,其未来盈利能力相对较差。表明公司年报中的风险信息反映了公司的投资价值。Elshandidy 和 Shrives（2016）研究风险,所有权结构、资本结构、外部股权融资和借贷是否与风险披露相关,以及风险披露的基调是否会影响投资者对德国非金融企业样本的风险认知。他们发现,与其他激励（即所有权结构、资本结构、外部股权融资和借贷）相比,风险披露与企业的潜在风险（即市场 beta）更为显著相关。同时,风险披露的基调与投资者的风险认知有关。具体而言,德国市场倾向于通过减少（加剧）信息不对称或通过降低（增加）投资者感知风险来改善（恶化）市场流动性,从而对风险的好消息（负面）进行积极（负面）定价。王雄元等（2017）基于公司层面的证据表明:风险信息披露频率越高,分析师预测准确度越高,并且这种积极影响主要体现在非国有企业、盈余质量较高及公司治理较好的组中。卜落凡和李晓涵（2018）通过对比管理层讨论与分析中"未来发展展望"段与上一期披露内容的相似度，探究这一变化是否会影响以及如何影响审计费用。研究发现，文本相似度越低，审计费用越高，说明审计师对这种非财务信息给予了额外的关注，并且相较于"回顾"段的增量信息，审计师更加关注"展望"段的信息。

四、风险提示信息的度量方法

国内外对于诸如风险提示信息之类的文本信息挖掘利用的方法层出不穷，其大体上涵盖了以下这样一些前沿技术：指数构造、字典法、机器学习算法。从文本内容的可读性视角来看，应用最广泛的是 Li（2008）引入的 Fog 指数，该指数表示首次阅读理解文本内容所需要接受教育的时间，指数越高，可读性就越差。类似的还有 Flesh 指数和 Flesch – Kincaid 指数，丘心颖等（2016）采用类似方法构建了中文年报可读性的指标，不过这些指标都是用于衡量基础教育教材的可读性，并不一定能直接应用于商业文档。因为大部分会计信息披露和分析报告并不会受写作风格的影响（Loughran and McDonald，2014），因而有些学者直接以单词总数或年报文件大小来衡量。基于词典的方法也称为词袋方法，通过计算特定情感词表中词语出现的频率来衡量文本内容的情感或语调，负面词语出现的频率越高，文本反映的情绪就越悲观。Hanley 和 Hoberg（2010）所使用的文本向量化方法就是按照 MD & A 中所包含的词语出现的频率，将 MD & A 信息转化为向量形式，并通过回归分析得到文本中真正具有信息含量的内容（Informative Content）的方法。在金融领域的研究中，最常见的方法是直接引入其他领域的成熟词典或词表，如国外的哈佛 GI 词典、Diction 词典，国内的知网 Hownet 词典等。这些词典的分类很成熟，但正如 Loughran 和 McDonald（2011）分析的，对金融领域词语的特殊性考虑不足，如税收、成本、资本、折旧等常见的负面情绪词语在会计领域并没有负面的含义，原油、癌症、矿井等负面词语仅代表着特定行业。因而他们以特定财经文本为基础构建了专门用于金融文本情感或语调分析的词表，谢德仁和林乐（2015）将其词表翻译以后用于对国内上市公司年度业绩说明会文本内容的分析。在计算文本的情感或语调值时，还需要设定情感词的权重，最常用的就是简单比例加权的方法，假定各个情感词的权重是相同的。Loughran 和 McDonald（2011）认为还需考虑情感词在全部文档中的重要性，以词频—逆向文件频率（TF – IDF）来设定权重，Jegadeesh 和 Wu（2013）则认为应根据市场的反应，即年报发布后的异常收益率与情感词出现的频率来估计情感词的权重。此外还有一些学者将机器学习方法引入到文本的分析中，首先选择用于训练的文本样本，对训练集中的词语、句子进行分类，再选取特定算法，如朴素贝叶斯、支持向量机、决策树等，对预先分类的训练集进行训练，确定文本分类规则，再应用于全部样本，由计算机进行自动分析和识别。这种方法的问题在于用于训练的样本数量有限，如 Antweiler 和 Frank（2004）只采用了 1000 条公告板信息，而且一般都不会对外公开。同时方法也不确定，由计算机在数百种乃至数千种未公开的朴素贝叶斯规则或过滤原则来训练和评价，因而其结果很难应用于对其他类似文本的分析上。郑伟（2016）的研究指出，通过对数据、文字以及语音进行实时分析，同时结合舆情分析、语义分析、人机互动三重机制，再加上可视化分析结果和简单易用的使用界面，企业能够轻松了解新的市场增长点，做出正确的决策。其结合 Taste Analytics 的产品——Signals 大数据可视化分析解释了如何让非结构化数据和结构化数据最终以可视化图像的形式输出。彭梅（2017）通过提取文本信息术语，估计信息内容与文本类别间的余弦距离，结合模糊规则推理和余弦距离得到隶属度，然后根据均值密度的中心估计方法得到文本数据集合的平均密度，确定文本信息聚类中心，删除远离文本信息聚类中心的奇异数据点，实现了大数据环境下文本信息挖掘。并且实验结果表明，该方法能够有效提高文本信息挖掘的查准率，而且具有较强的可扩展性。梁倬骞等（2017）结合本体相关理论和自然语言处（Natural Language Processing，NLP）技术，从词语属性描述、词语关系组织和相关知识链接三个维度构建财务报告领域本体，利用 NLP 工具对中文财务报告中的文本信息进行处理，将非结构化文本信息转化为结构化信息并使用 XBRL 表示，在一定程度上实现了文本信息的数据库存储与计算机分析处理。

而具体到风险信息的挖掘分析形式，国内外学者普遍使用的是内容分析法。Lajili 和 Zaghal（2005）以及 Michael（2008）以含有风险信息的"词""句""段落"的出现频率来衡量风险信息的披露程度。通过"Uncertainty"（不确定性）或者"Risk"（风险）等词语来甄别风险信息。并且为了使数据更加真实完整，同时选取"字词"和"语句"两种量度方式相结合来计量风险信息。吴运建和商行（2013）通过 VBA 程序统计了 2007～2010 年我国 A 股上市公司年度报告中与风险相关的词语（"风险""危机""危险""动荡""波动""不确定""不明显"和"不明朗"）的个数，用以表示风险信息披露的水平。张曾莲（2014）利用 DIB 内部控制与风险管理数据库的"境内公司风险库"和"境外公司风险库"中披露的风险指标构建了"上市公司风险信息披露质量评价指标体系与评分标准"。周婷婷（2016）通过仔细阅读年报董事会报告"管理层讨论与分析"部分关于公司对未来风险因素披露的内容，判断上市公司披露的风险个数以及风险信息披露的详细程度，并以此构造了包括风险个数、宏观层面风险个数、行业层面风险个数、公司层面风险个数和风险信息披露详细程度 5 个指标。

王雄元等（2017）在搜集全部 A 股上市公司 2007～2013 年年报的基础上使用计算机程序进行关键词提取，据以计算年报董事会报告部分出现的"风险""不确定性"等词汇的数量。现将风险提示信息的量化方法归结如表 2-2 所示。

表 2-2 风险提示信息文本分析方法的描述

类型	具体方法	适用的特征	优点	缺点	主要代表文献
字典法	基于词汇分类表的词频统计方法	语调；可读性；管理者特征；风险；竞争；前瞻性；研发信息	①方法简单，应用极为广泛；②可以度量大多数的文本特征，尤其是语调、可读性及前瞻性等文本特征；③相关研究文献极多，可研究的主题和范围很大	①受到语言种类和专业领域的限制；②词语存在一词多义、语义模糊和上下文语境问题，引起度量偏差；③不具有自适应的学习能力；④难以识别虚假性特征	Henry（2008）；Li（2008）；Kothari 等（2009）；Feldman 等（2010）；Loughran 和 Mcdonald（2011）；Li 等（2013）；Hoberg 和 Phillips（2016）
无监督的机器学习方法	贝叶斯模型；向量机方法；K-近邻算法；决策树算法；随机森林算法；其他的人工智能学习方法	语调；可读性；重复性；风险；竞争；虚假性；融资约束	①可以基于不同的训练文本进行模型构建，具有动态和适应性强的特点；②适宜度量竞争、虚假性、语调、相似性等特征	①相比字典法，该方法难度较大；②需要预先分类，分类过程中可能存在偏误	Antweiler 和 Frank（2004）；Li（2010b）；Cecchini 等（2010）；Huang 和 Li（2011）；Humpherys 等（2011）；Zhou 和 Kapoor（2011）；Purda 和 Skillicorn（2015）
有监督的机器学习方法	LDA 文档主题生成模型	风险	①无须预设分类集和培训样本，能够减少人工识别误差；②能够自我学习，归纳出文本的内在特征	①方法十分复杂，难度大；②目前处于应用初期，应用面较窄；③目前只限于度量"风险"特征	Bao 和 Datta（2014）；Campbell 等（2014）

资料来源：肖浩，詹雷，王征. 国外会计文本信息实证研究述评与展望[J]. 外国经济与管理，2016，38(9)：93-112.

五、风险提示信息的语调特征

当定量信息披露受到限制时，管理层会调整策略，利用文字信息来披露自己的私有信息（Davis and Tran，2012），但同时语言的灵活性会带来"语言膨胀"，即管理层披露语言或文本存在可信度问题。随着计算机文本分析技术的发展以及计算机数据处理能力的提升，大样本下的公司管理层文本信息披露研究，包括用正面的和负面的情感表达来衡量的管理层语调的研究迅速发展。语调变化最初被Kothari和Short（2003）用于分析MD&A披露语调对资本成本的影响。Tetlock（2007，2008）采用文本分析的方法集中研究了新闻报刊和新闻发布会中语调的不同所传递的不同信息含量，结果表明，"意外的"感情语调对于解释著名的"盈余漂移"有增量信息含量。这为后来一些学者以MD&A未来展望的语调作为切入点研究其信息含量提供了思路。Li（2010）则指出，公司未来展望的语调可用来预测未来收益。类似地，Feldman等（2010）进一步在控制了异常盈余和应计项目的情况下，以语调变化为切入点，进一步探索了MD&A的增量信息含量。他们将MD&A文字分为乐观和悲观两类来衡量前后两期MD&A的语调变化，结果表明，短期窗口市场反应与MD&A语调变化显著相关；语调变化信号能够影响"漂移收益"，也有利于预测下季度异常盈余。Li（2010）通过研究年报的语调可理解性发现，未来盈利能力越差的企业，其年报的语调可理解性越低，这说明管理层一方面迫于信息披露义务需要对未来公司经营情况进行客观展望，但另一方面又担心客观披露会造成公司投资者信心受挫、股价下跌等不良后果，因此在进行文字描述时，将尽可能使文本信息复杂化，让一般投资者难以理解，从而延长他们了解真实信息的时间。Huang等（2014）从语调情感倾向的角度支持了Li的观点，他认为语调情感倾向应分为两部分：一部分是适应当前业绩水平的正常语调，另一部分是偏离实际业绩水平的夸张语调。通过残差法对正常语调和夸张语调进行分离，并将夸张语调定义为"语调操纵"，他发现语调操纵程度越高，未来的业绩水平也就越差。Balakrishnan和Bartov（2011）利用1997~2005年IPO招股说明书风险因素分析部分的文本信息研究发现，未来盈余与风险因素部分的定性的向下盈余风险信息有关，而分析师盈余预测与之无关。同时还发现，风险因素部分的定性负面盈余信息可以预测分析师的预测误差，这种预测能力会因分析师经验而非分析师隶属关系而变。Mayew和Venkatachalam（2012）基于2007年举行的盈余电话会议音频文件研究发现，当电话会议期间经理人被分析师辩驳时，经理人显示出来的正面的和负面的情感均对公司未来的财务前景有信息含量，但是分析师预测近期盈余时不会将这种信息考虑进去，只有当分析师对荐股做出变动时才会考虑正面的而不考虑负面的情感影响，这与分析师预测行为的乐观性偏差是有关联的。Druz等（2013）利用S&P500上市公司2004~2009年季度盈余电话会议数据研究发现，语调负面性和搪塞与更高的分析师预测波动性、更多的修改以及分析师荐股意见对电话会议的更慢反应相关联，以及分析师预测没有充分考虑管理层语调，即当未预期语调可以预测未来业绩时，经验不足的分析师对管理层展示（回答）部分的未预期语调过度反应（反应不足），而经验丰富的分析师做出适当反应。谢德仁和林乐（2015）基于我国上市公司年度业绩说明会的文本数据来研究公司管理层语调是否有助于预测公司未来业绩，研究发现管理层净正面语调与公司T+1年业绩显著正相关，说明管理层披露的文本信息有信息含量且有一定可信度，这对在中国高度依赖语境的文化背景下加强研究了解投资者等是如何挖掘和解读文本信息有重要意义，其研究（2016）进一步指出，管理层语调对股票价格的影响存在以下两种路径：①管理层语调的未预期部分及其自身的可信度。语言的灵活性会带来"语言膨胀"，即管理层披露语言或文本存在可信度问题，这可以由重复博弈、事后可验证性以及制度安排（如追究法律责任、监管机构监管、市场信息中介等）、事后惩罚、管理层声誉等所验证和保障。②对前期以及当期盈余数字信息噪声度的作用，其表现为管理层语调与盈余数字信息之间可以呈互替（Davis and Tran，2012）、互补（Baginski et al.，2012）或条件依存性下互替互补（Bonsall IV et al.，2013；Demers and Vega，2013）的关系。朱朝晖和许文瀚（2018）研究发现，上市公司的管理层语调对盈余管理行为起到了配合作用；管理层语调的乐观程度与正向的应计项目盈余管理呈正相关关系，与正向的真实活动盈余管理呈负相关关系；管理层语调"语言膨胀"程度越高，上市公司越有可能进行两种方向一致的盈余管理来调整公司的账面利润和现金流量。刘逸爽和陈艺云（2018）以财务困境公司和正常公司年报的文本内容为基础，经过中文分词处理，利用国内外常用的情感词典来衡量文本内容所传递的管理层语调，然后与传统财务比率变量相结合，采用Logistic回归、决策树和支持向量机三种方法来构建信用风险预警模型，对语调变量加入前后模型的预测能力进行实证检验，结果表明，文本内容传递的管理层语调确实提高了信用风险预警模型的效力，描述性文容提供了定量财务数据所不能反映的增量信息。王华杰和王克敏（2018）研究应计操纵对年报文本信息语气操纵的影响发现，年报文本信息语气操纵方向与应计操纵方向相同，即管理者会通过操纵文本信息语气辅助其盈余管理行为，且盈余管理约束会加强该策略选择。Stephen等（2016）研究发现，管理层的语言基调增加了股票收益的信息量，在记录了非捆绑预测中事后可验证的量化新闻以及语言基调本身的特征是否影响了投资者的语气定价时发现，量化新闻验证了相关的语言基调，当两个信号具有相同的方向时，语调的价格效应更强。Stephen等（2018）进一步指出，管理层发布的语言基调与未来平均收益正相关，并由市场逐步定价。在测量"残差基调"（即与当前经济新闻或当前估值基本面无关的语言基调）部分后发现，在控制了对预测的价格反应之后，管理层预测的剩余基调中的异常交易量正在增加，表明投资者关于这种基调对公司价值的影响意见上存在重大分歧。

六、研究文献述评

通过对已有文献的阅读和整理，我们发现国内外许多学者已经通过实证研究证实了诸如管理层讨论与分析（MD&A，涵盖了综合考虑企业微观状况、国家宏观经济政策等诸多方面的情况提出的风险提示信息）之类的文本型非结构化数据具备独特的信息价值，同时对能够反映上市公司各类风险信号（法律风险、信用风险、财务风险、信息风险等）的文本信息也进行了数量众多、层次深入的研究，并取得了较为丰硕的研究成果。然而，掣肘于非财务信息本身不可定义性和难以计量性，即便大多数文献已经发现了单纯采用结构化信息（可以数字化的数据信息，方便通过计算机和数据库技术进行管理）来衡量企业各类风险存在的弊端，但对非结构化文本信息的研究依然处于初级阶段，对年报中风险提示信息进行的探索更是寥寥无几，大多数文献仅对其披露现状进行了简单的描述性统计，对一些显而易见的影响因素以及易于观测的经济后果进行了关联度考察，而未能依托风险信息生成及效用发挥的一套完整框架对上述问题进行系统性梳理。具体体现在：

（1）从研究内容来看，第一，针对非结构化信息的文献大多以代理理论、信号传递理论作为研究基础分析披露动机以及相应的经济后果，从会计信息基本属性视角研究如何有效强化风险提示信息披露，进而增强利益相关方的风险感知以及如何在企业层面实现风险提示信息披露有效"落地"的文献很少。随着利益相关者权益保护的观念越来越深入人心，公司披露信息的使用者已不局限于投资者，同样也包括顾客、政府、员工等其他群体，顾客可能会通过披露的风险信息来判断公司是否重视产品质量保障，政府也可能会就此确定公司在政策制度履行、员工利益维护方面是否合规。在考虑到信息使用者越来越多元化的情况下，管理者会基于何种动机披露风险提示信息，其又会导致何种相应的经济后果？非理性的信息使用者从接受信息一直到输出结果的内在机制仍旧是一个"黑箱"。仅依靠代理理论和信号理论已经难以对上述问题提供完全合理的解释，因此需要引入或创建新的理论模型用以指导研究和解决实践问题。第二，非财务信息发挥作用经历了一个"管理者披露信息（供给方）—投资者或其他利益相关者（需求方）处理、使用信息"的过程，然而成熟的资本市场还存在市场中介机构如财务分析师解读信息并传递给投资者的中间机制，在知识结构、能力、精力、情绪等限制下，无论是财务分析师还是投资者并非是完全理性的，所以其在使用信息指导决策时，信念更新并不服从贝叶斯过程。已有研究大部分仅关注了风险提示信息披露引起的企业价值及投融资等资本市场末端的反应，即基本停留在企业信息生产者以及信息消费者角度,而针对风险提示信息披露对于信息生态视角下的信息传递者(中介机构)的决策有用性的研究比较少,风险提示信息是否与其存在关联性的疑团还有待进一步探讨,风险提示信息披露对利益相关者实现利益保护的风险防控功能的方式和途径的经验证据也较为匮乏,有待进一步分析和检验。第三,中国作为一个新兴转型经济体,由于存在投资者法律保护不健全、公司治理有缺陷和资本市场发展不完善等问题,企业披露的风险信息往往难以通过企业价值或绩效等直接表征进行判断,因此揭示风险提示信息披露行为的风险防控机理以及该信息如何影响资本市场的资源配置可能更为关键。不仅如此,与西方契约经济所不同的是,关系经济在中国市场交易过程中起到了至关重要的作用,良好的关系网络被认为是我国企业最重要的核心竞争力。如果关系网络在市场资源分配过程中起到了非常重要的作用,那么在这种环境下,披露风险提示信息究竟能带来多大的增量收益则是存在疑问的。从资本市场资源有效配置的全局视角来看,文本型风险信息因降低信息不对称所带来的向上效应是否能够大于"市场压力假说"带来的向下效应,这类问题有待结合中国特殊的制度环境进行深层次检验。

(2)从研究方法来看,第一,现存的文本分析方法尤其是字典法基本上以英文词汇与语法规则为依据,鉴于不同语言之间存在的显著差异,此类研究方法并不能直接应用于英文书写的风险提示信息中,加之中国语言自身涵盖了丰富多样的语法结构、书写习惯、构词方式等,导致非财务信息在定义与计量上兼具困难,因而构建中文文本分析方法是有效开展风险提示信息文本研究的基本前提。第二,虽然部分研究已经从披露质量和有效性方面对风险提示信息的信息含量进行了考察,但是对整体多维度语言特征的研究还属于探索阶段,从年报非结构化风险信息的角度也尚无系统研究。第三,大多数研究仍然倾向于直接运用国外学者的研究范式与测量技术,而未能考虑到国家间文化和制度的差异性。对其他国家而言,不同的文化与制度可能影响文本型风险信息的披露,基于他国的研究结论就不能直接照搬。同时,由于各国并没有对风险类非财务指标制定统一的准则,不同公司之间甚至相同公司在不同时期,文本信息指标的计算口径可能并不一致,从而缺乏可比性,影响实证结果的准确性。

综合上述评析,基于我国证券市场信息不对称程度普遍较高的现状以及资本市场资源配置的重要性,本书拟结合中国企业年报中披露的风险提示信息现实状况,力求深入、系统地考察该信息披露行为对资本市场信息效率的影响机制以及各项内外部公司治理机制以及制度环境的差异特征对该信息披露水平的作用机理,揭示以风险信息为代表的非结构化信息内容及质量的规范和强化形成的价值效应,据以为上市公司改进信息披露制度做出有益贡献。

第三章 风险提示信息与银行信贷决策

与先前主要研究财务信息与信贷资源配置不同的是，基于 A 股上市公司年报文本信息，采用文本挖掘技术，首次考察以风险提示信息为核心的、关乎企业未来发展前景的非财务信息对银行信贷决策的影响。研究发现：年报披露的风险提示等非财务信息越多，上市公司可获得的银行借款越少；并且相对于短期借款而言，银行长期贷款决策更加关注风险提示等非财务信息的影响。研究结果表明，非财务信息是影响银行信贷决策的重要因素，仅依靠财务信息对企业经营状况做出贷款判断有失偏颇。因此，在遵循财务信息披露规则的同时，更要鼓励企业主动透明地披露具有决策支持价值的非财务信息，并将风险会计纳入信息披露体系之中。

第一节 问题提出

银行信贷决策大体受财务与非财务两大因素的影响，在理论和实践中，只要企业提供真实的财务报告，银行按照标准工具进行评级，做出资信评估决策并不难，这充分展示了财务信息的决策价值。已有研究表明，提高财务信息披露水平，可以降低和防范银行信贷审查过程中信息不对称所造成的资金评估风险，信贷人员能够运用财务信息支持贷款决策，提高信贷决策效率和产权保护（Leftwich，1983；饶艳超和胡奕明，2005）。Bushman 等（2011）认为财务信息能够预测企业违约和失败的概率，具有对企业违约风险的增量定价作用，也是债务契约签订和履行的重要基础。孙铮等（2006）和陆正飞等（2008）的实证研究均发现，借款企业充分透明的财务信息与信贷契约之间具有重要关联，财务信息表现出在缓解信息不对称、降低道德风险和逆向选择以及提升债务市场效率等方面强劲的内在价值，有助于提高信贷决策效率，这些研究也在很大程度上呼应了 Ball 等（2008）明确提出的财务信息的债务契约价值理论（DCV）。进一步研究发现，财务信息的契约价值有赖于内部控制和独立审计的作用发挥。从内部控制鉴证看，高质量的（决策有用的）财务信息背后最重要、最基本的决定因素仍是完善的内部控制及其鉴证制度（林钟高和郑军，2014），内部控制及其鉴证制度在很大程度上内生决定财务信息质量的高低。从独立审计看，独立审计鉴证机制所具备的信号传递价值，减少了银企之间的信息不对称性，尤其是非标准审计意见的出具，更是影响了银行的信贷决策行为（高雷等，2010）。

然而，随着信贷资源的紧缺以及配置监管的强化，尤其是财务信息生成及其披露存在的不足，财务信息难以满足银行信贷决策需求，非财务信息越来越受到人们更多的关注。一方面，财务信息的相关性正在消失。尽管会计学者对卡普兰（2004）"相关性正在消失"的讨论主要针对管理会计领域，但是由于财务会计盈余管理盛行导致的"失真甚至造假"等一系列问题的存在，在很大程度上影响了财务会计信息对信贷决策的相关性和有用性（李心合，2012）。Ahdel – khalik（1973）认为，"信息越详细，对贷款决策越有用"这一情况只在一定条件下成立，在缺少前瞻信息和环境信息的支持下，财务信息的预测能力显得力不从心。Casey（1980）则通过对 132 个银行信贷人员的问卷调查，发现拥有大量信息的信贷员并没有比拥有少量信息的信贷员实现更准确的预测，财务信息"超载"与"缺失"并存。另一方面，准则制定机构和资本市场监管机构高度重视非财务信息的充分揭示。从总体趋势看，有关公司未来发展前景以及经营风险等方面的非财务信息的披露得到 AICPA、FASB、CICA 和中国证监会等中外机构的鼓励和支持，这些非财务信息在资本市场上扮演了越来越重要的角色，但到目前为止鲜有学者专门研究非财务信息与企业信贷效率之间的关系。

与此同时，由于科技的不断进步、商业模式的不断创新以及企业对大数据的日益依赖，全球化和地缘政治的不确定性导致供应链变得日趋脆弱，使公司董事会成员、首席执行官（CEO）与其他高层管理人员越来越关注可能会引发重大损失的各类风险。2007～2008 年的全球金融危机事件证明，危机会对企业的资本造成严重的影响，甚至会使企业资本变得荡然无存。因此，企业的利益相关者（投资人、监管机构、客户与审计人员等）需要获取任何有关企业能够承受风险的信息，抑或从创造股东价值角度讲，企业利益相关者也需要获得除现成会计准则之外的风险信息资源。非财务因素不仅能够很好地解释财务指标产生的背景、未来的趋势，而且有些非财务因素（经营风险、行业风险、管理风险、道德风险以及客观经济因素等）的预警信号先于财务因素的预警信号，在贷后监控中发挥更为重要的作用，非财务因素与财务因素相互印证、相互补充，为贷款决策提供了充分和必要的依据。

综合以上分析，本章以上市公司年报揭示的有关企业风险的文本信息，采用文本挖掘技术，实证研究基于风险提示的非财务信息是否会对银行信贷效率产生不同的影响？与财务信息相比较，基于风险揭示的非财务信息又是通过何种路径影响银行信贷决策的？与财务信息影响信贷决策的渠道是否存在显著差异？从而考察风险提示信息与银行信贷决策之间的重要联系。可能的贡献在于：第一，拓展信贷决策影响因素的研究文献。本章将财务信息对信贷决策效率影响的研究拓展到了以风险提示为核心的非财务信息层面，首次考察了非财务信息能否影响信贷决策效率以及这种影响的内在路径，为日益兴起的非财务信息与信贷决策之间关系的研究做出增量贡献，为银企合作提供证据。第二，为风险会计的建立提供了理论依据。企业利益相关者需要有关风险存在、发生、控制、影响及防范等方面的系统信息支持，风险提示等非财务信息的提供是风险会计的核心内容，有助于企业管理当局制定科学合理的风险管理政策，提高风险管理效率，也有助于增加企业风险承担的透明度，减轻和缓解不同利益相关者之间的"信息不对称"以及派生的道德风险与逆向选择问题。第三，有助于改进上市公司的信息披露制度，优化信息资源的配置，提高信息的决策支持价值。财务信息与非财务信息既相互补充又相辅相成，两者具有信息叠加的功效（汪祥耀，2012）。本章结论有助于检讨目前的审计和内部控制鉴证的改进意见，增强其信息价值；有助于政府改进上市公司信息披露质量的监管以及制定相应的风险信息披露准则；规范和强化上市公司非财务信息的披露内容及其促进由自愿性到强制性的转化，一方面生产更多的非财务信息，建立有效的信息管理和交流平台，另一方面进一步提高非财务信息的确定性，强化企业的信息安全。同时，有助于银行信贷决策信息的全面考量，既要从财务信息的角度去考量信贷决策，更要对有关的非财务信息进行分析，为企业的信贷融资提供更好的决策支持，完善和优化金融市场环境。

第二节 理论分析与研究假设

一、风险信息提示对信贷决策的影响

风险提示信息作为一种非财务信息，能够缓解信息不对称、提高公司透明度的价值，但同时具有可鉴证性弱、难以证实或者审计的特质（Athanasakou and Hussainey，2010）。已有研究表明，提高风险披露水平可以降低信息不对称程度，

有助于银行的信贷决策。例如,风险信息有助于降低分析师的预测偏差,使银行等金融机构能更好地预期公司的未来绩效及其信贷风险（Glosten and Milgrom,1985）。尽管国内外学者有研究证据表明,一些上市公司出于利己主义,在信息披露方面存在严重的机会主义和选择性披露行为,有的上市公司甚至故意披露一些没有充分依据和可信度、希望靠利益相关者的"人气"助其成功的"诱导性"信息（唐跃军等,2008）,但是就风险提示信息而言,它不同于一般的自愿性披露信息,它更有着风险预警的重要价值。

第一,从对利益相关者的功能看,增强各利益相关者的免疫力、应变力和竞争力,防患于未然,促进利益相关者治理的风险管控目标的达成,实现社会福利的最大化。风险提示信息是企业根据政治经济、社会政策、科技发展、金融市场状况、竞争对手、产品供求关系等与经营和发展有重大或潜在重大影响的外部环境信息,同时结合企业自身的各类财务和生产经营状况等内部条件的变化,对企业未来风险所进行的科学预测和提示报警。对于企业而言,建立风险提示机制犹如给企业安装了危机雷达,可以及时预警企业风险和危机的态势及其形成因素,提醒管理层重视,并努力将危机消解在萌芽状态,实现企业可持续发展;对于投资者而言,可以根据风险提示信息的动态分析进行正确的投资选择,并在发现企业的风险或者危机萌芽后及时处理现有投资或者改变投资组合,避免更大损失;对于银行等金融机构而言,可以利用风险提示信息,科学分析和动态预警影响贷款安全的各种风险因素,帮助做出贷款决策并进行贷款控制,最大限度防范坏账发生;对于审计人员和法律人员而言,可以据此更为准确地对上市公司的经营情况和前景做出应有的职业判断,避免因不注重风险信息而招致法律诉讼。

第二,从风险提示信息的特征看,相比财务信息强调的准确、真实和及时性,年报中披露的风险信息是定量财务指标的有益补充,这种以风险提示为代表的非财务信息具有独特的信号价值,可以给信贷银行更多的信息资源。Norden和Weber（2010）认为由于财务信息本质上是向后看的,这些信息往往存在盈余管理因素。相比之下,风险提示信息是稳定的,是向前看的,因此能够增加对贷款人的预测能力。我国《商业银行授信工作尽职指引》第二十五条指出,商业银行应该高度重视客户的非财务因素,对客户公司治理、管理层素质等方面的风险进行识别和分析。对银行信贷决策而言,银行作为上市公司的"外部人",与企业之间存在信息不对称及其"逆向选择"和"道德风险",影响信贷市场交易行为甚至产生市场运行效率低下的问题,加上地方政府的干预,银行的信贷风险控制经常处于两难境地。企业风险提示作为企业未来经营风险的先兆信息,经过对可能危害企业信贷安全关键因素的分析,发出风险警示，提醒银行早做准备或采取对策，以减少信贷损失。首先，风险提示信息可以控制企业经营风险。当客户出现经营风险时，风险提示信息系统密切跟踪风险的进展，迅速寻找导致企业经营风险的原因，使银行有的放矢，对症下药，并阻止信贷状况的进一步恶化。其次，风险提示信息可以提供治理对策。当企业出现经营风险时，风险提示和预警能够提供有效的、便于操作的处理经营风险的基本对策和方法，对银行起到辅助决策的突出作用。最后，风险提示信息可以避免类似经营风险再次发生。通过风险提示预警系统详细记录经营风险的发生原因、处理经过、解决措施，以及反馈与改进意见，对现有风险管理及经营存在的缺陷提出改进建议，可以增强企业经营风险的免疫能力。Li（2010）对美国市场的研究证实了风险信息的信贷决策价值和对债务市场效率的提升作用，风险信息和未来信贷政策负相关，且可以用来预测未来信贷安全及其本息回收的期望。因此，年报中风险信息的披露可以成为公司发展前景预期以及信贷市场健康发展的信号。

第三，从交易成本经济学（TCE）的角度看，由于借款人报送的财务数据受到有限理性和自利行为的影响，在信息的及时性和可信度方面存在天生的缺陷，容易造成银行在贷款管理决策上的失误，商业银行为此需要花费大量的信息交易成本。例如，当企业的盈余管理程度越高时，未来盈余的不确定程度越大，使得银行在预测企业未来现金流时间、数额以及分布等方面的准确性越差，即企业的盈余管理行为会给银行带来信息风险（Bharath，2006）。那么，以年报审计意见和内部控制鉴证意见为代表的财务信息在企业盈余管理行为盛行的环境下对信贷决策所产生的作用依然是那么明显吗？已有研究对此结论不一。Firth（1978）研究发现，被出具无保留审计意见公司得到的"最高贷款额"显著大于持续经营和资产计价两类保留意见公司，表明审计意见对信贷决策的信息含量具有一定的选择性和路径依赖。胡奕明和周伟（2006）研究发现，审计意见与银行信贷决策之间的关系不明确、不一致。杨德明和冯晓（2011）研究了银行是否能够识别上市公司的内部控制质量，以及对贷款期限、数额与成本的影响，结果发现，银行仅在一定程度上能够识别国有上市公司的内部控制质量，对民营企业却无能为力。基于以上分析，我们提出假设：

H1：年报中披露的风险提示等非财务信息有助于银行信贷决策；并且相对于财务信息而言，风险提示等非财务信息对银行信贷决策所产生的作用更为显著。

二、风险信息提示对信贷决策的影响会因贷款期限的差异而不同

一般而言，在信贷融资的期限结构方面，长期借款相比中短期借款增加了贷

款人对贷款收回的不确定性，从而增加了贷款人的风险。也就是说，相对于短期借款而言，长期借款具有时间长、数额大、不确定因素多、财务风险大的显著特点，尤其是一些项目贷款，由于市场和政策等因素的变化，导致项目变更甚至"半拉子工程"，无法形成生产能力，极大地增加了企业还本付息的难度，甚至形成不良贷款或者坏账。尽管银行贷前对企业的偿债能力和相关制度等方面进行可行性分析，尽管也设立了诸多贷款限制性条款，但是这些工作依据主要还是以"应计制"为基础确认和计量的财务信息，这至少在两个方面影响到长期借款的贷前判断：第一，财务信息存在企业机会主义行为和银行主观判断失误的双重或者叠加影响，财务信息偏离未来的财务趋势，降低财务信息对企业偿债能力可靠性判断的有用价值；第二，风险提示等非财务信息更加关注未来事项，并且是直接与银行信贷决策风险（比如期限、方式、成本等）紧密相关的公司特征信息，能够在很大程度上弥补财务信息的固有局限性和信贷决策相关性低的概率（Francis et al.，2005）。因此，贷款人在提供贷款时就会更加注重风险的评估与外部履约机制的考量。Pedro（2010）的研究证实了这一现象。他发现，相较于披露较高风险信息的企业，披露较低质量风险信息的企业在向银行申请借款时，往往很难得到融资期限较长的借款，缩短还款期限是银行在面临信息不对称的风险时常常会采取的一项规避措施。

信号传递假说认为，公司选择的债务期限具有一定的市场信号价值，债务期限越长，向市场传递项目的质量越高，债务价格出售的信息越对称。Diamond（1991）研究发现，短期借贷过量暴露了公司的流动性风险。一旦有风险信息的聚集或者不利因素的影响，贷款人将不愿意再融资债务，对流动性风险的权衡成为确定债务期限结构的重要标准。陆正飞等（2008）研究发现，短期借款对财务信息尤其是盈利信息的需求相对较少；而长期借款的不确定性较大，银行必须掌握充分的信息进行信贷决策，以保证企业未来有充足的现金流偿还到期借款。此时，银行的信息需求不仅局限于年报中的财务信息，非财务信息尤其是与风险相关的信息更是其考虑的不可或缺的因素之一。另外，从代理理论角度来看，由于借款人与贷款人因信息不对称产生了突出的代理问题，具有丰富信息含量的风险提示等非财务信息减少了贷款人在融资交易的过程中面临的不确定性和贷款风险，降低了产生于融资交易过程中的各项成本。基于上述分析，我们提出假设：

H2：相对于短期借款，年报中披露的与风险相关的非财务信息披露，对银行长期借款的信贷决策行为影响更为明显。

第三节 研究设计

一、样本和数据

以 2010~2017 年中国 A 股上市公司作为研究对象,样本的筛选遵循以下原则:①剔除研究期间内相关数据缺失的公司;②剔除金融保险等行业的上市公司。样本的财务数据来自 CSMAR 和 Wind 数据库,部分缺失的数据以及非财务性的风险信息通过手工搜集公司披露的年报获得。各地区的制度环境数据来自樊纲等(2009)编著的《中国市场化指数——各地区市场化相对进程 2009 年报告》中披露的我国 31 个省、自治区和直辖市(不包括港澳台地区)的市场化指数。最后共得到 2789 家上市公司,共 5593 个样本观察值的数据。同时对存在异常值公司的银行借款、短期借款和长期借款等连续变量进行了上下 1% 的缩尾调整(Winsorize)。运用 Excel 2007 和 Stata 13 进行统计分析。

二、模型设定及变量定义

1. 模型设定

在借鉴胡国强和盖地(2014)所设计模型的基础上,结合本章的研究内容,建立了如下回归模型对研究假设进行验证。

$$Loan_{i,t} = \alpha_0 + \alpha_1 Risk_{i,t-1} + \alpha_2 Opinion_{i,t-1} + \alpha_3 ICattestanon_{i,t-1} + \alpha_5 Control + \sum Year + \sum Industry + \varepsilon$$

2. 变量定义

$Loan_{i,t}$ 为企业当期银行借款的净增加额,分别包括:当年银行借款的净变化额($\Delta Loan_{i,t}$)、当年短期借款的净增加额($\Delta SLoan_{i,t}$)以及当年长期借款的净增加额($\Delta LLoan_{i,t}$)。为降低内生性影响,对主要的解释变量进行滞后一期处理。

$Risk_{i,t-1}$ 为年报中披露的与风险相关的非财务信息。由于和风险有关的内容多见于对业绩的分析和对未来的预测,以文字描述为主,并且多集中于公司年报中"董事会报告"的"管理层讨论与分析"和"公司未来展望"两小节下。因此,借鉴罗彪等(2014)的研究,本书采用内容分析法测量年报中披露的风险信息的强度。首先,选取企业年报中的董事会报告作为分析对象;其次,在已有文献对风险研究的基础上,在董事会报告中进一步筛选与"风险"

相关的关键字词与所有关键词合并，所提取的关键词主要包括：风险、危机、危险、危害、损害、困难、困境、缺陷、萎缩、短缺、压力、现金短缺、财务困境、市场萎缩、利息负担、成本压力、政策调整、流动性风险、市场风险、汇率风险、生产技术风险、原材料成本风险等；再次，借助文本分析软件 ROSTCM6 对所有年报资料进行评判分析，量化风险；最后，考虑到董事会报告长度不一致问题，本书将风险变量的词频字节数除以董事会报告总长度，得到风险强度的标准化测量结果。

$Opinion_{i,t-1}$ 为年报审计意见，当公司上年收到洁净审计意见时取 0，收到不洁净审计意见（包括带强调事项段的无保留意见、保留意见、否定意见的审计报告和无法表示意见）时取 1。

$ICattestation_{i,t-1}$ 为内部控制鉴证意见，如果上市公司披露了正面意见的内部控制审计报告取值为 1，否则为 0。

根据 Francis 等（2005）、孙铮等（2006）的研究，我们在模型中加入以下控制变量：资产负债率、盈利能力、资产规模、固定资产比例、成长能力、市账率、第一大股东持股比例、两职合一、经营活动现金流、财务风险 Z 值、所有权性质、市场化程度以及股权再融资等。同时，为了控制不同行业和年份宏观经济状况对企业融资情况的影响，本书也将行业和年份作为控制变量。具体变量定义如表 3-1 所示。

表 3-1 变量定义表

变量名	符号	变量定义
银行借款净增加额	$\Delta Loan_{i,t}$	（现金流量表中的"借款收到的现金"－"偿还债务支付的现金"）/资产总额
短期借款净增加额	$\Delta SLoan_{i,t}$	（资产负债表中短期借款年末数－年初数）/资产总额
长期借款净增加额	$\Delta LLoan_{i,t}$	（$\Delta Loan_{i,t}$－$\Delta SLoan_{i,t}$）/资产总额不直接用资产负债表的长期借款的年初年末变化值，以便于消除利息的影响
风险强度	$Risk_{i,t-1}$	（年报中披露的与风险有关的信息词频数汇总×字节数）/董事会报告章节字节数
年报审计意见	$Opinion_{i,t-1}$	虚拟变量，若审计意见为标准无保留意见则为 0，否则为 1
内部控制鉴证意见	$ICattestation_{i,t-1}$	虚拟变量，若内部控制审计意见为标准无保留意见则为 0，否则为 1
资产负债率	Lev	期末负债总额/期末资产总额
盈利能力	ROE	期末净利润/期末净资产
资产规模	size	期末资产总额的自然对数

续表

变量名	符号	变量定义
固定资产比例	fasset	期末固定资产净额/期末资产合计
成长能力	growth	(资产总计本期期末值－资产总计本期期初值)/资产总计本期期初值
第一大股东持股比例	firstown	公司第一大股东持股比例
两职合一	dual	董事长与总经理兼任情况,两职合一为1,否则为0
市账率	pbv	期末资产总计/市值
经营活动现金流	fcf	企业本期由经营活动所产生的现金流量净额/资产总额
财务风险 Z 值	Zvalue	Z = 0.012X1 + 0.014X2 + 0.033X3 + 0.006X4 + 0.01X5(其中,X1 = 营运资金/资产总额;X2 = 留存收益/资产总额;X3 = 息税前收益/资产总额;X4 = 权益市价/债务总额账面价值;X5 = 销售额/资产总额)
股权再融资	seo	虚拟变量,本年度实施了配股或增发则为1,否则为0
所有权性质	state	虚拟变量,若最终控制人为国有股东则为1,否则为0
市场化程度	market	该变量范围取0~10,数值范围越大,表示市场化程度越高

第四节 回归结果及其实证分析

一、描述性统计

表3-2显示,风险提示信息 $Risk_{i,t-1}$ 的均值为0.0015,表明了在年报的"董事会报告"章节中,与风险相关的词频字节数占章节总长度的0.15%,占有相当一部分比例。同时,从最小值0.0001和最大值0.003可以看出,上市公司在年报中披露的风险信息含量不一,差异明显。从银行借款额度看,$\Delta Loan_{i,t}$ 的均值为0.0098,$\Delta SLoan_{i,t}$ 的均值为0.0092,$\Delta LLoan_{i,t}$ 的均值为0.0008,表明上市公司从银行获得的总借款额度不高,并且相较于短期借款,长期借款的额度更小,仅达到资产规模的0.08%。同时,分别从 $\Delta Loan_{i,t}$、$\Delta SLoan_{i,t}$、$\Delta LLoan_{i,t}$ 的最小值和最大值可以看出,上市公司获得借款额度总体上有所上升,长期借款与

短期借款的增幅基本相同。另外,表3-2也显示了控制变量的描述性统计结果。VIF 测试证实模型不存在多重共线性问题。

表3-2 变量描述性统计分析

变量	均值	标准差	最小值	中位数	最大值
$\Delta Loan_{i,t}$	0.0098	0.0600	-0.1090	0.0000	0.1380
$\Delta SLoan_{i,t}$	0.0092	0.0477	-0.0875	0.0000	0.1110
$\Delta LLoan_{i,t}$	0.0008	0.0379	-0.0782	0.0000	0.0951
$Risk_{i,t-1}$	0.0015	0.0009	0.0001	0.0013	0.0030
size	21.90	1.341	14.94	21.75	28.51
growth	0.226	0.775	-0.966	0.103	41.46
LEV	0.455	0.696	-0.195	0.428	63.97
ROE	0.136	6.777	-72.15	0.068	713.2
pbv	0.971	1.114	0.001	0.623	21.19
fcf	0.0379	0.064	-0.088	0.038	0.159
fasset	0.225	0.170	0	0.190	0.971
Zvalue	9.931	148.4	-360	3.939	16000
firstown	35.77	15.50	0.286	33.77	89.99
market	10.96	1.150	5.900	11.25	12.66

二、相关性分析

表3-3显示了主要变量的 Pearson 相关系数检验结果。通过对变量进行相关性分析我们发现,风险提示信息 $Risk_{i,t-1}$ 与银行借款净增加额 $\Delta Loan_{i,t}$、长期借款 $\Delta LLoan_{i,t}$ 都呈显著负相关,而与短期借款 $\Delta SLoan_{i,t}$ 却未呈现出这种关系,年报审计意见 $Opinion_{i,t-1}$ 和内部控制鉴证意见 $ICattestation_{i,t-1}$ 与短期借款 $\Delta SLoan_{i,t}$ 呈现出较为显著的负相关关系。这些结果初步均验证了研究假设,但后文将增加其他变量进行更为严格的检验。

表 3-3 主要变量相关性分析

	ΔLoan$_{i,t}$	ΔSLoan$_{i,t}$	ΔLLoan$_{i,t}$	Risk$_{i,t-1}$	Opinion$_{i,t-1}$	ICattestation$_{i,t-1}$	size	pbv	LEV	ROE	growth	Zvalue	seo
ΔLoan$_{i,t}$	1												
ΔSLoan$_{i,t}$	0.708***	1											
ΔLLoan$_{i,t}$	0.537***	-0.145***	1										
Risk$_{i,t-1}$	-0.004***	0.013	-0.016***	1									
Opinion$_{i,t-1}$	-0.071	-0.074***	0.005	-0.032***	1								
ICattestation$_{i,t-1}$	-0.026	-0.042***	0.001	0.002	0.350***	1							
size	0.087***	0.071***	0.043***	0.011	-0.193***	-0.040***	1						
pbv	0.103***	0.058***	0.078***	0.039***	-0.051***	-0.002	0.570***	1					
LEV	0.051***	0.032***	0.043***	0.017*	0.177***	0.143***	0.066***	0.161***	1				
ROE	-0.009	-0.012	0	-0.017*	0.061***	-0.006	-0.034***	-0.013	0.006	1			
growth	0.081***	0.081***	0.011	0.027***	0.005	-0.035***	-0.021**	-0.060***	-0.048***	-0.003	1		
Zvalue	-0.012	-0.012	-0.004	-0.018*	0.060***	0.063***	-0.091***	-0.039***	-0.041***	0	0.001	1	
seo	-0.053***	-0.021**	-0.047***	0.015	-0.022**	-0.025**	0.126***	-0.041***	-0.006	-0.004	0.157***	-0.007	1

注：*** 表示在1%水平下显著，** 表示在5%水平下显著，* 表示在10%水平下显著。

三、多元回归分析

表 3-4 展示了风险提示信息对银行贷款决策的影响。从模型中的 F 值和 R-squared 值来看,三组因变量的回归效果均在 1% 水平下显著,模型的解释力整体较强。进一步分析发现,首先,对于银行借款总额 $\Delta Loan_{i,t}$ 和长期借款 $\Delta LLoan_{i,t}$,自变量年报风险信息 $Risk_{i,t-1}$ 均显示出显著的负相关,表明年报中披露的风险提示信息越多,上市公司获得的银行借款越少,初步验证了假设 1。其次,通过 $Risk_{i,t-1}$ 与 $Opinion_{i,t-1}$ 以及 $ICattestation_{i,t-1}$ 的显著性比较我们可以看出,当 $\Delta Loan_{i,t}$ 和 $\Delta LLoan_{i,t}$ 作为因变量时,$Risk_{i,t-1}$ 的显著性明显高于另外两者,进一步验证了假设 1。再观察 $Opinion_{i,t-1}$ 和 $ICattestation_{i,t-1}$ 的相关性方向,我们发现,对于年报审计意见 $Opinion_{i,t-1}$,银行借款总额 $\Delta Loan_{i,t}$ 和长期借款 $\Delta LLoan_{i,t}$ 回归模型均显示出不显著的负相关,而内部控制鉴证意见 $ICattestation_{i,t-1}$ 在以上两类回归中分别显示出不显著的负相关和正相关,表明银行信贷决策对审计意见和内部控制鉴证意见的参考程度较低,审计意见的好与坏对信贷决策影响甚微,这与已有的研究(胡奕明和周伟,2006)相符合,再次验证了假设 1。最后,对比短期借款 $\Delta SLoan_{i,t}$ 和长期借款 $\Delta LLoan_{i,t}$ 我们可以发现,年报中风险提示信息 $Risk_{i,t-1}$ 相比于前者,在后者的回归模型中更为显著,而审计意见在短期借款 $\Delta SLoan_{i,t}$ 回归模型中更为显著,表明银行对年报中的风险提示信息的参考更多的是运用在长期贷款决策中,而在短期借款决策中,则更偏好于利用审计意见和内部控制鉴证意见等财务信息进行判断。这一结果也符合以往的研究结论(陆正飞等,2008),同时验证了假设 2。

表 3-4 风险提示信息与银行信贷决策相关性的回归结果

解释变量	被解释变量		
	$\Delta Loan_{i,t}$	$\Delta SLoan_{i,t}$	$\Delta LLoan_{i,t}$
$Risk_{i,t-1}$	-2.280***	-0.818	-1.336**
	(-3.30)	(-1.24)	(-2.35)
$Opinion_{i,t-1}$	-0.001	-0.019***	-0.005
	(-0.26)	(-4.07)	(-1.38)
$ICattestation_{i,t-1}$	-0.002	-0.007	0.001
	(-0.59)	(-1.33)	(0.31)
size	0.004***	0.002**	0.001**
	(6.15)	(2.49)	(2.22)
growth	0.008***	0.008***	0.001
	(8.71)	(9.00)	(1.04)

续表

解释变量	被解释变量		
	$\Delta Loan_{i,t}$	$\Delta SLoan_{i,t}$	$\Delta LLoan_{i,t}$
LEV	0.020***	0.024***	0.008***
	(8.40)	(8.85)	(3.36)
ROE	-0.001	-0.000	0.000
	(-1.29)	(-0.63)	(0.41)
pbv	0.002*	-0.002***	0.001*
	(1.83)	(-2.96)	(1.77)
fasset	-0.019***	0.011***	-0.020***
	(-4.04)	(2.79)	(-5.37)
Zvalue	-0.000***	-0.000**	-0.000
	(-3.32)	(-2.03)	(-0.70)
firstown	0.000	-0.011***	-0.009***
	(0.51)	(-5.91)	(-5.95)
dual	0.001	0.000	-0.000
	(0.72)	(0.24)	(-0.45)
seo	-0.019***	0.002	0.001
	(-9.06)	(1.56)	(1.09)
fcf	-0.224***	-0.148***	-0.079***
	(-26.44)	(-18.17)	(-11.39)
state	-0.010***	-0.011***	-0.003***
	(-6.43)	(-7.71)	(-2.66)
market	-0.001**	-0.001	-0.000
	(-2.02)	(-1.40)	(-0.58)
Year/IND	控制	控制	控制
R-squared	0.1879	0.1146	0.1017
F(34, 5593)	8.29	21.17	3.51
	(0.000)***	(0.000)***	(0.000)***
N	5593	5593	5593

注：***表示在1%水平下显著，**表示在5%水平下显著，*表示在10%水平下显著。

四、稳健性检验

为了验证以上回归结果的稳健性,进行了以下几个方面的稳健性检验:

1. 替换银行借款的衡量指标

在衡量银行借款的规模时,借鉴胡国强和盖地(2014)的做法,我们采用总资产的市场价值(总资产市场价值 = 总股数 × 每股股价 + 总负债)替换原有的总资产的账面价值对银行借款、短期借款和长期借款总额进行标准化,形成替代因变量 $\Delta Loan\_MV_{i,t}$、$\Delta SLoan\_MV_{i,t}$、$\Delta LLoan\_MV_{i,t}$。表3-5中的实证结果表明,风险提示信息 $Risk_{i,t-1}$ 在银行借款 $\Delta Loan\_MV_{i,t}$ 以及长期借款 $\Delta LLoan\_MV_{i,t}$ 回归模型中均保持显著负相关,而审计意见 $Opinion_{i,t-1}$ 和内部控制鉴证意见 $ICattestation_{i,t-1}$ 的方向及显著性也都基本保持不变,与前文多元回归结果基本一致,证实了前文的研究结论具有稳健性。

表3-5 银行借款替代变量的稳健性测试结果

	$\Delta Loan\_MV_{i,t}$	$\Delta SLoan\_MV_{i,t}$	$\Delta LLoan\_MV_{i,t}$
$Risk_{i,t-1}$	-1.824** (-2.24)	-0.031 (-0.03)	-2.432*** (-2.73)
$Opinion_{i,t-1}$	-0.001 (-0.27)	-0.018** (-2.48)	-0.008 (-1.27)
$ICattestation_{i,t-1}$	-0.001 (-0.29)	-0.011 (-1.28)	0.002 (0.27)
Control Variables	控制	控制	控制
R-squared	0.1972	0.1960	0.0993
F	7.91 (0.000)***	6.16 (0.000)***	2.79 (0.000)***
N	4177	4177	4177

注:***表示在1%水平下显著,**表示在5%水平下显著,*表示在10%水平下显著。为了节省篇幅,表中的控制变量不再列示,资料备索,下表同。

2. 以贷款利率作为信贷决策的替代指标

Bandyopadhyay 和 Francis (1995) 研究发现,审计证明的程度会影响信贷决策以及贷款利率,会计信息程度较高被证明将导致贷款审核通过的可能性较高,同时辅以较低利率。因此,借鉴 Bandyopadhyay 和 Francis (1995) 的研究,本书采用银行借款成本 $Loanfee_{i,t}$ 对银行信贷决策 $Loan_{i,t}$ 进行刻画。表3-6为各解释变量逐步回归的实证结果。其中，模型1检验了各控制变量的相关系数。在模型2中，风险提示信息$Risk_{i,t-1}$的系数为2.462，在10%的水平上显著；而在模型3中，审计意见$Opinion_{i,t-1}$的系数为0.003，尚未达到10%的显著性水平；在模型4中，内部控制鉴证意见$ICattestation_{i,t-1}$的系数为-0.004，也尚未达到10%的显著性水平。由此我们可以看出，财务与非财务信息对银行借款成本均产生一定影响，其中，风险提示信息是较为显著的正相关作用，而审计意见和内部控制鉴证意见则分别是不显著的正相关和负相关作用，表明有关的贷款利率决策对审计意见和内部控制鉴证意见的参考程度较低，审计意见的好与坏对决策的做出影响甚微，这与已有的研究（胡奕明和周伟，2006）相符合，也进一步验证了前文的研究结论具有稳健性。

表3-6 风险提示信息与贷款利率影响的稳健性测试

变量	模型1	模型2	模型3	模型4
constant	0.173*** (4.13)	0.129*** (2.91)	0.130*** (3.09)	0.121** (2.19)
$Risk_{i,t-1}$		2.462* (1.71)		
$Opinion_{i,t-1}$			0.003 (0.38)	
$ICattestation_{i,t-1}$				-0.004 (-0.35)
Control Variables	控制	控制	控制	控制
R^2	0.3058	0.3153	0.3131	0.3007
Adjusted R^2	0.2919	0.3011	0.2994	0.2778
F	21.98	22.21	22.84	13.14

注：***表示在1%水平下显著，**表示在5%水平下显著，*表示在10%水平下显著。

第五节 进一步分析：基于产权与市场化进程的检验

根据以往的文献，国有企业的银行贷款容易受到政府的支持性干预，而民营企业贷款却存在比较严重的歧视，会计信息在银行信贷决策中的有用性会受到不同产权性质的影响（林毅夫和李志赟，2004）。同时，在经济转轨时期，资源禀赋、地理位置以及国家政策等因素使我国各地区市场化程度存在较大差异（孙铮等，2006），而这会直接影响银行的贷款行为。具体来说，在市场化水平较高的地区，国有银行的市场化改革更加深入，银行在发放贷款尤其是长期贷款时会更多地考虑盈利目的而非政治目的，也会采取更为严苛的措施强化贷款管理。为了更深层次地考察在特殊制度背景下风险提示信息对银行信贷决策是否依然作用显著，以及进一步鉴别不同制度环境下信息的作用效果，本书根据企业的所有权性质和市场化程度进行分组回归，进行进一步的探讨。

一、企业产权性质

表 3 - 7 以上市公司的最终控制人为划分依据，分别考察非财务信息对国有企业和非国有企业的影响。我们发现年报风险提示信息 $Risk_{i,t-1}$ 在国有组和非国有组的三个回归模型中都呈现出负相关，在国有组中与长期借款 $\Delta LLoan_{i,t}$ 回归的显著性较高，而在非国有组中，与总银行借款 $\Delta Loan_{i,t}$ 以及长期借款 $\Delta LLoan_{i,t}$ 回归的显著性则更高。可见，会计信息尤其是非财务性信息对国有和非国有上市公司获取银行贷款都能发挥一定的作用，但对非国有上市公司则更为有用。由于政府仍然在许多资源配置中倾向于国有企业，从而为其贷款提供了一种隐性担保（孙铮等，2006），所以银行在对国有上市公司做出信贷决策时对年报风险信息的吸收借鉴较少。

表 3 - 7 产权属性影响的回归结果

	国有			非国有		
	$\Delta Loan_{i,t}$	$\Delta SLoan_{i,t}$	$\Delta LLoan_{i,t}$	$\Delta Loan_{i,t}$	$\Delta SLoan_{i,t}$	$\Delta LLoan_{i,t}$
$Risk_{i,t-1}$	-0.523 (-0.54)	-0.340 (-0.36)	-1.673* (-1.86)	-2.524*** (-2.61)	-1.394 (-1.40)	-0.020*** (-3.83)
$Opinion_{i,t-1}$	0.004 (0.65)	-0.006 (-1.04)	0.004 (0.73)	-0.003 (-0.61)	-0.034*** (-4.72)	-0.765 (-1.05)
$ICattestation_{i,t-1}$	-0.000 (-0.10)	-0.005 (-0.77)	-0.002 (-0.26)	-0.008 (-1.03)	-0.011 (-1.28)	0.007 (1.08)
Control Variables	控制	控制	控制	控制	控制	控制
R - squared	0.2963	0.1268	0.1218	0.1644	0.1821	0.1215
F	11.89	3.63	3.47	4.53	3.87	2.40
N	2652			2941		

注：***表示在1%水平下显著，**表示在5%水平下显著，*表示在10%水平下显著。

二、市场化进程

参考《中国市场化指数——各地区市场化相对进程2009年报告》(樊纲等,2009),按照上市公司所在地的市场化排名将本书的研究样本分为市场化程度较高的地区(市场化指数综合排名前15位)的上市公司和市场化程度较低的地区(市场化指数综合排名后16位)的上市公司两组分别进行回归(见表3-8)。

将表3-8中市场化程度较高和较低的上市公司的回归结果进行对比,我们发现风险提示信息 $Risk_{i,t-1}$ 在市场化程度较高组的三个回归模型中都呈现出负相关,并且显著性较高,而在市场化程度较低组中,仅在与银行借款 $\Delta Loan_{i,t}$ 回归时呈现部分较为显著的负相关关系。可见,当上市公司所在地区市场化程度较高时,银行所做出的信贷决策更偏向于对年报中风险提示信息的利用,表现出明显的市场化行为,而当市场化程度较低时,这种非财务信息的影响并不十分显著。

表3-8 市场化进程影响的回归结果

	市场化程度较高			市场化程度较低		
	$\Delta Loan_{i,t}$	$\Delta SLoan_{i,t}$	$\Delta LLoan_{i,t}$	$\Delta Loan_{i,t}$	$\Delta SLoan_{i,t}$	$\Delta LLoan_{i,t}$
$Risk_{i,t-1}$	-1.795** (-2.36)	-1.512* (-1.83)	-1.358** (-2.01)	-3.036* (-1.78)	0.603 (0.48)	-1.329 (-1.19)
$Opinion_{i,t-1}$	-0.001 (-0.16)	-0.021*** (-3.78)	-0.003 (-0.63)	-0.004 (-0.38)	-0.008 (-0.94)	-0.014* (-1.81)
$ICattestation_{i,t-1}$	0.000 (0.04)	0.001 (0.08)	0.002 (0.42)	-0.014 (-1.42)	-0.018** (-1.99)	-0.002 (-0.28)
Control Variables	控制	控制	控制	控制	控制	控制
R-squared	0.1827	0.1550	0.1042	0.2741	0.1797	0.1613
F	7.36	4.39	2.79	4.70	2.91	2.56
N	3919			1674		

注:***表示在1%水平下显著,**表示在5%水平下显著,*表示在10%水平下显著。

第六节 本章小结

会计信息中的非财务信息具有稳定性和真实性,对于预测企业未来经济业绩

风险提示信息的决策价值研究——基于年报文本信息的实证检验

具有重大意义,也对银行信贷决策的做出具有重大影响。但囿于非财务信息的非货币性以及空间上的广泛性,本章选择年报中披露的风险提示信息作为非财务信息的替代变量,通过文本挖掘技术将风险信息予以量化,进而分析其对银行信贷决策产生的影响以及相对于财务信息这种影响的显著性。研究发现,年报中披露的风险提示信息越多,上市公司获得的银行借款越少,相对于审计意见和内部控制鉴证意见等财务信息,银行在做信贷决策时更偏向于关注风险等非财务信息,并且这种关注主要集中在长期贷款决策上。同时,通过对结果的进一步分析我们发现,当企业所有权性质为非国有,以及所处地区的市场化程度较高时,风险提示信息发挥的作用优于财务信息。以上研究结果表明,非财务性的信息是影响银行信贷决策的重要因素,信贷决策者已越来越关注年报中的风险提示等非财务信息,仅依靠财务信息对企业经营状况做出判断的做法有失偏颇。然而,市场化进程缓慢抑或上市公司的国有性质降低了非财务信息的信贷决策有用性,因此,进一步深化金融机构改革,推进银行信贷资金配置的市场化,对于缓解信贷市场的信息不对称,促进上市公司尤其是非国有企业获取银行贷款具有重要意义。

以上研究结论进一步延伸了我们对相关问题的讨论。银行贷款的积极作用是直接而又直观的,如贷款利息的避税作用和财务杠杆作用,贷款可以达到资本结构最佳,从而实现企业价值最大化等。但企业贷款却带来了债务的代理问题,为了保护债权人利益或应债权人的要求,债权人会与企业签订带有一系列限制性条款的债务契约。贷款契约是限制经理人员活动或要求经理人员按一定目的进行行动的条款或条件,这些限制性条款一般都是以会计数据(往往经过独立审计)为基础订立的;在经营活动中,对贷款契约的检查往往也是依据会计数据。贷款契约对会计也产生了影响,它会提供一套基于公认会计原则的"被认可的会计程序"以供经理人员进行选择,经理人员会选择可减少违约可能性的会计程序,以避免发生违约行为。

一、银行贷款契约的代理问题

现代企业的核心机制是代理关系机制,企业本质上是由若干人之间的一组相互重叠"代理关系的综合"。Jensen 和 Meckling 将代理关系描述为一方(委托人)委托另一方(代理人)为委托人的利益从事活动的契约或合同,即代理关系是一种合同关系,在这一契约下,委托人会赋予代理人某些决策权。因此,我们又可以将企业视为一个法律虚构——一组与企业有各种契约联系并在企业中有一定权益的各种团体的组合,在这个结合体中,各权益持有人(企业契约各方)都意识到其自身的利益与企业的生存与发展息息相关。他们在为企业提供了某种投入(如资本、管理技能等)的同时,也希望能从企业得到一定的回报。这种谋求私利的动机促使他们通过各种方式，最大限度地把与企业有关的其他权益持有者的财富转移到自己的手中。因此，为减少各权益持有人以自我为中心而对企业造成的损害，人们便签订契约具体规定在各种可能情况下，每个权益持有人享有的权利。与此同时，企业各有关个人或集团也都希望通过契约来限制各方有损公司财富的行为。在一般情况下，各种契约都要运用到会计数据，契约的绝大多数条款都是以会计数据为基础的。在企业的各种契约中，债权人与经理人员之间的代理关系（契约）是最为重要的契约之一。在经理人员与债权人这一代理关系中，委托人是企业债券的持有人或借款人，而代理人是为股东利益服务的管理人员，由于双方当事人都追求各自的效用最大化，经理人员（代理人）不会总以债权人（委托人）的最大利益而行动，导致出现债券价值降低的管理行为，这就是所谓债券的代理问题。债券的代理问题可能会引起经理人员采取减少债券价值的种种行动，如过量的股利分派、资产的置换、投资不足等，试图将财富从债权人转移至业主。但是，如果市场是富有效率的，则市场会对代理人按委托人的利益行事所做的激励和不按委托人的利益行事所做的惩罚做出完全的反应，由此带来的代理成本一般是由代理人负担的，债权人可以通过提高利息率或抽走资金等方式进行价格保护，由此带来的代理成本一般是由代理人负担的，所有这些成本必然促使经理人员与债权人签订债务契约来限制其行动并让人监督契约的执行以减少代理成本，实现其效用最大化目标。现实市场往往并非无效率，也并非完全有效率，这使债权人得不到完全的价格保护，为防止代理人事后进行向业主转移财富的行动，使上述影响因素发生不利于债权人的变动，降低债券价值，从而损害委托人（债权人）的利益，债权人会在契约中要求写入一系列基于会计数据的保护性条款并由代理人在契约执行中向其提供已经第三方独立审计过的会计数据，以确定契约是否被违反，并据此采取行动。因此，"会计在制定契约的条款以及在监督这些条款的实施中发挥了重要的作用"。

二、运用包括风险提示在内的会计信息契约条款

债权人往往由于种种困难而无法直接进行观察和限制代理人企图降低债券现值的管理行为，但是与影响债券价值的行为直接相关的数据却可以在一定程度上反映出代理人的行动，事实上，债务契约就是以上述影响债券价值的因素的有关数据为基础签订的。

影响债券价值的行为一般是由会计进行计量的，因此，债务契约的绝大部分条款基于会计数据。债券和股权的期权定价模型的含义表明，期权理论对债务契约为何以会计数据为基础做出了一种新的全面、系统的解释。债务契约一般包括债务的种类、用途、金额、利率、期限、还款的资金来源及方式、保护性条件及

违约责任等条款。债务契约的限制性条款往往就是针对那些前文论述的可使债券价值下降的相关因素的限制，而且这些因素一般是由会计进行计量的，以下就是在债务契约中常见的运用会计数据（往往经过独立审计）的限制性条款的主要类型：

（1）对购并活动的限制。经理人员在债务发生之后增加企业风险的方法之一是并购一家风险更大的企业。债务契约有时禁止兼并，即使允许也要求企业在购并后的有形资产净值满足一定的水平，这种限制减少了经理人员利用购并增加企业风险，降低企业资产现值的可能性。

（2）对向其他企业投资的限制。经理人员可以通过向其他企业的证券投资来改变企业的风险，有些契约禁止这种投资，而有些契约则在有形资产净值满足一定的最低要求时允许这种投资。还有一些契约则在总金额低于给定水平（如公司资产现值）一个百分比时允许投资。

（3）对资产处置的限制。这些限制亦可减少经理人员改变企业风险和支付清算性股利的可能性。债务契约往往不允许进行这种资产处置，因为它可能会改变企业风险，降低企业资产现值。如果允许，也只能限定于一个给定的价值之内，或者必须用处置资产的收入购置新固定资产或偿付债务。

（4）对增加债务的限制。①债务契约往往不允许发售具有高度优先权的新债券，或者提出如下要求，亦即如果发售的债券具有高度的优先权，那么，必须提高现有债券的优先权，使之等同于新债券所拥有的优先权，而且债务契约对企业债务规模往往有限制，即使发售具有相等或较低优先权的新债券（并同时支付股利时）也可能降低现有债券的价值。企业只有满足特定的条件时才允许发售新债券，比如对企业债务总规模的限制、资产负债率的最高限、公司资产现值对长期负债比率的最低值等。②避免企业或有负债。债务契约往往要求不准以任何资产作为其他承诺的担保或抵押，不准贴现应收票据或出售应收账款。③限制租赁固定资产的规模并将其视作负债。租金往往形成企业的固定负担，这种限制有助于防止企业以租赁固定资产的办法摆脱对其资本支出和债务规模的约束。

（5）对股利的限制。债务契约有关股利限制的条款的目的是为了防止经理人员支付清算性股利和放弃可带来正净现值的投资。这种行为会减少企业资产现值，也会加大企业风险。由于股利条款上的原因，对股票回购和其他资产或现金分配同样要求处理为股利。

（6）营运资本的保持。有些契约要求企业将其营运资本保持在某种最低水平之上。这种条款运用了会计数据，它类似于股利限制，同时也有助于保持企业资产的流动性和偿债能力。

（7）对利息保障倍数的限制。通过这种限制，一方面可据此判定企业盈利变动风险是否在预期范围之内,另一方面也可减少企业违约的可能性。

(8) 债务契约一般会要求专款专用,并将还款的资金来源及方式约定,比如建立偿债基金和在银行存有补偿性余额条件等,以减少因企业一时无大量现金用于还债而发生违约的可能性。

三、贷款契约对风险提示信息的影响

瓦茨和齐默尔曼从两个方面分析了债务契约对会计的影响:一方面是对被认可程序的影响,另一方面是对被认可的会计程序选择的影响。前者,以会计数据为基础的债务契约只有当对经理人员进行计算会计数据的会计程序采取一些限制(即限制其对会计程序的选择)时才行之有效。因此,如果对用以计算报告数据的会计程序不加管制,那么,一套对经理人员的选择加以限制并可为各方接受的会计程序将作为一般惯例或者作为债务契约中的明文规定而出现,这就是债务契约在揭示管制之前对会计程序的影响。后者,在揭示管制之后,债务契约基本上是运用符合公认会计原则(GAAP)的会计报告数据,对公认会计原则的修正所采用的形式只是对末行数据的调整,而并非对会计数据进行全面的重新计算,因为特地为债务契约另外规定和编制一套会计报表显然成本太高。因此,这时一套可由经理人员选择的"被认可的会计程序"是基于公认会计原则的,即使对公认会计原则的背离也是符合稳健性的,其目的是要抵消在债务契约限制下企业管理夸大盈利和资产的动机。

许多学者发现,债务契约中运用会计数据的条款一经签订,它们就成为一组摆在明处的"目标条款",公司管理层会想方设法争取达到。同时,拟定和监督这些关于会计数据计算方法的规定(即会计程序)将花费成本,而且由于契约的不完全性(Hart,1986),这意味着企业经理人员有权从这套"被认可的会计程序"中进行自由选择。由于不履行债务契约的代价很大,因此,债务契约若以会计数据定义违约行为,则将促使经理人员选择可减少违约可能性的会计程序。假定其他条件保持不变,经理人员将愿意选择可增加资产或收入以及减少负债或费用的会计程序。如果在某种会计方法下将发生违约行为,人们将预期经理人员会变更会计程序,借以避免这种技术性的违约行为,如企业发生亏损使其接近债务契约条款所限定的比率,或公认会计原则的变化都可能导致技术上对现有债务契约的违约行为,因为契约条款中所"认可的会计程序"不是在会计数据计算时确定的,而是在发售债券(借债)时确定的。

关于受债务契约影响的会计程序选择,早期的研究揭示了一条较为简单的负债权益比率假设:即假定其他条件保持不变,公司的负债权益比例越高,公司管理层便越可能选择将报告盈利从未来期间转移到当期的会计程序。这个假设的进

一步引申就是：公司越是与特定的、基于会计数据的限制性契约条款联系紧密，公司管理层便越可能采取可增加当期盈利的程序。由于基于会计数据的债务契约条款非常具体，仅以上假设及其验证是远远不够的。有关这一问题的研究还需要针对有关业务进行细化和深化。例如，针对石油和天然气会计（完全成本法与成功法），笛金（1979）、利里恩等的研究结果与负债对权益比率假设以及规模假设相一致；达力瓦尔（1980）的研究则仅与负债对权益比率假设相一致。再如，针对利息资本化会计，波文等（1981）的研究结果也证明了以下两个假设：一是负债对权益比率越高的公司，越有可能采用利息资本化；二是应付基金余额越低，盈利对利息费用比率越低，公司越有可能将利息资本化。针对折旧会计，达力瓦尔等（1982）也得出了与负债对权益比率假设以及规模假设相一致的结果，而霍特豪斯（1981）则推翻了具有较少应付基金余额的企业更有可能采用直线法的假设。当然，在现实会计活动中，由于要同时考虑债权人利益、股东利益和管理层利益，因此，受债务契约影响的会计程序的最优选择是非常困难的。一般来看，公司管理层对债务契约影响的会计程序选择通常会按以下方式处理：

（1）确保完全符合债务契约中的条款。违约将会让企业付出巨大的代价，公司的管理当局也首当其冲。因此，公司的经营、理财（如新的融资、对外投资和分配）以及会计选择的首要目标就是确保完全符合债务契约中的条款。

（2）经得起注册会计师的审计。债务契约通常也要求注册会计师每年都审计债务方公司的财务报表，并确信未发现任何违约行为。因此，公司管理当局不应当通过财务造假的方法而应该通过合理有效的会计选择，使之满足债务契约的要求，从而通过注册会计师的审计。

（3）配合报酬契约中管理当局的需要。根据契约和理性经济人理论，公司管理当局在考虑针对债务契约的会计选择时，不可能让自己置身度外，一定会把自身利益摆在适当的位置。也就是说，基于债务契约的会计选择常常会配合报酬契约中管理层的需要。当然，由于这时针对的是债务契约和债权人，因此公司管理层与股东"结盟"共同策划会计选择的可能性也非常大。

企业负债带来了债务的代理问题，为了缓解债务的代理问题，保护债权人利益或应债权人的要求，债权人会与企业签订带有一系列基于会计数据的限制性条款的债务契约，以降低债券代理成本。业经第三方独立审计过的会计数据在旨在减少代理成本的债务契约中得到运用，期权理论为会计数据在债务契约中的运用做出了一种新的全面、系统的解释。债务契约对会计也产生了影响，它会提供一套基于公认会计原则的"被认可的会计程序"以供经理人员进行选择，经理人员会选择可减少违约可能性的会计程序，以避免发生违约行为。所有这些都将有助于指导企业债务契约各方签订一份有效的债务契约。

第四章 风险提示信息与企业内部控制缺陷及其修复

在年报风险提示信息越发受到关注的当下，如何看待这种信息的价值，无疑是风险会计研究的一个重要课题。与先前主要研究内部控制与财务报告可靠性的文献不同，基于上市公司财务报告中的非财务信息，考察内部控制缺陷及其修复对年报中非财务性的风险提示信息的影响及高管持股在其中的调节作用。研究发现：年报中的风险提示信息随内部控制缺陷数量的增加而增加，高管持股的加入增强和促进了内部控制对风险提示信息可靠性的管控程度，初步显示了高管持股的信息与制度治理效应；进一步从动态关系视角研究发现，风险提示信息年度增量与内部控制缺陷增量显著正相关，与高管持股增量显著负相关，经内生性检验后研究结论仍然成立。研究结果表明，内部控制运行的好坏能够在年报的非财务信息中得到反映，良好的内部控制抑制了企业的信息风险。同时，高管持股作为一种有效的公司治理机制，能够通过完善内部控制使其在财务报告方面的目标更好地实现，上市公司不仅应关注内部控制对年报中的非财务信息产生的影响，而且要重视高管持股在内部控制信息风险管制方面发挥的功效。

第一节 问题提出

已有研究表明，内部控制在影响企业风险承担方面具有两面性：一方面，有效的内部控制通过提升企业的会计信息质量使得财务报告的真实性得以保证，方春生等（2008）基于中国石化公司的数据研究发现，实施内部控制制度后财务报告在各个层面上的可靠性均有显著提升。方红星和张志平（2012）也指出注重提升内控质量的公司相较于其他公司更易于增强其会计稳健性。另一方面，内部控制缺陷抑制了制度本身防范监督作用的发挥，增大了企业的信息风险。Ashbaugh-Skaife等（2013）研究表明，内部控制缺陷会降低公司财务报表中数据的准确性，进而提高信息不对称程度。然而，虽然众多学者在理论上都认为内部控制缺陷增大了企业的信息风险,但在实证研究中鲜有学者从年报风险提示信息的角度进行检验。众所周知,年报风险提示信息作为上市公司财务信息的重要补充,不但能够缓解管理层与股东之间的信息不对称,使投资者较为全面地了解公司运营状况,对增强管理层的治理责任感和服务意识也是尤为重要。但是杜莉和戴倩倩(2010)的研究指出,尽管上交所和深交所分别在2006年以及2007年7月1日实施了《内部控制指引》《企业内部控制基本规范》,也从2008年5月起在上市公司逐步实施,但从目前来看我国上市公司年报中的风险信息是否已经产生积极效用还需打个问号,基本规范的实行能否成为企业防范信息风险的"保护伞"仍需深究。同时,由于"形式主义传统"和"符合外部监管需求"的制度观念,法规条文注重的是对企业内部控制与风险管理的"共性"要求,而忽视了不同类型公司(垄断型和非垄断型公司、家族制和非家族制公司等)的"个性"特征(李心合,2013)。因此,当内部控制存在缺陷或者缺陷修复时,现有的内控制度和相关规范能否使其及时准确地在年报风险提示信息中得到反映,内控缺陷与风险提示信息之间是否存在不匹配或者脱节现象,理论上的争议为本书的研究提供了契机。

　　内部控制是否能发挥"应有之功效"取决于内部控制本身是否存在问题(主要指设计缺陷、执行缺陷与披露缺陷),同时更需要有与之相匹配的良好的内外部环境作为支撑。与复杂多变、难以控制的外部环境相比,易于掌控、执行有效的内部环境往往更易发挥促进作用。事实上,在企业内部控制实践当中,企业的高管人员往往扮演着"中心人"的角色,指挥内部控制的日常运行(逯东等,2014)。因此,高管执行力是内部控制至关重要的微观治理环境。而高管执行力的提升往往源自高管激励机制的实施,这种激励机制大多体现在薪酬和持股两个方面。相比于薪酬带来的高管执行力的提高,持股产生的促进效应受到了更多的争议。因为管理层持股在产生"利益趋同效应"的同时可能也会带来"壕沟防守效应",也就是说这种激励机制并非无懈可击,它既可能增强管理层积极建设内部控制的动机,也可能使他们凌驾于公司的内部控制之上,进行盈余管理等舞弊行为。近年来关于高管持股的内部控制治理作用研究发现,增加高管的持股比例能够使内部控制更为有效地实施(董卉娜和严茹梅,2016; Balsam,2012),但也有研究表明当高管持股比例过高时,该行为对内部控制达到预期目标(提升会计信息质量)而言并无益处(陈军梅,2015)。然而这些研究不仅结论迥异,而且都只是单纯从"高管激励机制→内部控制"这一逻辑链条来检验微观企业特征对内部控制有效性的影响,局限于从财务信息的角度进行检验,鲜有文献从财务报告中的非财务信息尤其是与内部控制密切相关的风险提示信息角度探索内部控制及相应的治理机制对会计信息产生的影响。同时,近年来财务会计盈余管理盛行导致的"失真、造假"等问题屡见不鲜,这在很大程度上影响了财务会计信息的相关性和有用性(李心合,2012),而非财务信息中的风险提示信息(经营风险、行业风险、管理风险、道德风险等)的预警信号往往先于财务因素,将更有助于利益相关者预测公司未来发展的趋势,对公司整体状况进行更加全面的把控,与内部控制所要达成的目标不谋而合。因此,本书在研究内部控制缺陷及其修复对财务报告风险提示信息影响的基础上,加入高管持股作为内部控制影响年报风险提示信息的调节变量,旨在回答以下几个问题:第一,内控缺陷与风险信息之间是否存在不匹配或者脱节现象?第二,如果内控缺陷与风险提示信息之间存在不匹配或者脱节现象,由于年报中与风险相关的信息是否披露、披露多少主要是由董事会和高管层决定的,那么高管持股是通过产生的"利益协同效应"抑制了这种现象的发生,还是通过产生的"壕沟防守效应"加剧了这种不良的经济后果?

基于以上分析,本章以2010~2017年我国A股上市公司为样本,利用ROSTCM6等文本挖掘技术在上市公司年报中获取有关企业风险的文本信息,以内部控制缺陷及其修复来衡量上市公司内部控制质量,实证检验了内部控制出现缺陷和缺陷修复与风险提示信息之间的关联以及高管持股在其中的调节作用。主要贡献包括:第一,拓展和深化了内部控制影响财务报告信息质量的相关文献。已有研究发现,内部控制的改善能够提升财务报告的可靠性和真实性,内部控制质量与会计信息质量之间呈现出明显的正相关关系(刘启亮等,2013)。但这些研究多集中于从财务报告中财务信息的角度进行考察,而未考虑该制度是否也能对非财务信息尤其是利益相关方高度重视的风险提示信息的真实完整性产生影响,本书填补了以上文献的空缺,揭示了内部控制缺陷及其修复对非财务性风险提示信息的作用机制,拓展和深化了内部控制有效性的相关研究。第二,加入高管持股作为调节变量,进一步探究了高管层面的公司治理机制在内部控制影响风险提示信息质量中发挥正向调节作用。在前人研究的基础上,我们将"高管股权激励→内部控制"这一逻辑链条顺向延伸至"高管股权激励→内部控制→风险提示信息质量",以公司治理的动态调整为桥梁,从动态的视角来探索内部控制影响企业风险提示信息的内在路径以及折射出的资源配置效率问题,为厘清与揭示内部控制防控企业风险的机理研究做出增量贡献,同时也在一定程度上为财务报告信息披露的改进提供了经验证据。第三,为风险会计的建立提供了理论依据。企业利益相关者需要获得与风险产生、控制、预防、作用机制以及影响等相关的系统信息的支持,而风险提示等非财务信息的披露和完善正是建立风险系统不可或缺的重要内容,有助于增加企业风险承担的透明度,缓解不同利益相关者之间的"信息不对称"以及派生的道德风险与逆向选择问题。

第二节 理论分析与研究假设

一、内部控制缺陷及修复对风险提示信息的影响

在"噪声"较大的新兴资本市场中,投资者受到的保护程度较弱,股价难以真实地反映公司特质信息,市场资源配置效率低下。风险提示信息作为一种非财务信息,在减少信息不对称使得公司透明度大大提升的同时,也因其本身可鉴证性弱和难以证实或审计的特质而备受争议(Athanasakou and Hussainey,2010)。因此,财务报告中披露的风险提示信息需要高质量的内部控制对其真实性进行合理保证。Hermanson(2000)通过问卷方式研究发现,报表使用者们对企业内部控制非常重视,自愿披露内部控制相关信息的企业往往受到更多投资者的青睐。Kinney和Mc Daniel(1989)也指出,内部控制缺陷增加了财务报告发生错报的可能。尽管国内外有学者对内部控制有效性提出了质疑,认为内部控制缺陷并非是导致较低的财务信息质量的原因(Bedard,2006),但也有大量经验证据表明,当某些类型的实质性缺陷被修正后,盈余质量会有显著的提升(王晶等,2015)。就内部控制整体而言,该制度通过各部门和人员之间的相互稽查和制衡,能够有效避免员工的舞弊行为,进而为包括风险提示在内的年报整体信息的真实性提供合理保证,对整个资本市场和投资者而言其存在的价值毋庸置疑(李明辉,2002)。

首先,从委托代理角度来看,由于股东与经营者之间存在着利益冲突,一方面,代理人基于个体利益最大化的动机可能会向会计人员施压,指使会计人员减少对风险提示信息的披露;另一方面,企业会计人员作为会计信息这种"产品"的"生产者",在业务素质和职业道德不高时,其披露的非财务性的风险提示信息的质量也难以得到保证。因此,与风险相关的高质量的会计信息必须建立在有效运作的制度安排的基础上。而内部控制通过其特有的五大要素(控制环境、风险评估、控制活动、信息与沟通以及内部监督)发挥出的功效能够严密控制财务报告的生成流程,为公允透明的会计信息的形成提供保证(张海燕,2004)。因为在内部控制框架下,企业的员工将在自身职责范围内工作,不同层级的管理层因为拥有不同的权利和责任而达到相互制约、互为牵制。方春生等(2008)针对中石化公司的调查也发现,该公司内控制度实施后相比实施前,无论是财务报表还是表外信息的可靠性均有所提高,并且当报表使用者获取的其他信息与财务报

告上的信息出现差异时，他们会更倾向于参考后者进行决策。从这一点来看，高质量的内部控制应对应着高质量的财务报告信息，当内部控制出现缺陷时，预警式的风险提示信息在财务报告中应有所反映。其次，根据信号传递假说，在充满信息不对称的资本市场上，高质量的公司为了引入优质资源，往往愿意向资本市场提供其特有的内部信息（内部控制信息）（蔡冬梅和郑婕霞，2005）。通过对内控信息质量的不断完善，尤其是以内部控制缺陷信息为代表的风险提示信息的披露能够使投资者充分了解企业内部运营管理的真实状况和存在的风险，对企业的管理效率、风险应对能力做出较为准确的判断，从而做出正确的决策，提高资本市场的资源配置效率（张青，2016）。

然而，理论的完备并非一定能与现实状况相契合。一方面，对企业而言，虽然实施内部控制对提升企业的经营管理水平、风险抵御能力以及财务报告的可靠性大有裨益，但这难免要以牺牲企业部分经营效率为代价，并且会产生制度执行成本（包括设计成本、实施成本、评价成本等直接成本以及效率损失等间接成本），因此短期内企业的利润可能并不会提高甚至会有所下降。而部分追求短期盈利的企业基于成本效益的考量，即使设计出完善的制度也无法保证其能够有效施行。例如，魏晓博（2013）的研究发现，上市公司是否选择对内控评价进行披露是一个博弈的过程，只有当监管者实施监管的概率达到或超出一个范围时抑或是企业在追求长期获利能力时，才会选择披露内控评价信息。同时，Myllymaki（2013）实证检验了在SOX404下披露了内部控制实质性缺陷的公司能否在未来出现较高质量的财务报告。结果表明，对比从未披露过SOX404内部控制缺陷的公司，曾经披露SOX404缺陷的公司，即使将实质性缺陷进行修复，在以后的两年里仍极有可能发生财务错报。因此，受成本效益原则掣肘，企业内部控制缺陷很难与风险提示信息保持及时的呼应。另一方面，如若公司对存在的内部控制缺陷在风险提示中予以揭示，在一定程度上表明了其财务报告信息质量的可信度较低，而利益相关方在进行投资决策时面临逆向选择的问题，当财务报告传递的信息质量难以验证时，他们往往会要求为公司会计信息质量的不确定性获得相应补偿，反映在具体行为上则是调整对公司未来现金流和风险的预期。例如，Ogneva等（2007）考察了上市公司内部控制缺陷与筹资成本之间的关系后发现，内部控制缺陷与融资成本之间存在显著的正相关关系，上市公司在披露内控缺陷后会获得较高的权益成本。齐保垒等（2010）的研究也指出，相比于那些内部控制质量较高的企业，当公司内部控制产生缺陷时其会计稳健性及应计质量均较低，但这两类公司在财务信息价值相关性方面并未显示出较大差异，即内控缺陷的存在与否并未对会计信息的有用性造成重大影响。基于以上分析，提出竞争性假设1：

H1a：保持其他条件不变，内部控制出现缺陷时，年报中的风险提示信息会增多，缺陷修复后，风险提示信息则会相应地减少，内部控制缺陷及修复与年报风险提示信息之间不存在不匹配现象。

H1b：保持其他条件不变，内部控制出现缺陷时，年报中的风险提示信息会减少或不变，缺陷修复后，风险提示信息则会相应地增多或不变，内部控制缺陷及修复与年报风险提示信息之间存在不匹配现象。

二、高管持股对内部控制缺陷及修复影响风险提示信息关系的调节作用

已有研究表明，内部控制作为一种广泛运用的管理工具和权力制衡手段，虽然从运行机理角度来看能够适用于大多数组织，但很难脱离组织的内外部环境而单独存在（王晶等，2015）。因此，有效的内部控制制度建立及其作用的发挥依赖于良好的内外部环境支撑。Denis 和 McConnell（2003）就指出，公司应当设计一套能够促进内控制度高效运行的标准的公司管理模式，如董事会治理、管理层激励等。同时又有研究发现，内部控制缺陷对财务报告的信息质量造成的不利影响主要基于以下两种途径：①因为政策不健全、培训不足加之职员能力匮乏导致的无意识的误报，这些无意识的错误通过增加或减少应计损害了财务报告的信息质量。②由于管理层自身存在不良动机导致的有意识的错报或漏报，这些故意错报一般会夸大现阶段的盈余，而后管理层再利用"大洗澡"或"甜品罐"等方式使当期盈余被机会性低估从而造成财务误述（齐保垒等，2010）。事实上，追溯会计信息失真的本质缘由，其关键通常并非是会计人员自身能力不足或者徇私舞弊，而更有可能是管理层存在为了一己之私利而进行盈余管理甚至财务欺诈的不良动机。受到公司规章制度的桎梏，会计人员往往因受制于管理层而不得已进行会计信息造假（李明辉，2002）。Hambrick（1994）在修正的高层梯队理论模型中也指出，组织在很大程度上是高管人员自我特征的一种体现。因此，管理层的诚实与否以及他们遵从的管理哲学，事实上决定了财务报告信息能否被完整公允地披露、不利消息能否不被蓄意隐瞒以及盈余操纵能否被严格控制。而内部控制作为公司发展运营过程中的重要政策和牵制机制，其制定和实施的主体正是公司的高管层。高管人员肩负着维持内部控制的有效建设和实施的责任，不仅做出的决策会决定公司内部控制的运行效果，其心理结构也会影响企业内部控制作用的发挥。然而，即使高管们存在道德约束和实行高效控制的外部压力，但根据理性经济人这一基本假设，他们并不存在"作茧自缚"的动机（杨有红和胡燕，2004）。因此，为了制约高管们的自利动机，需要相应的激励措施，管理层持股正是激励的一种主要形式。

一方面，根据 Jensen 和 Meckling（1976）提出的"利益趋同效应"假说，

上市公司通过管理层持股的激励手段，能使得高管人员为公司创造的价值与其自身利益尽量达到统一，由于高管们自身将承担公司的经营风险，他们会更加积极地完善公司治理以避免内部控制缺陷对公司价值造成损害。例如，Balsam（2012）指出对 CEO 进行股权激励能够激发其建立和完善内部控制的积极性，进而降低内部控制出现缺陷的概率。逯东等（2014）的研究表明，高管持股确实能通过产生的"利益协同效应"促进内部控制的有效实施。但另一方面，也有研究发现，管理层持股并非是无懈可击的激励机制，它也会产生与"利益趋同效应"相反的"壕沟防守效应"（Fama and Jensen，1983）。该研究认为，当管理层持有大量股票时，尽管监督和激励机制仍在发挥作用，但高管人员对公司的经营和财务政策依然会产生重大影响，这时基于对权力获取的欲望以及私人利益摄取的动机，加之其行为产生的成本将远远低于由于经营风险增大而带来的成本，高管们极有可能会产生"道德风险"及"逆向选择"问题。他们将凌驾于公司的内部控制之上，通过施行激进的会计政策及估计方法抑或是盈余管理等舞弊行为以粉饰公司财务报告、虚增业绩、哄抬短期股价，进而达到对资本市场进行操纵。例如，刘启亮等（2013）研究发现，如果高管权力过于集中，由于公司高管的"强势"，内部控制在运行时可能会出现"只能制约一般职工，难以牵制高管"的情形，使内部控制的"装饰性"取代了原本的"实用性"。

既然高管持股对内部控制产生的影响有利有弊，那么在高管持股与内部控制共同影响下的上市公司年报风险提示信息的披露是否也会受到正反两方面的影响呢？一方面，管理层持股之后，管理层和股东之间由于委托代理关系导致的委托代理问题将有所缓解，公司治理问题的改善将有助于公司绩效的提升，并将进一步使得公司愿意对外披露自愿性信息，以此彰显自身在市场竞争和运营管理等方面的能力。同时，在中国资本市场中，年报中许多非财务信息通常是由董事会和管理层联合讨论并发布的，当高管持有公司股份时，他们与股东之间将保持非常密切的利益关系，为了获取公司股东的信任，以及将股票在资本市场上出售以获得超额资本报酬，他们也愿意披露更多的信息。例如，有研究发现，管理层持股能够降低代理成本，管理层持股与自愿性信息披露之间存在正相关关系（Warfield et al., 1995; Xiao H. F. and Yuan J. G., 2007）。周泽将（2007）也指出，管理层持股的增加提升了公司信息披露的透明度。另一方面，当公司高管持股比例不断增大时，高管极有可能与公司股东之间达成一种均衡状态，即利益同盟。而根据产权成本假说，公司如果向市场披露了一些关键的决策性信息，很可能会降低自身在产品市场上的竞争优势，比如当公司披露了具有竞争力的信息（核心技术、市场准确地位等）时很可能会削弱其竞争能力，基于这方面的考量，高管和股东将会有动机、有选择地减少对风险提示信息的披露。例如，Broberg 等（2010）

通过对2002~2005年431家上市公司的年报进行实证检验发现,管理层持股比例的正向增长将会引起自愿性信息披露水平的显著下降。Aboody和Kasznik(2000)则是以572家上市公司的2039名高级管理人员为研究对象,发现当对高管实施了股权激励后,他们往往会基于自身股票期权薪酬最大化的动机而抑制自愿性信息的披露,并发布了一些对自己有利的信息。钟伟强等(2006)以2004年中国上市公司年报为研究样本的研究指出,管理层持股比例与自愿性信息披露水平之间不存在显著的相关关系。因此,基于以上分析,提出竞争性假设2:

H2a:保持其他条件不变,高管持股比例越高,越有利于内部控制缺陷信息在年报风险提示中得到反映。

H2b:保持其他条件不变,高管持股比例越高,越不利于内部控制缺陷信息在年报风险提示中得到反映。

第三节 研究设计

一、样本和数据来源

本书以2010~2017年中国A股上市公司作为研究对象,同时,样本的筛选遵循以下原则:①剔除研究期间内相关数据缺失的公司;②剔除金融保险等行业的上市公司。样本的财务数据来自CSMAR和迪博内部控制与风险管理数据库,部分缺失的数据以及非财务性的风险信息通过手动搜集公司披露的年报获得,最后共计得到10138个样本观察值的数据。根据迪博内部控制与风险管理数据库统计的结果,修复的样本是2255个,但是由于受到风险提示信息的限制(修复样本的公司中缺损关于风险提示方面的信息,这类公司490个样本予以剔除),最终符合样本要求的只有1765个。对所有连续变量进行了上下1%的缩尾调整(winsorize)以剔除异常值的影响。

二、模型设定及变量定义

1. 模型设定

在借鉴叶建芳(2012)、林钟高和陈曦(2016)所设计模型的基础上,结合本章的研究内容,建立了如下回归模型对研究假设进行验证。其中,模型1用来检验竞争性假设1。模型2用来检验竞争性假设2。

$$Risk_{i,t} = \alpha_0 + \beta_1 ICW_{i,t-1} + \beta_2 ICWfix_{i,t} + \beta_3 Control + \varepsilon \qquad 模型1$$

$$Risk_{i,t} = \alpha_0 + \beta_1 ICW_{i,t-1} + \beta_2 ICWfix_{i,t} + \beta_3 Gao_{i,t} + \beta_4 ICW_{i,t-1} \times Gao_{i,t} + \beta_5 ICWfix_{i,t} \times Gao_{i,t} + \beta_6 Control + \varepsilon \quad \text{模型 2}$$

2. 变量定义

Risk 为年报中披露的与风险相关的非财务信息。其取值方式与上一章相同，不赘述。

ICW 为内部控制缺陷，设置为虚拟变量，借鉴叶建芳（2012）、林钟高和陈曦（2016）的研究，采用内部控制重大缺陷作为内部控制缺陷的替代变量，认为当公司存在内部控制重大缺陷时取 1，否则取 0。内部控制缺陷的数据均从 DIB 数据库提供的《内部控制评价库》和《内部控制审计库》中取得。《内部控制评价库》对内部控制重大缺陷的划分依据主要为《企业内部控制基本规范》及其配套指引、《公司内部控制制度和评价办法》《企业内部控制应用指引》《企业内部控制评价指引》《上市公司内部控制指引》中对重大缺陷的认定标准；《内部控制审计库》对内部控制重大缺陷的划分依据主要为《企业内部控制审计指引》和《中国注册会计师执业准则》中对重大缺陷的认定标准。

ICWfix 为内部控制缺陷修复，虚拟变量，如果当年存在内部控制重大缺陷的公司在下一年内不再存在内部控制重大缺陷，视为内部控制缺陷得到修复，取值为 1，否则取为 0。评判缺陷是否进行修复的依据为 DIB 数据库提供的《内部控制评价缺陷库》和《内部控制审计缺陷库》中披露的 2010~2015 年的重大缺陷修复数据。

Gao 为高管持股比例，借鉴董卉娜和严茹梅（2016）的研究，用公司全部高级管理人员（包括董事长、总经理、执行董事以及其他）持股数除以公司发行的总股份数来表示。

根据李璇（2012）、刘昱熙（2007）的研究，我们在模型中加入以下控制变量：企业规模（Lnsize）、偿债能力（Lev）、盈利能力（ROE）、成长能力（growth）、两职合一（Dual）、股权集中度（HI）、经营性现金流量（CF）、市场化程度（Market）、股权再融资（Seo）、审计费用（AuditFee）、是否被国际四大审计（Big4）、盈余波动度（STD）、Beta 系数（BETA）、托宾 Q（Tobin'Q）、是否设立审计委员会（AuditClub）、产权性质（state）、董事会规模（Boardsize）、行业（IND）、年份（Year）。具体变量定义如表 4-1 所示。

表 4-1 变量定义表

变量名	符号	变量定义
风险提示信息	Risk	（年报中披露的与风险有关的信息词频数汇总 * 字节数）/董事会报告章节字节数 ×10000

续表

变量名	符号	变量定义
内部控制缺陷	ICW	虚拟变量,若当年存在内部控制重大缺陷取值为1,否则为0
内部控制缺陷修复	ICWfix	虚拟变量,若当年存在内部控制重大缺陷,下一年不再存在重大缺陷视为修复,取值为1,否则为0
高管持股比例	Gao	高管年末持股总数/总股数
企业规模	Lnsize	期末资产总额的自然对数
资产负债率	Lev	期末负债总额/期末资产总额
盈利能力	ROE	期末净利润/期末净资产
成长能力	growth	(资产总计本期期末值 - 资产总计本期期初值)/资产总计本期期初值
股权集中度	HI	公司第一大股东持股比例
两职合一	Dual	虚拟变量,董事长与总经理兼任则为1,否则为0
经营活动现金流	CF	企业本期由经营活动所产生的现金流量净额的自然对数
市场化程度	Market	该变量范围取0~10,数值范围越大,表示市场化程度越高
股权再融资	Seo	虚拟变量,本年度实施了配股或增发则为1,否则为0
盈余波动度	STD	(当年净利润 - 上年净利润)/当年净利润
审计费用	AuditFee	当年的审计费用的自然对数
是否四大	Big4	虚拟变量,公司聘请国际四大事务所则为1,否则为0
Beta系数	BETA	BETA综合市场的年度Beta值
托宾Q	Tobin'Q	总市值/总资产
是否设立审计委员会	AuditClub	虚拟变量,若公司设立了审计委员则为1,否则为0
产权性质	state	虚拟变量,若公司为国有企业则为1,否则为0
董事会规模	Boardsize	董事会人数

第四节 回归结果及其实证分析

一、描述性统计

表4-2显示,首先,风险提示信息(Risk)的均值为16.5%,最大值达到78.4%,表明了在年报的"董事会报告"章节中,与风险相关的词频已占相当一部分比例,上市公司和投资者们越来越关注年报中的非财务性风险信息。其次,

内部控制缺陷（ICW）以及内部控制缺陷修复（ICWfix）的均值分别为17.4%和48.2%，表明我国上市公司目前的内部控制水平整体较高，出现重大缺陷后，近半数的上市公司会采取措施对其进行积极修复，使公司的内部控制制度趋于完善。再次，表4-2的高管持股（Gao）显示，目前上市公司高管的持股比例平均可达7.6%，并且从标准差0.163可以看出彼此间差异较小，整体持股仍处于较低水平。最后，表4-2也显示了部分控制变量的描述性统计结果。同时，经VIF测试证实模型的方差膨胀因子均小于10，不存在多重共线性问题。

表4-2 主要变量描述性统计分析

变量	均值	标准差	最小值	50%	最大值
Risk	0.165	12.96	0	13.9	0.784
ICW	0.174	0.379	0	0	1
ICWfix	0.482	0.5	0	0	1
Gao	0.076	0.163	0	0	0.792
Lnsize	21.88	1.309	18.95	21.73	25.77
Lev	0.44	0.229	0.041	0.432	1.025
ROE	0.068	0.126	-0.644	0.0713	0.438
growth	0.238	0.461	-0.305	0.111	2.785
HI	35.84	15.34	8.804	33.85	75.42
Dual	0.253	0.435	0	0	1
Market	10.96	1.123	7.65	11.25	12.66
Seo	0.107	0.309	0	0	1
STD	0.325	3.152	-12.11	0.16	18.97
Big4	0.053	0.224	0	0	1
BETA	1.069	0.249	0.377	1.081	1.687
Tobin'Q	2.278	2.283	0.174	1.602	13.71

二、相关性分析

表4-3显示了主要变量的Pearson相关系数检验结果。通过对变量进行相关性分析我们发现，风险提示信息Risk与内部控制缺陷ICW呈现出显著的正相关关系，而与内部控制缺陷修复ICWfix以及高管持股Gao呈现出显著的负相关关系，表明内部控制缺陷与风险提示信息之间存在密切关系。同时，高管持股Gao与内部控制缺陷ICW呈现出显著的负相关关系，而与内部控制缺陷修复ICWfix呈现出显著的正相关关系，表明高管持股对内部控制缺陷存在抑制效应，这些结果初步均验证了研究假设。

表 4 - 3 主要变量相关性分析

	Risk	ICW	ICWfix	Gao	Lnsize	Lev	ROE	growth	HI	Dual	Market	Big4	BETA
Risk	1												
ICW	0.036***	1											
ICWfix	-0.024*	0.076***	1										
Gao	-0.046***	-0.067***	0.101***	1									
Lnsize	0.042***	-0.018**	0.114***	-0.200***	1								
Lev	0.024***	0.057***	0.021	-0.093***	0.014*	1							
ROE	-0.003	-0.010	0.006	-0.003	-0.033***	0.006	1						
growth	-0.003	-0.034***	-0.103***	0.111***	-0.043***	-0.037***	-0.003	1					
HI	0.012	-0.034***	0.008	-0.026**	0.277***	-0.020**	-0.011	-0.030***	1				
Dual	-0.018**	-0.038***	-0.084***	0.423***	-0.191***	-0.046***	0.016*	0.083***	-0.054***	1			
Market	-0.006	-0.050***	-0.064***	0.072***	-0.025***	-0.045***	-0.006	0.012	0.024***	0.065***	1		
Big4	0.009	-0.024***	0.021	-0.081***	0.366***	0.021**	-0.002	-0.019**	0.145***	-0.078***	0.033***	1	
BETA	0.035***	-0.007	-0.076***	0.090***	-0.002	-0.055***	-0.014*	-0.009	-0.001	0.019**	0.030***	-0.029***	1

注：*** 表示在1%水平下显著，** 表示在5%水平下显著，* 表示在10%水平下显著。

三、多元回归分析

（一）内部控制缺陷及修复对风险提示信息的影响

表4-4显示了内部控制缺陷及修复与风险提示信息的回归结果，首先，内部控制缺陷（ICW）与风险提示信息（Risk）在10%水平上显著正相关，表明了当上市公司内部控制出现重大缺陷时，年报中的风险提示信息会显著增多，即内部控制运行的好坏能够在年报的非财务信息中得到反映，初步验证了假设1a。其次，在加入内部控制缺陷修复（ICWfix）后，其与风险提示信息（Risk）在10%水平上显著负相关，说明在上市公司修正了内部控制缺陷后，年报中的风险提示信息会相应地减少，即良好的内部控制降低了企业的信息风险，再次验证了假设1a。但同时我们发现，此时内部控制缺陷（ICW）与风险提示信息（Risk）的关系不显著，这可能是因为内部控制缺陷修复变量（ICWfix）削弱了原有的内部控制缺陷变量（ICW）对风险提示信息（Risk）的影响，即在企业对内部控制缺陷进行修复的当期，即使内部控制仍然存在缺陷，为了降低利益相关方对信息质量不确定性的不良预期，同时强调其在内部控制修复方面所做的贡献，企业更倾向于减少对风险提示信息的披露。

表4-4　内部控制缺陷及修复与风险提示信息的回归结果

解释变量	被解释变量	
	Risk	
ICW	0.567* (1.91)	1.590 (0.66)
ICWfix		-0.761* (-1.80)
Big4	-0.638 (-1.17)	-0.141 (-0.13)
Tobin' Q	-0.010** (-2.09)	-0.003 (-0.79)
HI	-0.000 (-0.05)	-0.000 (0.02)
STD	0.011 (1.28)	0.002 (0.09)
BETA	1.956*** (3.96)	3.618*** (4.20)

续表

解释变量	被解释变量	
	Risk	
Market	0.055	0.201
	(0.53)	(1.25)
CF	0.132	0.278
	(0.33)	(0.30)
growth	-0.077	-0.420
	(-0.40)	(0.93)
ROE	-0.004	-0.000
	(-0.25)	(-0.00)
Lev	0.372**	0.145
	(2.23)	(1.14)
Dual	-0.422	-0.506
	(-1.49)	(-1.01)
Seo	-0.586	-1.420**
	(-1.56)	(-2.03)
AuditFee	0.239**	0.165
	(2.02)	(1.05)
Lnsize	0.089	0.568**
	(0.68)	(2.49)
AuditClub	0.143	0.166
	(0.61)	(0.41)
state	1.159***	1.910***
	(4.17)	(4.20)
Boardsize	-0.251***	-0.139
	(-3.48)	(-1.17)
Year/IND	控制	控制
R-squared	0.0390	0.0992
F	10.75***	4.99***
N	10138	1765

注：***表示在1%水平下显著，**表示在5%水平下显著，*表示在10%水平下显著。已对回归方程中的异方差问题进行了检验和处理，括号内提供的T值经过异方差稳健修正。

(二) 高管持股对内部控制缺陷及其修复影响风险提示信息的调节作用

表 4-5 显示了高管持股作用下的内部控制缺陷及修复与风险提示信息的回归结果，其中第一列为高管持股与内部控制缺陷单独作用下的回归结果，第二列为高管持股与内部控制缺陷交乘作用下的回归结果，第三列为高管持股与内部控制缺陷修复单独作用下的回归结果，第四列为高管持股与内部控制缺陷修复交乘作用下的回归结果。由第一列和第三列的回归结果可以看出，风险提示信息（Risk）与高管持股（Gao）分别在1%与10%水平上呈显著的负相关，表明当上市公司高管持股比例上升时，年报中的风险提示信息会减少，即增加高管的持股数量确实将有助于降低年报中风险信息的比例，这初步验证了假设2a。而从第二列的回归结果可以看出，风险提示信息（Risk）仍与高管持股（Gao）保持显著的负相关关系，同时，与高管持股和内部控制缺陷的交乘项（Gao×ICW）在10%水平上呈显著的正相关，表明高管持股对内部控制缺陷影响风险提示信息产生了正向的促进作用，即在高管持股比例较高时，内部控制运行的缺陷更容易在年报的非财务信息中得到反映，增加高管的持股数量能够通过改善内部控制来降低企业的信息风险，再次验证了假设2a。与此同时，从第四列的回归结果我们也可以看出，风险提示信息（Risk）与高管持股和内部控制缺陷修复的交乘项（Gao×ICWfix）在10%水平上呈显著的负相关，表明高管持股对内部控制缺陷修复影响风险提示信息产生了正向的促进作用，即在高管持股比例较高并且内部控制缺陷得到修复后，内部控制运行状况与年报中非财务性风险信息披露状况更易于相互呼应、互为印证，进一步验证了假设2a。

表 4-5 高管持股作用下内部控制缺陷及修复与风险提示信息的回归结果

解释变量	被解释变量			
	Risk			
	(1)	(2)	(3)	(4)
Gao	-2.184*** (-2.69)	-1.087* (-1.98)	-3.477* (-1.68)	-4.805* (-1.82)
ICW	0.503* (1.74)	0.794** (2.05)	2.456 (0.73)	2.497 (0.74)
ICWfix			-0.554 (-0.94)	-0.720 (-1.15)
Gao×ICW		0.705* (1.67)		

续表

解释变量	被解释变量 Risk			
	(1)	(2)	(3)	(4)
Gao × ICWfix				-2.562* (-1.74)
Big4	-1.055* (-1.73)	-1.089* (-1.79)	-3.092* (-1.88)	-3.075* (-1.87)
Tobin'Q	-0.144** (-2.00)	-0.153** (-2.12)	-0.008 (-0.04)	-0.000 (-0.00)
HI	0.007 (0.85)	0.011 (1.41)	-0.014 (-0.60)	-0.015 (-0.62)
STD	-0.002 (-0.04)	-0.003 (-0.07)	0.050 (0.48)	0.049 (0.47)
BETA	1.948*** (3.68)	2.006*** (3.79)	4.423*** (2.93)	4.437*** (2.94)
Market	0.040 (0.38)	0.015 (0.14)	0.557** (2.00)	0.560** (2.01)
CF	0.008 (0.11)	0.008 (0.07)	0.509 (1.58)	0.503 (1.56)
growth	-0.657* (-1.66)	-0.719* (-1.83)	-0.502 (-0.42)	-0.530 (-0.44)
ROE	-3.634*** (-3.38)	-3.505*** (-3.27)	-8.119*** (-2.79)	-8.135*** (-2.80)
Lev	2.963*** (4.44)	3.129*** (4.74)	1.985 (1.08)	1.956 (1.06)
Dual	-0.109 (-0.36)	-0.075 (-0.25)	-0.587 (-0.67)	-0.608 (-0.69)
Seo	-0.208 (-0.54)	-0.192 (-0.50)	-0.230 (-0.20)	-0.220 (-0.19)
AuditFee	0.205 (0.63)	0.202 (0.62)	-0.945 (-1.17)	-0.953 (-1.18)

续表

解释变量	被解释变量 Risk			
	(1)	(2)	(3)	(4)
Lnsize	-0.355** (-1.99)	-0.406** (-2.33)	0.203 (0.31)	0.229 (0.35)
AuditClub	0.030 (0.13)	0.030 (0.13)	0.039 (0.06)	0.028 (0.04)
state	0.632** (2.22)	0.634** (2.22)	0.569 (0.75)	0.573 (0.76)
Boardsize	-0.219*** (-3.03)	-0.219*** (-3.03)	-0.142 (-0.73)	-0.142 (-0.73)
Year/IND	控制	控制	控制	控制
R-squared	0.0420	0.0420	0.0833	0.0836
F	10.95***	10.68***	5.29***	5.14***
N	10138	10138	1765	1765

注：***表示在1%水平下显著，**表示在5%水平下显著，*表示在10%水平下显著。已对回归方程中的异方差问题进行了检验和处理，括号内提供的T值经过异方差稳健修正。

第五节 动态视角的递进分析与内生性检验

一、动态视角的递进分析

以上分析趋向于从静态关系视角考察高管持股、内部控制缺陷与风险提示信息三者间的关系，这种联系在动态视角下能否依然成立呢？根据林钟高和陈曦（2016）以及唐松莲和胡奕明（2011）的研究，采用动态回归方法对以上问题进行进一步检验，以期探究三者之间的动态关系。在基本沿用模型1~2中各个变量年度间变化量的基础上微做调整，建立了以下的动态回归模型3~4，如下式所示：

$$\Delta Risk_t = \alpha_0 + \beta_1 \Delta ICW_t^+ + \beta_2 \Delta ICW_t^- + \beta_3 \Delta Control_t + \varepsilon \qquad 模型3$$

$$\Delta Risk_t = \alpha_0 + \beta_1 \Delta Gao_t + \beta_2 \Delta ICW_t^+ + \beta_3 \Delta ICW_t^- + \beta_4 \Delta Gao_t \times \Delta ICW_t^+ + \beta_5 \Delta Gao_t \times \Delta ICW_t^- + \beta_6 \Delta Controil + \varepsilon \qquad 模型4$$

模型3~4中微调部分主要体现在以下两方面：第一，使用 ΔICW_t^+、ΔICW_t^- 代替本应对应的 ΔICW_t（$\Delta ICWt = ICW_t - ICW_{t-1}$），以考察风险提示信息在内部控制缺陷增加（$\Delta ICW_t^+$）或缺陷减少（$\Delta ICW_t^-$）时所受到的影响；第二，删除控制变量中的市场化程度（Market），由于本书采用樊纲等（2009）的市场化指数衡量上市公司的市场化程度，而各个年份该指数基本无变化，因此未将其变化量放入模型中进行检验。

表4-6显示了高管持股、内部控制缺陷与风险提示信息的动态回归结果，其中，第一列与第二列为内部控制缺陷与风险提示信息的动态回归结果，第三列至第六列为高管持股作用下的内部控制缺陷与风险提示信息的动态回归结果。首先，从表中回归的F值和Adj-R^2的解释力来说，模型是有效的。其次，观察第一列与第二列中风险提示信息年度增量与内部控制缺陷年度增量的显著性与方向可以发现，风险提示信息年度增量（$\Delta Risk_t$）与内部控制缺陷增加（ΔICW_t^+）在5%的水平上呈显著的正相关，而与内部控制缺陷减少（ΔICW_t^-）在5%的水平上呈显著的负相关，表明年报中的风险信息对内部控制缺陷的变化是比较敏感的，当缺陷增加时，风险信息会随之增加，而当缺陷减少后，风险信息则会相应地减少，这与表4-4的结果基本一致，使假设1a再次得到验证。再次，通过对比第三列至第六列中风险提示信息年度增量与高管持股年度增量的显著性可以看出，风险提示信息年度增量（$\Delta Risk_t$）与高管持股（ΔGao_t）分别在不同程度上呈显著的负相关，说明当上市公司的高管持股与年报中的风险信息含量保持相反的增减趋势，即高管持股增加时，年报中的风险信息会减少，这与表4-5中第一列和第三列的回归结果基本一致，再次验证了假设2a。最后，比较第四列与第六列的回归结果我们发现，风险提示信息年度增量（$\Delta Risk_t$）与高管持股（ΔGao_t）和内部控制缺陷增加（ΔICW_t^+）的交乘项在10%的水平上呈显著的正相关，而与高管持股（ΔGao_t）和内部控制缺陷减少（ΔICW_t^-）的交乘项在10%的水平上呈显著的负相关，说明当缺陷增加时，在高管持股的影响下风险信息增长得会更加明显，而当缺陷减少后，受高管持股的影响风险信息会减少得更显著，这与表4-5中第二列和第四列的结果也基本一致，使假设2a再次得到验证。

表4-6 高管持股、内部控制缺陷与风险提示信息的动态回归结果

解释变量	被解释变量 ΔRisk$_t$					
	(1)	(2)	(3)	(4)	(5)	(6)
ΔICW$_t^+$	0.940** (2.38)		0.739* (1.86)	0.827** (2.15)		
ΔICW$_t^-$		-0.672** (-2.22)			-0.626** (-2.16)	-0.478* (-1.73)
ΔGao$_t$			-3.260** (-2.39)	-2.688* (-1.88)	-3.436** (-2.42)	-2.621* (-1.89)
ΔGao$_t$ × ΔICW$_t^+$				4.643* (1.67)		
ΔGao$_t$ × ΔICW$_t^-$						-7.592* (-1.65)
ΔBig4$_t$	-0.481 (-0.27)	0.181 (0.11)	-0.498 (-0.28)	-0.776 (-0.46)	-0.693 (-0.41)	-0.712 (-0.43)
ΔTobin'Q$_t$	-0.035 (-0.34)	-0.039 (-0.40)	-0.056 (-0.52)	-0.141 (-1.39)	-0.077 (-0.77)	-0.019 (-0.19)
ΔHI$_t$	0.059** (2.08)	0.053** (1.97)	0.059** (2.05)	0.058** (2.09)	0.054** (2.00)	0.051* (1.92)
ΔSTD$_t$	-0.018 (-0.56)	0.008 (0.27)	-0.031 (-0.93)	-0.037 (-1.17)	0.005 (0.16)	0.008 (0.25)
ΔBETA$_t$	1.819*** (3.46)	1.449*** (2.84)	1.780*** (3.27)	1.773*** (3.25)	1.555*** (2.95)	1.510*** (2.95)
ΔCF$_t$	-0.129 (-0.93)	-0.118 (-0.87)	-0.191 (-1.33)	-0.192 (-1.34)	0.070 (0.51)	0.042 (0.31)
Δgrowth$_t$	-0.313 (-0.77)	-0.764* (-1.95)	-0.323 (-0.78)	-0.098 (-0.26)	-0.887** (-2.24)	-0.736* (-1.92)
ΔROE$_t$	-1.466 (-1.34)	-1.192 (-1.26)	-0.844 (-0.74)	-0.339 (-0.31)	-0.602 (-0.61)	-0.052 (-0.06)
ΔLev$_t$	1.072 (0.65)	-0.878 (-0.58)	0.296 (0.17)	0.300 (0.19)	-1.527 (-0.99)	-0.671 (-0.46)
ΔDual$_t$	0.702 (1.47)	0.605 (1.31)	0.648 (1.29)	0.498 (1.04)	0.604 (1.25)	0.780 (1.64)

续表

解释变量	被解释变量					
	$\Delta Risk_t$					
	(1)	(2)	(3)	(4)	(5)	(6)
ΔSeo_t	-0.466 (-1.44)	-0.310 (-0.97)	-0.575* (-1.74)	-0.522* (-1.65)	-0.373 (-1.15)	-0.419 (-1.32)
$\Delta AuditFee_t$	0.592 (0.93)	-0.732 (-1.18)	0.570 (0.88)	0.674 (1.08)	-0.563 (-0.87)	0.702 (1.14)
$\Delta Lnsize_t$	-0.396 (-0.64)	0.820 (1.51)	-0.237 (-0.38)	-0.576 (-0.98)	1.092** (1.97)	0.384 (0.73)
$\Delta AuditClub_t$	-0.213 (-1.31)	-0.186 (-1.18)	-0.200 (-1.21)	-0.201 (-1.21)	-0.098 (-0.61)	-0.058 (-0.37)
$\Delta state_t$	1.570 (1.36)	0.763 (0.76)	2.014* (1.70)	2.020* (1.71)	0.786 (0.75)	0.961 (0.92)
$\Delta Boardsize_t$	-0.209 (-1.34)	-0.221 (-1.47)	-0.157 (-1.00)	-0.158 (-1.00)	-0.183 (-1.21)	-0.199 (-1.34)
Year/IND	控制	控制	控制	控制	控制	控制
R-squared	0.0423	0.0312	0.0431	0.0432	0.0339	0.0331
F	8.25***	6.97***	7.76***	7.55***	6.93***	6.75***
N	6226	7203	6226	6226	7203	7203

注：***表示在1%水平下显著，**表示在5%水平下显著，*表示在10%水平下显著。已对回归方程中的异方差问题进行了检验和处理，括号内提供的T值经过异方差稳健修正。

二、内生性检验

根据已有研究（刘凤芹和马慧，2009；仇云杰和魏炜，2016；董艳和李凤，2011；邹新月和李茂卿，2012），一方面，在内部控制缺陷影响年报风险提示信息披露的过程中，可能存在与控制变量有关的遗漏变量，从而导致风险提示信息实际上不受或不显著受内部控制缺陷的影响，引起内生性问题。另一方面，高管持股与风险提示信息之间可能存在互为因果关系，即高水平的高管持股会促使管理者与投资者利益趋于一致，从而降低企业风险水平进而减少风险提示信息披露，而企业风险降低后，管理者必然会要求更高的激励措施如提高持股水平。为了避免估计结果产生偏误，参考上述文献，本书分别采用倾向得分匹配法（PSM）和两阶段回归（2SLS）对以上两方面问题进行内生性检验。

首先，使用模型1中的控制变量对内部控制缺陷（ICW）进行Logit回归，计算出PS值，而后采用一对一不放入的匹配方法，在0.01的半径内进行配对，筛选出配对样本并基于上述匹配数据进行多元分析。表4-7显示了处理组和对照组之间在倾向得分和协变量上是否存在显著的差异，由表4-7中结果可以看出，在经过平衡性分析过程之后，匹配后的所有条件变量在两组企业之间的偏差程度都显著降低，同时，已匹配样本的P值变大，表明处理组和对照组的条件变量在分布上是一致的。这也说明本文所选择的条件变量是合理的，匹配的过程也是有效的。表4-8报告了PSM的平均处理效应（ATT），结果显示匹配后的显著性水平达到了5%，可见，在排除了其他影响因素之后，内部控制缺陷与年报风险信息的正相关关系仍然显著，进一步支持了假设1a。

表4-7 条件变量匹配质量检验

变量	样本	平均值		标准偏差	偏差降低比例（%）	T值	P值
		处理组	控制组				
Tobin'Q	匹配前	2.269	2.231	1.700	57.60	0.670	0.502
	匹配后	2.269	2.286	-0.700		-0.200	0.839
HI	匹配前	35.26	36.17	-6	60.70	-2.310	0.0210
	匹配后	35.26	35.62	-2.400		-0.720	0.472
STD	匹配前	0.343	0.170	5.400	80.70	2.300	0.0220
	匹配后	0.343	0.376	-1		-0.280	0.777
BETA	匹配前	1.076	1.075	0.500	-185.3	0.200	0.841
	匹配后	1.076	1.073	1.500		0.440	0.657
Market	匹配前	10.83	10.98	-12.50	94.40	-5.020	0
	匹配后	10.83	10.84	-0.700		-0.210	0.837
CF	匹配前	19.006	19	0.300	-303.3	0.11	0.915
	匹配后	19.006	19.027	-1.300		-0.33	0.741
growth	匹配前	0.138	0.176	-12.10	91.20	-4.680	0
	匹配后	0.138	0.134	1.100		0.340	0.731
ROE	匹配前	0.0409	0.0679	-20.60	88.40	-8.940	0
	匹配后	0.0409	0.0440	-2.400		-0.650	0.518
Lev	匹配前	0.471	0.427	20	95.10	7.860	0
	匹配后	0.471	0.469	1		0.290	0.770
AuditFee	匹配前	13.643	13.623	2.800	37.70	0.89	0.373
	匹配后	13.643	13.617	3.600		0.97	0.334

续表

变量	样本	平均值		标准偏差	偏差降低比例（%）	T值	P值
		处理组	控制组				
Lnsize	匹配前	21.94	21.99	-4.200	41.10	-1.620	0.105
	匹配后	21.94	21.91	2.500		0.740	0.462
Boardsize	匹配前	8.922	8.761	9.300	83.10	3.620	0
	匹配后	8.922	8.895	1.600		0.460	0.642

表4-8　PSM的平均处理效应（ATT）

变量	样本	处理组	控制组	ATT	标准差	T值
Risk	匹配后	16.5901	15.6658	0.9243	0.4187	2.21**

注：***表示在1%水平下显著，**表示在5%水平下显著，*表示在10%水平下显著。

其次，根据已有研究（邹新月和李茂卿，2012），同时借鉴郝云宏等（2010）确定滞后期方法，认为滞后2~4期解释变量就可以满足工具变量的外生性假设，将高管持股滞后两期（$Gao_{i,t-2}$）作为工具变量，同时建立第一阶段的回归模型，如下式所示：

$$Gao_{i,t} = \alpha_0 + \beta_1 Gao_{i,t-2} + \beta_2 ICW + \beta_3 ICWfix_{i,t} + \beta_4 Gontrol + \varepsilon$$

由表4-9我们可以看出，从工具变量的解释力来说，Shea Partial R^2 的数值很高，达到0.6107，F值为209.218，可以拒绝"工具变量没有解释力"的原假设，"弱工具变量"的问题在这里并不严重。同时，我们发现表4-9的回归结果与表4-5中的回归结果基本一致，因此我们认为"互为因果"导致的一定的内生性问题对前文的分析结论并未产生较大影响。

表4-9　2SLS回归分析结果

解释变量	第一阶段	第二阶段
	被解释变量	
	$Gao_{i,t}$	$Risk_{i,t}$
$Gao_{i,t}$		-5.802**（-2.08）
$Gao_{i,t-2}$	0.810***（14.41）	
$ICW_{i,t}$	-0.0203（-0.55）	2.816（1.14）
$ICWfix_{i,t}$	-0.00476（-0.85）	-0.483（-0.61）
$Big4_{i,t}$	0.0114（1.56）	-4.468***（-3.12）

续表

解释变量	第一阶段	第二阶段
	被解释变量	
	$Gao_{i,t}$	$Risk_{i,t}$
$Tobin'Q_{i,t}$	0.000937（0.44）	-0.347（-1.64）
$HI_{i,t}$	0.0000769（0.52）	0.000311（0.01）
$STD_{i,t}$	0.000902*（1.74）	0.0778（0.67）
$BETA_{i,t}$	0.0322***（2.59）	3.546**（2.21）
$Market_{i,t}$	0.000058（0.03）	0.471（1.58）
$CF_{i,t}$	-0.00241（-1.20）	0.121（0.44）
$growth_{i,t}$	0.0164（0.92）	-0.543（-0.43）
$ROE_{i,t}$	-0.00520（-0.28）	-9.334**（-2.43）
$Lev_{i,t}$	-0.0276（-1.61）	3.444（1.60）
$Dual_{i,t}$	0.0463***（4.95）	-0.258（-0.24）
$Seo_{i,t}$	-0.0212***（-3.16）	0.0214（0.01）
$AuditFee_{i,t}$	-0.0146**（-2.12）	-0.968（-1.02）
$Lnsize_{i,t}$	0.0134***（2.78）	0.315（0.41）
$AuditClub_{i,t}$	0.00462（0.89）	0.504（0.67）
$state_{i,t}$	0.00403（0.84）	1.135（1.25）
$Boardsize_{i,t}$	-0.000566（-0.43）	-0.197（-0.85）
常数项	-0.0706（-0.84）	9.348（0.70）
N	6226	6226
R-squared	0.748	0.108

Shea Partial R^2 = 0.6107，F = 209.218，P = 0.0000

注：***表示在1%水平下显著，**表示在5%水平下显著，*表示在10%水平下显著。括号内提供的数值分别为第一阶段的T值与第二阶段的Z值。

第六节 稳健性检验

为了验证以上回归结果的稳健性，进行了以下几个方面的稳健性检验：

一、风险提示信息替代变量的稳健性测试

在衡量风险提示信息的数量时，借鉴罗彪等（2014）的做法，我们采用分类风险强度（即将与市场风险以及财务风险有关的词频字节数除以董事会报告总长度，得到分类风险强度的标准化测量结果）替换原先的总风险强度，形成替代因变量 Riskqd 对假设 1 的回归模型进行敏感性测试。表 4-10 中的实证结果表明，内部控制缺陷（ICW）与风险提示信息（Riskqd）在 10% 水平上显著正相关，表明当上市公司内部控制出现重大缺陷时，年报中的风险提示信息会显著增多。内部控制缺陷修复（ICWfix）与风险提示信息（Riskqd）在 5% 水平上显著负相关，说明在上市公司修正了内部控制缺陷后，年报中的风险提示信息也会相应地减少，这与表 4-4 的多元回归结果基本一致。

表 4-10　风险提示信息替代变量的稳健性测试结果

解释变量	被解释变量	
	Riskqd	
ICW	0.553 * (1.82)	1.577 (0.65)
ICWfix		-0.920 ** (-2.18)
control	控制	控制
R-squared	0.0366	0.0894
F	10.97 ***	4.85 ***
N	10138	1765

注：*** 表示在 1% 水平下显著，** 表示在 5% 水平下显著，* 表示在 10% 水平下显著。已对回归方程中的异方差问题进行了检验和处理，括号内提供的 T 值经过异方差稳健修正。为了节省篇幅，表中的控制变量不再列示，资料备索，下表同。

二、高管持股替代变量的稳健性测试

刘进和池趁芳（2016）研究发现，高管团队规模会影响内部控制质量，高管规模较大时内部控制趋向于更加完善。因此，借鉴刘进和池趁芳（2016）的研究，本书采用高管团队规模（Gaosize）对原有的高管持股变量进行替代，对假设 2 的回归模型进行敏感性测试。表 4-11 中的实证结果表明，高管团队规模变量单独作用时，风险提示信息（Risk）与高管团队规模（Gaosize）分别在 1% 水平和 10% 水平上呈显著的负相关，加入高管团队规模和内部控制缺陷的交乘项

(Gaosize×ICW）后，风险提示信息（Risk）与交乘项在10%水平上呈显著的正相关，加入高管持股和内部控制缺陷修复的交乘项（Gaosize×ICWfix）后，风险提示信息（Risk）与交乘项在10%水平上呈显著的负相关，表明当上市公司高管持股比例上升时，年报中的风险提示信息会减少，同时高管持股对内部控制缺陷影响风险提示信息产生了正向的促进作用，对内部控制缺陷修复影响风险提示信息也产生了正向的促进作用，与表4-5中的回归结果基本保持一致，证明假设2的结论是稳健的。

表4-11 高管持股替代变量的稳健性测试

解释变量	被解释变量			
	Risk			
Gaosize	-0.150*** (-2.83)	-0.113** (-1.97)	-0.206* (-1.72)	-0.291** (-2.49)
ICW	0.360* (1.68)	0.509** (2.55)	2.636 (0.78)	2.316 (0.68)
ICWfix			-0.573 (-0.99)	-0.554 (-0.89)
Gaosize×ICW		0.004* (1.71)		
Gaosize×ICWfix				-0.106* (-1.69)
control	控制	控制	控制	控制
R-squared	0.0431	0.0372	0.0915	0.0104
F	12.63***	10.56***	6.34***	5.26***
N	10138	10138	1765	1765

注：***表示在1%水平下显著，**表示在5%水平下显著，*表示在10%水平下显著，已对回归方程中的异方差问题进行了检验和处理，括号内提供的T值经过异方差稳健修正。

三、其他稳健性测试

为了进一步检验结果的稳健性，本书剔除了当年被ST的上市公司，考察正常上市的公司风险信息披露情况，回归结果如表4-12、表4-13所示，与前文多元回归结果基本一致，再次证实了本书的研究结论具有稳健性。

表4-12 其他稳健性测试结果（一）

解释变量	被解释变量	
	Risk	
ICW	0.514* (1.69)	1.505 (0.62)
ICWfix		-0.835** (-1.97)
control	控制	控制
R-squared	0.0372	0.0913
F	11.06***	4.93***
N	9809	1676

注：***表示在1%水平下显著，**表示在5%水平下显著，*表示在10%水平下显著。已对回归方程中的异方差问题进行了检验和处理，括号内提供的T值经过异方差稳健修正。

表4-13 其他稳健性测试结果（二）

解释变量	被解释变量			
	Risk			
Gao	-2.204** (-2.49)	-2.111* (-1.74)	-3.398* (-1.65)	-4.722* (-1.79)
ICW	0.212* (1.65)	0.252** (1.98)	2.394 (0.71)	2.435 (0.73)
ICWfix			-0.498 (-0.85)	-0.664 (-1.07)
Gao1×ICW		0.699* (1.69)		
Gao1×ICWfix				-3.076* (-1.70)
control	控制	控制	控制	控制
R-squared	0.0413	0.0413	0.0848	0.0851
F	11.60***	11.29***	5.35***	5.19***
N	9809	9809	1676	1676

注：***表示在1%水平下显著，**表示在5%水平下显著，*表示在10%水平下显著。已对回归方程中的异方差问题进行了检验和处理，括号内提供的T值经过异方差稳健修正。

第四章　风险提示信息与企业内部控制缺陷及其修复

第七节　本章小结

以我国 A 股上市公司为样本,在研究内部控制缺陷及其修复对上市公司年报中有关企业风险的文本信息产生影响的基础上,加入高管持股作为内部控制影响风险提示信息的调节变量,对内部控制出现缺陷和缺陷修复与财务报告风险提示信息之间是否存在关联,高管持股能否通过完善内部控制而在其中发挥调节效应进行了实证检验。检验结果发现,风险提示信息与内部控制缺陷之间存在显著的正相关关系,而与内部控制缺陷修复存在显著的负相关关系。同时,加入高管持股后,高管持股对内部控制缺陷以及内部控制缺陷修复影响风险提示信息均产生了正向的促进作用,即在高管持股比例较高时,内部控制运行的缺陷及其修复更易于在年报的非财务信息中得到反映。此外,从动态关系视角对高管持股、内部控制缺陷及其修复与风险提示信息进行进一步研究的结论也支持上述的检验结果。

以上研究结果表明,首先,内部控制运行的好坏能够在年报的非财务信息中得到反映。上市公司修正内控缺陷之后,风险提示信息相应地减少也说明良好的内部控制降低了企业的信息风险。即从目前来看,我国上市公司年报中非财务信息部分尤其是董事会报告章节的风险信息披露状况比较理想,与公司运营状况较为符合,这也积极响应了财政部在 2014 年颁布的有关完善上市公司年报中"管理层讨论与分析"内容的政策规定。考虑到中国内部控制发展时间较短,监管也不尽完善,企业主体出于提升自身成长和发展能力的考虑,应当对内部控制缺陷修复给予更多的关注。政府应当继续贯彻渐进式监管改革思路,寻找监管最佳点,达到市场与监管"两只手"完美合作,共同推进企业内部控制与高管激励制度的进一步完善。其次,增加高管的持股能够使内部控制运行状况与年报风险提示信息披露更加贴合,互为印证,表明高管持股通过改善内部控制降低了企业的信息风险,该激励方式作为一种特殊的公司治理机制,就内部控制缺陷修复而言产生的"利益协同效应"在某种程度上大于产生的"壕沟防守效应",这对完善公司治理是有益的,因而提醒上市公司可以通过适当的股权激励以增强高管完善信息披露制度的动机。同时也提醒利益相关者在向企业投入资本的同时需要注意公司的内部控制情况,避免自身权益的损害。因此,从机制设计角度看,内部控制监管是有效机制,能促使企业如实披露内部控制信息,更真实地反映内部控制质量,缩小披露缺陷与真实缺陷的差距,向市场传达更可信的信号。最后,非财务信息中具有预警价值的风险提示信息是影响投资者决策至关重要的因素，内部控制在追求财务信息真实可靠的同时应充分关注年报中的风险提示等非财务信息产生的影响，仅保证财务信息的可靠性未必能使投资者对企业现状做出彻底的判断。也就是说，企业披露风险提示信息时，在关注内部控制风险管控作用的同时，应该发挥内部控制的免疫系统功能，不断地修复内部控制缺陷，减少缺陷导致的公司治理问题和不良信号传递。

第五章 风险提示信息与公司外部治理机制

分析师跟进与机构投资者持股,不仅是外部公司治理的两支重要力量和两种重要机制,而且两者之间具有十分紧密的关系,他们是如何看待企业风险提示信息的?风险提示信息对于他们的跟进行为与持股行为究竟会产生怎样的影响?这不仅是公司治理机制完善的问题,也是企业风险提示信息披露要考虑的重要问题。与先前主要研究机构投资者持股的影响因素及经济后果的文献不同,基于机构投资者群体的异质性和公司治理理论,以分析师跟进和机构投资者持股作为公司外部治理的两种机制,考察分析师跟进对机构投资者持股决策的影响及其企业风险提示信息在其中的调节作用。研究发现:机构投资者整体持股比例随分析师跟进数量的增加而增加,但增加的程度因机构投资者类型的不同而产生差异,风险提示信息的加入会减弱分析师跟进的促进效应;进一步研究发现,风险提示信息产生的持股减弱效应显著改善了异质性机构投资者持股的公司治理效果。研究结果表明,机构投资者持股决策是否采纳分析师的跟进意见,既与机构投资者的不同类型有关,也与风险提示信息的决策价值相关,对风险信息的考量有助于异质性机构投资者持股的公司治理效果的改善,因而机构投资者的持股行为需要同时关注两者的共同作用,才能做出有利于资本市场发展和提升公司治理效用的正确决策。

第一节 问题提出

已有研究表明,机构投资者与证券分析师之间具有密不可分的关系。一方面,机构投资者的持股比例、行为特征会对分析师的跟进决策产生显著影响,Bhushan(1989)发现,受到机构投资者青睐(持股比例较高或持股机构较多)的上市公司往往是分析师跟进的首选。黄永安和曾小青(2013)研究发现,当股市波动幅度较大时,机构投资者的反应相较于个人投资者更为强烈,随着投资者的情绪不断高涨,跟进的分析师数量随之不断增加。另一方面,分析师的荐股评级及盈利预测也是机构投资者持股决策的重要依据，Womack（1996）研究表明，分析师做出的正向评级往往会使机构投资者获得显著的正超额收益；反之，则可能会产生负的超额收益。朱红军等（2008）指出投资者不仅关注分析师通过修正盈利预测传递出的增量信息，而且对修正的信息来源也颇为重视。然而，在众多影响机构投资者持股的因素中，作为反映分析师整体评价指标的跟进数量却鲜有研究。虽然Bhushan（1989）、Lang和Lundholm（1996）、Rock等（2000）从不同角度论证了机构投资者持股与跟进数量间的关系，但由于制度环境和资本市场有效性的不同，国外的研究不一定适合中国转型经济的国情和特殊的股票市场，并且该研究仅作为分析师跟进的动因研究，而未从反面考察跟进数量对机构投资者持股的影响。同时，鉴于受到监管政策、市场准入等制度方面的制约，公募基金、券商资管部门、QFII、保险公司以及社保基金等各类机构投资者以其不同的投资目标在资本市场中扮演着不同的角色，例如，短线型机构投资者擅于采用短期投资等方式获得套利，而长线型机构投资者则倾向于具有较高的持仓和较低的周转率（Potter，1992）。遗憾的是，已有研究往往仅从机构投资者整体视角出发，而忽视了该群体内部可能存在的异质性。尽管目前有学者发现，分析师的评级意见对机构投资者季度持股决策的影响会因投资者类型不同而截然有异（黄顺武和雷磊，2015），但其仅局限于评级意见角度，而未涉及分析师跟进数量，这为本书的研究提供了契机。

　　分析师不会盲目地跟进一家公司，其决策必定是一系列信息综合而成的结果。Dowen（1989）研究发现，跟进的分析师数量与公司规模正相关，与回报负相关，但相关性随着时间的变化而变化；Bhushan（1989）则根据均衡理论首次建立分析师跟进行为的决定模型，发现分析师在跟进时会着重考虑机构投资者持股比例、机构投资者家数、公司规模、高管持股比例、收益波动率、行业成长性等方面因素。然而，以上研究局限于从财务信息角度探索相关指标对分析师跟进产生的影响，而忽视了资本市场中非财务信息对利益相关者决策的特有贡献。近年来，部分研究发现，由于财务会计盈余管理盛行导致的"失真、造假"等一系列问题的存在，在很大程度上影响了财务会计信息的相关性和有用性（李心合，2012）。与此同时，分析师声誉、分析师与跟进公司的利益冲突、企业社会责任履行状况等非财务信息都已被证实是分析师跟进的重要决策变量（Hong et al.，2000；欧阳励励，2011；李晚金和张莉，2014）。进一步从非财务信息类型来看，部分非财务因素（经营风险、行业风险、管理风险、道德风险以及客观经济因素等）的预警信号先于财务因素的预警信号，在分析师跟进决策中发挥着更为重要的作用。李心丹等（2008）运用计数（Count data）计量方法和结构化方程（SEM）论证得出，在分析师无法通过搜集充分的信息来减少盈利预测的误差时，基于声誉的考虑，对于投资风险较大的项目他们会选择规避跟进。因此，基于风险的非财务信息提示不仅能够解释财务指标产生的背景，更有助于分析师预测公司未来发展的趋势，对公司整体层面的把控更为全面深入。

问题的重要性还在于，在机构投资者综合分析师跟进意见以及风险提示信息后做出的持股决策是否就有利于资本市场发展，抑或促进公司治理的改善呢？单纯从机构投资者持股的经济后果来看，已有研究表明，部分机构投资者在公司治理中扮演着"用手投票"的有效监督者角色，而部分则扮演着"用脚投票"的利益攫取者角色，这主要因机构投资者类型及持股比例不同而异（杨海燕和孙健，2011；吴先聪，2012）。唐松莲（2009）研究发现，当机构持股比例较高时，机构投资者能够对管理层实施有效的监督以提高公司绩效；当机构持股比例较低时，机构投资者则很可能与管理层合谋，从而对公司业绩产生负面作用。而在异质性机构投资者综合多方信息，包括其他同行信息、较为完善的公司信息尤其是风险信息后，在一定程度而言其持股决策会更加稳健，从而增强或减弱原先各类机构投资者持股对公司治理产生的有利或不利效果。Kim 和 Verreccha（1994）研究表明，当机构投资者能够对公共信息的内涵进行有效解读时，其产生盈利机会的概率会大大增加，而且机构投资者依靠公开的披露信息有助于改善公司治理。因此，本书在研究分析师跟进对机构投资者持股决策影响的基础上，加入风险提示信息作为机构投资者持股决策的补充，旨在回答以下几个问题：第一，分析师跟进是否能显著影响各类机构投资者的持股决策？第二，风险提示信息是否能改变机构投资者的信息偏好，并且在分析师跟进影响机构投资者持股决策中发挥调节作用？第三，这种调节作用是否有利于改善机构投资者持股的公司治理效应？

以我国 A 股上市公司为样本，利用 ROSTCM6 等文本挖掘技术在上市公司年报中获取有关企业风险的文本信息，以分析师撰写研究报告的数量来衡量分析师的跟进程度，实证检验分析师跟进对机构投资者持股决策的影响及其企业内部风险提示信息在其中的调节作用。主要贡献在于，第一，拓展和深化了分析师行为影响机构投资者持股决策的相关文献。已有研究发现，分析师倾向于跟进机构投资者持股比例较高的公司（Lang and Lundholm，1996；Rock et al.，2000），而当交易机制改变时，分析师可能会选择跟进机构持股比例较低的公司（Robert et al.，1999）。这些研究多集中于将机构投资者持股作为分析师跟进的一项动因进行研究，而未从反面考虑跟进数量是否也能对机构投资者持股产生影响，同时也未进一步考察分析师跟进行为对于不同类型机构投资者持股决策影响的可能差异。本章填补了以上文献的空缺，进一步分析了异质性机构投资者对于分析师跟进的不同效应，为机构投资者决策研究提供了一个新的视角。第二，进一步拓展了投资者决策的信息偏好理论，尤其是揭示了风险提示等非财务信息的决策价值。将财务信息对机构投资者持股影响的研究拓展到了以风险提示为核心的非财务信息层面，考察了风险信息能否显著影响投资决策以及这种影响的内在路径，为日益兴起的非财务信息与投资人决策之间关系的研究做出增量贡献，也在一定程度上为财务报告信息披露的改进提供了经验证据。第三，为风险会计的建立提供了理论依据。企业利益相关者需要有关风险存在、发生、控制、影响及防范等方面的系统信息支持，风险提示等非财务信息的提供是风险会计的核心内容，有助于企业管理当局制定科学的风险管理政策，提高风险管理效率，也有助于增加企业风险承担的透明度，减轻和缓解不同利益相关者之间的"信息不对称"以及派生的道德风险与逆向选择问题。

第二节 理论分析与研究假设

一、分析师跟进对机构投资者持股的影响

在"噪声"较大的新兴资本市场中，投资者受到的保护程度较弱（La Porta et al.，1997），股价无法较好地反映公司特质信息，市场资源配置效率低下。分析师作为市场信息的提供者和分析者，通过对相应股票进行跟进，进而做出盈余预测和股票评级，为投资者提供投资建议。分析师通过跟踪企业能够显著降低企业的信息不透明度，揭示与公司价值和交易相关的重要信息（Givoly and Lakonishok，1979）。尽管国内外有学者对分析师盈余预测有效性提出了质疑，认为他们基于追求更高外在显示能力的主观动机，加之国内上市公司信息披露水平较差的外在环境，个人盈余预测往往都是无效的（郭杰和洪洁瑛，2009），但也有大量的经验证据证实，相较于简单抑或是复杂的时间序列模型，分析师做出的盈余预测更为精确（岳衡和林小驰，2008）。就分析师跟进整体而言，其通过特有的信息渠道搜集并处理信息，使得市场定价的效率得到了显著提升，且对整个资本市场包括机构投资者而言他们存在的价值毋庸置疑（Fernadez，2001）。

首先，机构投资者的决策行为需要获得分析师的信息支持。由于中国转型经济的国情和特殊股票市场的制度背景，资本市场发展较为缓慢，证券价格仅仅反映了历史交易信息，以致投资者难以通过分析过去的信息获取超额回报，他们需要与公司相关的其他信息，包括所有公开的信息和内部信息。然而，并非每位投资者都能及时获取充分、准确的信息，并对其获取的信息进行全面和理性的解读，只有一些能够对专门的分析工具驾轻就熟，抑或是分析能力较强的专业人士

才能对公司披露的信息做出恰当的理解和判断。虽然已有研究表明,机构投资者在信息的获取和处理方面存在更多的规模效应和范围经济,即机构投资者存在强大的信息搜集的内在动力(游家兴和李斌,2007),但其信息往往是通过从其他渠道获取后加工而来。蔡庆丰和杨侃(2013)研究发现卖方分析师搜集处理市场和公司信息形成研究报告后,首先是提交给机构投资者,基金经理们通过自有渠道收集部分信息,但最主要的是针对卖方分析师提供的研究报告进行信息的二次加工。

其次,分析师跟进具有资产专用性特征,其信息能力具备专业水准,也具有决策价值。从资本市场有效程度来看,在我国弱式有效的资本市场中,投资者整体相较于西方成熟资本市场中的投资者而言成熟度不高,许多投资者并非理性投资,而是妄图投机牟利。因此,其交易情绪易受到股票周期的影响,"过度自信""羊群效应"等非理性行为普遍存在(李丽青,2012)。根据压力假说,投资者一般会参考分析师给出的公司盈利预测进行投资,当公司披露的实际盈利水平低于预期时,往往会发生股价暴跌,经理人为了防止这种情况影响公司的正常运营,会尽量使实际盈利水平与分析师的预期保持一致,而这显然会降低投资者因非理性行为带来的投资风险。虽然李春涛等(2013)研究发现分析师在进行盈利预测时也存在一定的"羊群行为",但该研究也证实了当企业被较多的分析师跟进时,分析师预测的平均误差较低,即说明分析师跟进能够增强公司透明度,帮助投资者进行决策。

再次,分析师跟进拓宽了资本市场的信息源,有助于抑制非效率投资。由于信息不对称,市场信息存在反应不足或反应滞后的现象。相对于市场投资者,公司作为信息优势一方,在履行相关的法定义务之后,为了实现自身利益可能会选择性地披露一些信息(如捏造或夸大"利好"消息,而掩饰"利空"消息),从而误导投资者。而分析师作为资本市场的信息中介,一方面,可以凭借自身的专业技能和执业经验,从市场和公司两个层面对公司进行专业性的研究与分析,为投资者提供不仅包括市场的公共信息,还有一些与管理层之间进行沟通的私有信息。另一方面,一家公司被分析师跟进意味着披露的信息还会被分析师所关注,这相当于为公司管理层增加了一个额外的第三方信息监督机构。Healy 和 Palepu(2001)研究发现,分析师通过在获取私人信息时发现经理人的不当行为而对其进行监督,这有助于减轻信息不对称性并提高投资效率。因此,从信息的广度以及深度上看,分析师跟进拓宽了资本市场的信息源,为市场增加了有效信息的成分,减轻了信息不对称,抑制了非效率投资,使市场资源得以优化配置。

更为重要的是,由于各种类型的机构投资者在资本来源、资产属性、投资约束、行为类型、目标偏好、持股周期等方面都存在差异(杨海燕等,2012),分析师跟进对不同机构投资者的持股决策也存在不同影响。Almazam（2004）研究发现，主动型机构投资者由于自身存在资源信息优势而对管理层的监控成本较低，与公司的利益关系较少，为了做出正确的投资决策往往有动力搜集包括分析师意见在内的各类信息，这类机构投资者主要包括投资顾问、投资公司等；被动型机构投资者由于专业技能较差、信息获取能力较低而对管理层的监控成本较高，与公司存在较多的利益关系，因而没有动力进一步获取其他信息，这类机构投资者主要包括银行、信托公司和保险公司等。根据以上分析，提出研究假设1：

H1：保持其他条件不变，分析师跟进对机构投资者总体持股决策会产生正向的影响，但影响程度会因机构投资者类型不同而产生差异。

二、风险信息对分析师跟进影响机构投资者持股关系的调节作用

已有研究表明，分析师在对公司盈余进行预测时会同时利用公共信息和私人信息（郭杰和洪洁瑛，2009），而值得注意的是，为了降低盈余预测偏差，越来越多的分析师不仅仅搜集反映公司绩效的财务信息，对有着风险预警价值的非财务信息的关注也日益提高。胡奕明等（2003）通过对我国证券分析师1994~2003年"年报分析"的调查发现，他们对年报信息的使用能力在提高，且对于管理信息的关注面日渐拓宽，且对会计报表附注则表现出了更大的兴趣。以下通过Chen和Jiang（2006）构造的判断分析师预测行为有效性的理论模型，结合本章对两种类型的会计信息如何影响分析师跟进的讨论，论证非财务信息在分析师跟进决策中是如何发挥重要作用的。

对于一家普通的上市公司和一名普通的分析师，假设r是被分析师跟进的上市公司取得的实际盈利，并且r服从于均值为0的正态分布；因此有关r的财务信息部分的充分统计量cw以及非财务信息部分的充分统计量fcw可以用以下两式表示：

（1）$cw = r + \varepsilon_{cw}$，其中 $\varepsilon_{cw} \sim N(0, \frac{1}{P_{cw}})$，与r无关。

（2）$fcw = r + \varepsilon_{fcw}$，其中 $\varepsilon_{fcw} \sim N(0, \frac{1}{P_{fcw}})$，与r无关。

那么，分析师基于财务信息和非财务信息可得到上市公司盈余的最优条件估计：

（3）$E(r|fcw, cw) = h \times fcw + (1-h) \times cw$，其中，h是分析师进行盈余预测时置于非财务信息部分的有效权重。

而分析师的实际盈余预测f为：

（4）$f = k \times fcw + (1-k) \times cw$，其中k是分析师进行盈余预测时置于非财务信息上的实际权重。

如果 k > h，说明分析师做出的盈余预测实际上过高（过低）倚重了非财务（财务）信息；如果 k < h，说明分析师做出的盈余预测实际上过低（过高）倚重了非财务（财务）信息；如果 k = h，说明分析师在进行实际盈余预测时对非财务和财务信息各自赋给的权重均是合理有效的。

基于以上分析不难得出，分析师盈余预测的期望误差为：

(5) $E(f - r | fcw, cw) = E(FE | fcw, cw) = \frac{k - h}{k}(f - cw) = \beta \cdot Dev$，其中，FE = f - r 是分析师个人基于全部信息的预测与公司实际盈利之差，即预测误差；Dev = f - cw 是分析师个人基于全部信息预测与其基于财务信息预测之差。

β = 1 - h/k，如果为正，即 k/h > 1，这说明了分析师做出的盈余预测赋予非财务（财务）信息的实际权重高（低）于有效权重；如果为负，即 k/h < 1，这意味着分析师做出的盈余预测赋予非财务（财务）信息的权重低（高）于有效权重；如果为0，即 k/h = 1，这表明分析师做出的盈余预测赋予非财务（财务）信息的权重等于有效权重。

由(5)能够进一步推出验证分析师盈余预测行为有效与否的实证模型：

(6) $FE = \alpha + \beta \cdot Dev + \varepsilon$

由以上理论模型的推导不难看出，通过对比分析师针对上市公司做出盈余预测时给予财务信息和非财务信息的实际权重，与理论情况下形成预测误差最小化的有效基准权重（即形成理性贝叶斯预期时的最优统计权重），分析师行为权重方法能够及时准确地鉴定分析师盈余预测行为的有效性。但不可否认的是，分析师仅凭财务信息进行盈利预测的做法有失偏颇，是必定会产生偏差的。非财务信息与财务信息相互补充才能为分析师决策提供充分和必要的依据。

而风险提示信息作为一种非财务信息，能够缓解信息不对称、提高公司的透明度。已有研究表明，提高风险披露水平可以降低信息不对称程度，且有助于各方投资人进行决策。例如，风险信息有助于降低分析师的预测偏差，使银行等金融机构能更好地预期公司的未来绩效（Glosten and Milgrom，1985）。对于机构投资者整体而言，他们可以根据风险提示信息的动态分析进行正确的投资选择，并在发现企业的风险或者危机萌芽后及时处理现有投资或者改变投资组合，以此避免更大损失。因此，基于以上分析，提出以下假设2：

H2：保持其他条件不变，风险提示信息对机构投资者整体持股产生负向的影响，风险提示信息有助于弱化分析师跟进对机构投资者持股决策的促进作用。

三、分析师跟进、风险信息对机构投资者持股经济后果的影响

不同类型的机构投资者由于在信息优势、激励机制、管制环境、文化背景以及投资策略等方面存在显著差异，因而在公司治理中发挥了不同的作用。Pound

(1988)提出有关机构投资者作用的三种假说,分别包括有效监督假说,认为机构投资者拥有信息和人力上的优势,能够以较低的成本对公司管理层实施监督,进而起到缓解公司"内部人"控制,提升公司绩效的作用;利益冲突假说,认为机构投资者与持股公司之间很可能存在其他业务往来,因而当管理层对公司实施不当举措时,投资者基于自身利益的考量不敢投反对票予以制止;战略联盟假说,认为机构投资者和上市公司管理层之间如果存在互惠互利的关系,双方互相勾结形成一致战线的概率会比较高,从而使得监督无效。以上三种假说阐述了不同类型机构投资者的各种公司治理动机,揭示了机构持股对公司治理产生的两种效果,即促进作用和抑制作用。

那么,在分析师跟进与风险提示信息共同影响下的机构持股决策对公司治理是否具有促进作用呢?这要从两方面进行分析。首先,何种类型的机构持股对公司治理是有益的?大量研究表明,当机构持股比例较高、稳定性较强以及独立性较高时,该持股往往会对公司治理产生正向影响。Cornett(2007)将机构投资者划分为压力敏感型和压力抵制型后,发现后者由于与公司保持较少的潜在业务联系,独立性较高,从而使得该持股对公司业绩产生了正向影响,相对而言前者作用则较小。袁蓉丽等(2010)的研究也发现,证券投资基金的持股比例与公司绩效成正比,而证券公司持股对公司绩效的提示没有显著影响。其次,分析师跟进与风险信息的加入是否相应地促进(抑制)了有利(不利)于公司绩效提升的机构投资者增加(减少)持股?已有研究表明,分析师意见促进了机构投资者的持股决策,即当分析师跟进人数较多时,机构持股的数量也会相应地增加(Womack,1996;朱红军等,2008),这表明分析师跟进在很大程度上对各类机构投资者持股均产生促进作用,而不论这种促进持股产生的经济后果如何,即机构投资者仅将分析师跟进意见作为信息来源的做法有失偏颇。而当加入风险提示信息后,一方面,机构投资者可以对企业经营状态进行动态分析,从而做出正确的投资选择,Glosten 和 Milgrom(1985)研究发现风险信息有助于银行等金融机构能更好地预期公司的未来绩效。另一方面,通过风险提示预警系统详细记录的风险产生的原因、处理经过、解决措施,以及反馈与改进意见,投资者也可以对公司现有风险管理及经营存在的缺陷提出改进建议,增强企业风险的免疫能力以完善公司治理。因此,风险提示信息的加入能够通过调整机构投资者的持股决策进而促进公司绩效的提升。基于以上分析,提出以下假设3:

H3:保持其他条件不变,分析师跟进对机构持股的公司治理具有负面效应,但是加入风险提示信息的调节作用后,机构持股的公司治理出现了正面效应,彰显了风险提示信息具有重要的信息价值。

第五章 风险提示信息与公司外部治理机制

第三节 研究设计

一、样本和数据

本书以 2010~2017 年中国 A 股上市公司作为研究对象,样本的筛选遵循以下原则:①剔除研究期间内相关数据缺失的公司;②剔除金融保险等行业的上市公司。样本的财务数据来自 CSMAR 和 RESSET 数据库,部分缺失的数据以及非财务性的风险信息通过手动搜集公司披露的年报获得,最后共计得到 16761 个样本观察值的数据。为降低内生性影响,对所有解释变量进行滞后一期处理。同时对所有连续变量进行了上下 1% 的缩尾调整(winsorize)以剔除异常值的影响。运用 Excel 2007 和 Stata13 进行统计分析。

二、模型设定及变量定义

1. 模型设定

在借鉴宋玉等(2012)、唐松莲(2009)所设计模型的基础上,结合本书的研究内容,建立了如下回归模型对研究假设进行验证。其中,模型 1 对假设 1 和假设 2 进行验证,模型 2 对假设 3 进行验证。

$$INST_{s,t} = \beta_0 + \beta_1 Report_{s,t-1} + \beta_2 Risk_{s,t-1} + \beta_3 Risk_{s,t-1} \times Report_{s,t-1} + \beta_4 Control_{s,t-1} + \varepsilon \qquad \text{模型 1}$$

$$Tobin'Q/EBIT = \beta_0 + \beta_1 INST + \beta_2 Control + \varepsilon \qquad \text{模型 2}$$

2. 变量定义

$INST_{s,t}$ 为总体机构投资者持股比例,为了检验异质性机构投资者的行为差异,在借鉴 Brickley 等(1988)、胡茂莉(2013)、赵一蔚(2014)以及燕麟(2016)对机构投资者的划分方法的基础上,将其划分为积极独立型机构投资者($INST1_{s,t}$)与消极非独立型机构投资者($INST2_{s,t}$),其中,前者由基金持股比例 $FUND_{s,t}$、社保基金持股比例 $SSF_{s,t}$、合格境外机构投资者持股比例 $QFII_{s,t}$ 构成,因为这三类机构投资者具备较强的专业技能以及获取信息能力,与上市公司基本不存在商业关系,在参与公司治理的过程中能更独立地行使投票权;后者由券商持股比例 $QS_{s,t}$、信托公司持股比例 $TC_{s,t}$、保险公司持股比例 $IC_{s,t}$、财务公司持股比例 $FS_{s,t}$、企业年金持股比例 $EA_{s,t}$ 构成,因为这些机构投资者往往与上市公司存在商业联系,因而无法行使有效监督,不具备明显的治理效应。

Report$_{s,t-1}$为分析师跟进数量,本书借鉴燕麟(2016)的研究,使用分析师撰写研究报告的数量作为衡量分析师跟进数量的代理变量,研究报告的数量越多,表明跟踪频率越高。

Risk$_{s,t-1}$为年报中披露的与风险相关的非财务信息,其数据提取方式与上一章相同,不再赘述。

Tobin'Q为市场—账面价值比率,EBIT为息税前利润,本书借鉴唐松莲(2009)以及吴先聪(2012)的研究,用以上两类公司绩效层面的指标来反映公司治理效果。

根据Brown等(2013)、唐松莲和胡奕明(2011)的研究,我们在模型(1)中加入以下控制变量:两职合一(Dual)、第一大股东持股比例(Firstown)、所有权性质(State)、企业规模(Lnsize)、偿债能力(Lev)、盈利能力(ROE)、每股经营性现金流量(OCF)、盈余波动度(STD)、EPS、流通股比例(Invest)、股价波动性(Volatility)、Beta系数(BETA)、股票成交量(TRADE)、股票换手率(TURN)、是否发放现金股利(DIVI)、上市年限(Age)、行业(IND)、年份(Year)。根据唐松莲(2009)和吴先聪(2012)的研究,我们在模型2中加入以下控制变量:独立董事比例(IDsize)、董事会规模(Bsize)、两职合一(Dual)、所有权性质(State)、高管持股比例(Manstock)、高管薪酬(Mancash)、企业规模(lnsize)、偿债能力(Lev)、行业(IND)、年份(Year)。具体变量定义如表5-1所示。

表5-1 变量定义表

变量名	符号	变量定义
机构投资者持股	INST$_{s,t}$	年末机构投资者持股数量/年末流通股数×100%
积极独立型机构投资者持股	INST1$_{s,t}$	由基金持股比例FUND$_{s,t}$、社保基金持股比例SSF$_{s,t}$、合格境外机构投资者持股比例QFII$_{s,t}$构成
消极非独立型机构投资者持股	INST2$_{s,t}$	由券商持股比例QS$_{s,t}$、信托公司持股比例TC$_{s,t}$、保险公司持股比例IC$_{s,t}$、财务公司持股比例FS$_{s,t}$、企业年金持股比例EA$_{s,t}$构成
分析师跟进数量	Report$_{s,t-1}$	分析师撰写研究报告的数量
风险信息	Risk$_{s,t-1}$	(年报中披露的与风险有关的信息词频数汇总*字节数)/董事会报告章节字节数×100%
托宾Q	Tobin'Q	总市值/总资产
息税前利润	EBIT	净利润+所得税费用+财务费用,为了方便计量,取原EBIT×10000000后作为新的EBIT
资产负债率	Lev$_{s,t-1}$	期末负债总额/期末资产总额

续表

变量名	符号	变量定义
盈利能力	$ROE_{s,t-1}$	期末净利润/期末净资产
资产规模	$Lnsize_{s,t-1}$	期末资产总额的自然对数
第一大股东持股比例	$Firstown_{s,t-1}$	公司第一大股东持股比例
两职合一	$Dual_{s,t-1}$	董事长与总经理兼任情况,两职合一为1,否则为0
经营活动现金流	$OCF_{s,t-1}$	企业本期由经营活动所产生的现金流量净额/总股数
所有权性质	$State_{s,t-1}$	虚拟变量,若最终控制人为国有股东则为1,否则为0
每股净利润	$EPS_{s,t-1}$	净利润/年度末普通股股数
盈余波动度	$STD_{s,t-1}$	(当年净利润 - 上年净利润)/当年净利润)
流通股比例	$Invest_{s,t-1}$	每年年末流通股股数/公司总股数
股价波动性	$Volatility_{s,t-1}$	取在过去一年内,考虑股利和现金分红后个股日收益率的标准差
Beta系数	$BETA_{s,t-1}$	BETA综合市场的年度Beta值
股票成交量	$TRADE_{s,t-1}$	公司年度成交金额的自然对数
股票换手率	$TURN_{s,t-1}$	公司流通股的年度换手率,为了方便计量,取原年度换手率×1000000作为新的年度换手率
是否发放现金股利	$DIVI_{s,t-1}$	若公司当年发放现金股利则赋值为1,否则为0
上市年限	$Age_{s,t-1}$	公司自上市之日起至今为止的年份数
独立董事比例	$IDsize$	独立董事占董事会的比例
董事会规模	$Bsize$	董事会的董事人数
高管持股比例	$Manstock$	公司全部高级管理人员(包括董事长、总经理、执行董事以及其他)持股比例之和
高管薪酬	$Mancash$	Ln(高管人员年度现金总报酬之和)
市净率	$Pb_{s,t-1}$	当年年末股价/当年年报当中的每股净资产

第四节 回归结果及其实证分析

一、描述性统计

表5-2显示,机构投资者总持股比例($INST_{s,t}$)均值为17.31%,最大值达到79.89%,表明在我国上市公司的股权结构中,机构投资者占有相当一部分份

额，因而公司盈利与否，运营状况备受其关注。进一步从机构投资者类型来看，积极独立型机构投资者持股比例（INST1$_{s,t}$）均值为3.814%，而其中基金持股比例最高，约占3.4%，QFII与社保基金持股比例则相对较低。消极非独立型机构投资者持股比例（INST2$_{s,t}$）均值为0.81%，其中券商、信托公司、保险公司、财务公司持股比例较高，约占1.5%，企业年金持股比例相对较少，约占1%。表5-2的分析师跟进数量（Report$_{s,t-1}$）显示，一家上市公司平均有20份分析师研报，最高可能达到105份，表明了分析师对我国上市公司的跟踪频率比较高。同时，风险提示信息Risk$_{i,t-1}$的均值为0.15%，表明了在年报的"董事会报告"章节中，与风险相关的词频多次出现，对公司目前运营状况做出了一定的解释。对于反映公司绩效的两类指标Tobin'Q以及息税前利润（EBIT），从表5-2中可以看出上市公司整体盈利水平较高，但不同公司之间差异较为明显。另外，经VIF测试证实模型的方差膨胀因子均小于10，不存在多重共线性问题。

表5-2 主要变量描述性统计分析

变量	均值	标准差	最小值	50%	最大值
INST$_{s,t}$	17.31	18.81	0	10.71	79.89
INST1$_{s,t}$	3.814	6.028	0	1.079	30.17
FUND$_{s,t}$	3.4	5.619	0	0.814	28.44
QFII$_{s,t}$	1.011	1.05	0.0629	0.668	6.12
SSF$_{s,t}$	1.693	1.21	0.16	1.389	6.18
INST2$_{s,t}$	0.81	1.595	0	0	9.178
QS$_{s,t}$	1.244	1.329	0.0805	0.766	7.058
TC$_{s,t}$	1.648	2.473	0.0684	0.747	14.98
IC$_{s,t}$	1.715	1.941	0.111	1.087	13.48
FS$_{s,t}$	1.401	1.448	0.0556	1.002	7.603
EA$_{s,t}$	0.592	0.589	0.0037	0.396	3.764
Report$_{s,t-1}$	19.79	22.01	1	12	105
Risk$_{s,t-1}$	0.002	0.001	0	0.001	0.008
Tobin'Q	2.353	2.339	0.188	1.659	14.36
EBIT	49.46	129.1	-55.19	13.70	967.0

二、相关性分析

表5-3显示了主要变量的Pearson相关系数检验结果。通过对变量进行相关

性分析我们发现，分析师跟进 $Report_{s,t-1}$ 与各类机构投资者持股的相关性方向不同，显著性也不一，与机构投资者整体持股 $INST_{s,t}$、基金 $FUND_{s,t}$、财务公司 $FS_{s,t}$、$QFII_{s,t}$ 等均呈现出显著的相关关系，风险提示信息 $Risk_{s,t-1}$ 与部分机构投资者持股也呈现出显著的相关关系。同时，反映公司业绩的指标 EBIT 以及 Tobin'Q 与机构投资者持股也呈现出方向不同的显著相关关系，这些结果初步均验证了研究假设。

表 5 – 3   主要变量相关性分析

	EBIT	Tobin'Q	$INST_{s,t}$	$INST1_{s,t}$	$INST2_{s,t}$	$FUND_{s,t}$	$QFII_{s,t}$	$SSF_{s,t}$	$QS_{s,t}$
EBIT	1								
Tobin'Q	-0.073***	1							
$INST_{s,t}$	0.032***	0.043***	1						
$INST1_{s,t}$	0.026***	0.154***	0.279***	1					
$INST2_{s,t}$	0.00400	-0.066***	0.138***	0.094***	1				
$FUND_{s,t}$	0.018**	0.160***	0.270***	0.987***	0.091***	1			
$QFII_{s,t}$	-0.0440	0.070**	0.135***	0.446***	-0.0180	0.309***	1		
$SSF_{s,t}$	-0.057***	0.052***	0.099***	0.387***	0.055***	0.221***	0.109**	1	
$QS_{s,t}$	-0.036**	0.041**	0.134***	0.136***	0.742***	0.137***	0.0600	0.165***	1
$IC_{s,t}$	-0.051***	-0.0180	0.169***	0.092***	0.786***	0.096***	0.0570	0.087***	0.218***
$FS_{s,t}$	-0.117**	-0.0750	0.0750	0.099*	0.744***	0.107**	0.0390	-0.0190	0.391***
$Report_{s,t-1}$	0.197***	0.035***	0.147***	0.400***	0.045***	0.381***	0.206***	0.0290	-0.0210
$Risk_{s,t-1}$	0.031***	-0.017*	-0.0100	-0.0150	-0.00700	-0.0130	0.0310	-0.040*	0.0180

注：＊＊＊表示在1％水平下显著，＊＊表示在5％水平下显著，＊表示在10％水平下显著。

三、多元回归分析

（一）分析师跟进对机构投资者持股的影响

表 5 – 4 显示了分析师跟进与机构投资者整体持股以及两类持股的回归结果，首先，分析师跟进数量（$Report_{s,t-1}$）与机构投资者整体持股（$INST_{s,t}$）在1％水平上显著正相关，表明对于机构投资者整体而言，分析师的跟踪行为对其产生了显著的正向影响，初步验证了假设1。其次，分析师跟进数量（$Report_{s,t-1}$）与积极独立型机构投资者（$INST1_{s,t}$）在1％水平上显著正相关，而与消极非独立型机构投资者（$INST2_{s,t}$）在10％水平上显著正相关，说明分析师跟进对两类机构投资者的持股决策均会产生促进作用，但从显著程度来看，这种跟进行为对第一

类机构投资者产生的作用要强于第二类机构投资者,这可能是第一类机构投资者具备更强大的获取信息能力所致(胡茂莉,2013;赵一蔚,2014)。

表5-4 分析师跟进与机构投资者持股的回归结果

解释变量	被解释变量		
	$INST_{s,t}$	$INST1_{s,t}$	$INST2_{s,t}$
$Report_{s,t-1}$	0.081***	0.101***	0.003**
	(7.00)	(23.67)	(2.51)
$Dual_{s,t-1}$	1.316***	0.278*	0.050
	(2.59)	(1.68)	(1.05)
$Firstown_{s,t-1}$	-0.038**	-0.061***	-0.007***
	(-2.28)	(-14.69)	(-5.12)
$State_{s,t-1}$	0.089	0.180	-0.069
	(0.17)	(1.12)	(-1.32)
$Lev_{s,t-1}$	-3.109**	0.800*	0.384***
	(-2.19)	(1.89)	(2.88)
$ROE_{s,t-1}$	9.680***	1.696*	0.360
	(3.30)	(1.95)	(1.32)
$Lnsize_{s,t-1}$	2.242***	-0.480***	0.085***
	(6.36)	(-4.77)	(2.66)
$OCF_{s,t-1}$	0.202	-0.130	-0.057**
	(0.74)	(-1.41)	(-2.07)
$EPS_{s,t-1}$	-0.007	1.653***	0.097
	(-0.01)	(6.79)	(1.35)
$STD_{s,t-1}$	0.210***	-0.013	-0.008
	(2.59)	(-0.58)	(-0.97)
$Invest_{s,t-1}$	-0.444	0.779***	0.481***
	(-0.41)	(2.63)	(5.11)
$Volatility_{s,t-1}$	3.955***	2.419***	-0.040
	(7.34)	(13.07)	(-0.83)
$BETA_{s,t-1}$	-4.283***	-1.314***	-0.310***
	(-4.69)	(-4.59)	(-3.64)
$TRADE_{s,t-1}$	-0.002***	-0.000***	-0.000**
	(-8.41)	(-4.06)	(-2.33)

第五章 风险提示信息与公司外部治理机制

续表

解释变量	被解释变量		
	$INST_{s,t}$	$INST1_{s,t}$	$INST2_{s,t}$
$TURN_{s,t-1}$	-1.287*** (-3.09)	-1.008*** (-8.27)	0.072** (1.99)
$DIVI_{s,t-1}$	-0.934 (-1.64)	0.680*** (4.22)	-0.026 (-0.46)
$Age_{s,t-1}$	0.152*** (2.94)	-0.044*** (-3.09)	0.010** (2.29)
Year/IND	控制	控制	控制
R-squared	0.0711	0.2707	0.0378
F	18.86***	62.10***	8.78***
N	16761	11057	5704

注：***表示在1%水平下显著，**表示在5%水平下显著，*表示在10%水平下显著。已对回归方程中的异方差问题进行了检验和处理，括号内提供的T值经过异方差稳健修正。

为了验证此两类机构投资者是否存在表5-4中的关系，将两类机构投资者按照构成类型进一步细分，并与分析师跟进再次进行回归（见表5-5）。表5-5的结果显示，首先，分析师跟进数量（$Report_{s,t-1}$）与基金（$FUND_{s,t}$）、QFII、社保基金（$SSF_{s,t}$）均在1%水平上呈显著正相关，说明这三类机构投资者的持股决策会受到分析师跟进的显著正向影响，对分析师发布的信息较为关注，即符合表5-4中积极独立型机构投资者的特征。其次，分析师跟进数量（$Report_{s,t-1}$）虽然与企业年金（$EA_{s,t}$）在10%水平上显著正相关，但与信托公司（$TC_{s,t}$）、保险公司（$IC_{s,t}$）均呈现出不显著的正相关关系，与券商（$QS_{s,t}$）、财务公司（$FS_{s,t}$）甚至呈现出不显著的反向变动关系，但不显著，表明这几类机构投资者的持股决策受分析师跟进的影响程度较低，也符合表5-4中消极非独立型机构投资者的特征。以上回归结果再次验证了假设1。

表5-5 分析师跟进与机构投资者持股的回归结果（进一步细分）

解释变量	被解释变量							
	$INST1_{s,t}$			$INST2_{s,t}$				
	$FUND_{s,t}$	$QFII_{s,t}$	$SSF_{s,t}$	$QS_{s,t}$	$TC_{s,t}$	$IC_{s,t}$	$FS_{s,t}$	$EA_{s,t}$
$Report_{s,t-1}$	0.091*** (22.47)	0.007*** (3.91)	0.004*** (2.76)	-0.002 (-1.45)	0.006 (1.41)	0.002 (0.77)	-0.006 (-1.20)	0.014* (1.90)

续表

解释变量	被解释变量							
	INST1$_{s,t}$			INST2$_{s,t}$				
	FUND$_{s,t}$	QFII$_{s,t}$	SSF$_{s,t}$	QS$_{s,t}$	TC$_{s,t}$	IC$_{s,t}$	FS$_{s,t}$	EA$_{s,t}$
Dual$_{s,t-1}$	0.324**	0.104	-0.127*	0.078	0.137	-0.155	0.007	0.085
	(2.07)	(1.04)	(-1.95)	(1.03)	(0.77)	(-1.58)	(0.03)	(0.39)
Firstown$_{s,t-1}$	-0.062***	-0.009***	-0.005***	-0.013***	-0.021***	-0.018***	-0.015**	-0.008
	(-15.55)	(-3.28)	(-2.92)	(-5.78)	(-3.61)	(-5.51)	(-2.22)	(-0.94)
State$_{s,t-1}$	-0.015	-0.086	0.236***	-0.168**	-0.430**	0.013	-0.457*	-0.137
	(-0.10)	(-0.96)	(3.47)	(-2.45)	(-2.47)	(0.11)	(-1.73)	(-0.53)
Lev$_{s,t-1}$	0.891**	0.240	0.586***	0.346*	2.406***	0.638**	-0.659	0.310
	(2.22)	(0.92)	(2.89)	(1.90)	(4.44)	(2.19)	(-0.88)	(0.51)
ROE$_{s,t-1}$	1.672**	0.375	-0.075	0.617	1.254	-1.736**	-4.378**	1.611
	(2.02)	(0.70)	(-0.17)	(1.45)	(1.09)	(-2.15)	(-2.04)	(1.39)
Lnsize$_{s,t-1}$	-0.451***	-0.082	-0.341***	0.016	-0.152	-0.195**	-0.133	-0.329
	(-4.75)	(-1.41)	(-7.41)	(0.35)	(-1.12)	(-2.43)	(-0.80)	(-1.33)
OCF$_{s,t-1}$	-0.147*	0.063	-0.017	-0.062*	-0.025	-0.064	0.010	0.663**
	(-1.66)	(1.57)	(-0.50)	(-1.72)	(-0.27)	(-1.13)	(0.08)	(2.14)
EPS$_{s,t-1}$	1.454***	-0.013	0.224**	0.108	-0.070	0.528***	0.475	-0.961*
	(6.30)	(-0.12)	(2.43)	(1.06)	(-0.30)	(2.97)	(1.17)	(-1.75)
STD$_{s,t-1}$	-0.012	-0.021**	0.007	-0.009	-0.022	-0.021	0.184***	-0.052*
	(-0.59)	(-1.97)	(0.62)	(-0.71)	(-0.52)	(-1.29)	(4.22)	(-1.71)
Invest$_{s,t-1}$	0.645**	0.306	0.070	0.213	0.153	0.449**	1.428***	-0.947
	(2.31)	(1.63)	(0.51)	(1.50)	(0.40)	(2.17)	(3.19)	(-1.16)
Volatility$_{s,t-1}$	2.339***	0.015	0.085	0.113	-0.240	0.077	0.364	0.565
	(13.35)	(0.21)	(1.23)	(1.34)	(-1.40)	(0.76)	(1.50)	(1.35)
BETA$_{s,t-1}$	-0.988***	-0.527***	-0.338***	-0.280**	-0.649*	-0.822***	-0.892**	-0.738*
	(-3.63)	(-3.58)	(-3.03)	(-2.31)	(-1.89)	(-4.45)	(-1.99)	(-1.72)
TRADE$_{s,t-1}$	-0.000***	-0.000**	0.000**	-0.000	-0.000	-0.000	-0.000	0.000
	(-4.08)	(-2.28)	(2.53)	(-0.79)	(-1.02)	(-0.11)	(-1.18)	(1.07)
TURN$_{s,t-1}$	-0.990***	-0.106	-0.042	-0.046	0.059	0.074	0.248	-0.418
	(-8.61)	(-1.39)	(-0.81)	(-0.84)	(0.36)	(0.83)	(1.35)	(-0.81)

第五章 风险提示信息与公司外部治理机制

续表

解释变量	被解释变量							
	INST1$_{s,t}$			INST2$_{s,t}$				
	FUND$_{s,t}$	QFII$_{s,t}$	SSF$_{s,t}$	QS$_{s,t}$	TC$_{s,t}$	IC$_{s,t}$	FS$_{s,t}$	EA$_{s,t}$
DIVI$_{s,t-1}$	0.631*** (4.13)	0.054 (0.43)	0.065 (0.85)	0.018 (0.23)	-0.078 (-0.45)	0.082 (0.67)	-0.021 (-0.08)	0.210 (0.81)
Age$_{s,t-1}$	-0.031** (-2.31)	0.007 (0.81)	-0.011* (-1.67)	-0.006 (-1.00)	0.013 (0.85)	-0.001 (-0.10)	0.044** (2.01)	0.020 (0.68)
Year/IND	控制	控制	控制	控制	控制	控制	控制	控制
R-squared	0.2599	0.1776	0.0797	0.0796	0.0961	0.1169	0.3282	0.0956
F	56.63***	8.60***	7.25***	7.10***	3.56***	7.21***	4.12***	1.25***
N	8084	823	2150	2210	1210	2016	199	69

注：***表示在1%水平下显著，**表示在5%水平下显著，*表示在10%水平下显著。已对回归方程中的异方差问题进行了检验和处理，括号内提供的T值经过异方差稳健修正。

（二）风险信息对分析师跟进影响机构投资者持股关系的调节作用

表5-6显示了风险提示信息作用下的分析师跟进与总体以及两类机构投资者持股的回归结果，表5-6的第一列、第三列以及第五列显示了风险提示信息单独作用下的分析师跟进数量对机构投资者持股的影响，由回归结果可以看出，风险提示信息（Risk$_{s,t-1}$）与机构投资者整体持股（INST$_{s,t}$）呈显著的负相关，与积极独立型机构投资者持股（INST1$_{s,t}$）呈显著的正相关，而与消极非独立型机构投资者持股（INST2$_{s,t}$）呈显著的负相关。这一结果表明，从总体上看风险提示信息对机构投资者持股产生了负向的影响，但由于积极独立型机构投资者因具备较强的专业技能，积极参与公司治理，因而能够对有关的风险信息合理"消化"，当项目风险较高时，基于预期收益的考量可能会增加持股，这与已有的研究（黄顺武和雷磊，2015）相符合。而相比之下，消极非独立型机构投资者由于与公司不存在过多的商业关系，因而对风险信息更多地持保守的态度，在风险增大时一般会减少持股。

表5-6 风险信息作用下的分析师跟进与各类机构投资者持股的回归结果

解释变量	被解释变量					
	INST$_{s,t}$		INST1$_{s,t}$		INST2$_{s,t}$	
Report$_{s,t-1}$	0.010*** (7.25)	0.012*** (5.99)	0.107*** (23.35)	0.097*** (14.53)	0.003** (2.29)	0.004*** (2.64)

续表

解释变量	被解释变量					
	$INST_{s,t}$		$INST1_{s,t}$		$INST2_{s,t}$	
$Risk_{s,t-1}$	-0.005* (-1.76)	-0.002 (-0.50)	1.848*** (3.16)	0.566 (0.81)	-0.005** (-2.05)	-0.002 (-0.58)
$Report_{s,t-1} \times Risk_{s,t-1}$		-0.005 (-1.27)		0.074** (2.00)		-0.000* (-1.70)
$Dual_{s,t-1}$	-0.022 (-0.39)	-0.023 (-0.40)	0.281 (1.63)	0.278 (1.62)	0.045 (0.89)	0.044 (0.88)
$Firstown_{s,t-1}$	-0.007*** (-4.36)	-0.007*** (-4.36)	-0.061*** (-13.99)	-0.061*** (-13.97)	-0.007*** (-4.62)	-0.007*** (-4.62)
$State_{s,t-1}$	0.071 (1.12)	0.069 (1.09)	0.043 (0.25)	0.052 (0.31)	-0.075 (-1.36)	-0.077 (-1.39)
$Lev_{s,t-1}$	0.464*** (2.88)	0.469*** (2.91)	0.780* (1.73)	0.797* (1.77)	0.329** (2.36)	0.334** (2.40)
$ROE_{s,t-1}$	0.596* (1.87)	0.608* (1.91)	1.746* (1.86)	1.669* (1.77)	0.442 (1.58)	0.453 (1.62)
$Lnsize_{s,t-1}$	0.035 (0.90)	0.035 (0.89)	-0.427*** (-4.01)	-0.442*** (-4.15)	0.095*** (2.81)	0.095*** (2.80)
$OCF_{s,t-1}$	-0.072** (-2.14)	-0.073** (-2.17)	-0.165 (-1.64)	-0.165 (-1.64)	-0.066** (-2.25)	-0.067** (-2.28)
$EPS_{s,t-1}$	0.190** (2.18)	0.184** (2.10)	1.577*** (6.06)	1.608*** (6.18)	0.072 (0.97)	0.065 (0.88)
$STD_{s,t-1}$	-0.008 (-0.78)	-0.007 (-0.77)	-0.024 (-1.08)	-0.025 (-1.10)	-0.008 (-0.98)	-0.008 (-0.96)
$Invest_{s,t-1}$	0.511*** (4.28)	0.513*** (4.29)	0.824*** (2.63)	0.810*** (2.59)	0.529*** (5.28)	0.530*** (5.28)
$Volatility_{s,t-1}$	0.083 (1.38)	0.084 (1.40)	2.489*** (12.48)	2.481*** (12.45)	0.008 (0.17)	0.009 (0.18)
$BETA_{s,t-1}$	-0.494*** (-4.67)	-0.497*** (-4.70)	-1.315*** (-4.28)	-1.312*** (-4.27)	-0.277*** (-3.03)	-0.280*** (-3.06)
$TRADE_{s,t-1}$	-0.000** (-2.12)	-0.000** (-2.11)	-0.000*** (-3.89)	-0.000*** (-3.83)	-0.000** (-2.24)	-0.000** (2.36)

续表

解释变量	被解释变量					
	$INST_{s,t}$		$INST1_{s,t}$		$INST2_{s,t}$	
$TURN_{s,t-1}$	0.054 (1.17)	0.054 (1.19)	-1.001*** (-7.73)	-1.007*** (-7.77)	0.075* (1.91)	-0.000** (-2.23)
$DIVI_{s,t-1}$	0.030 (0.44)	0.029 (0.44)	0.745*** (4.45)	0.733*** (4.39)	-0.022 (-0.37)	0.075* (1.93)
$Age_{s,t-1}$	-0.005 (-0.93)	-0.005 (-0.89)	-0.039** (-2.55)	-0.039** (-2.56)	0.010** (2.20)	-0.022 (-0.37)
Year/IND	控制	控制	控制	控制	控制	控制
R-squared	0.0730	0.0731	0.2790	0.2796	0.0407	0.0408
F	17.12***	16.73***	56.95***	55.51***	8.31***	8.09***
N	16761	16761	11057	11057	5704	5704
Chow 检验			chi2(34)=1707.13 Prob>chi2=0.0000			

注：＊＊＊表示在1%水平下显著，＊＊表示在5%水平下显著，＊表示在10%水平下显著。已对回归方程中的异方差问题进行了检验和处理，括号内提供的T值经过异方差稳健修正。

表5-6的第二列、第四列以及第六列则显示了风险提示信息与分析师跟进数量的交乘作用对机构投资者持股的影响，由回归结果可以看出，首先，对于机构投资者整体持股（$INST_{s,t}$）而言，交乘项的结果为不显著的负相关，说明分析师跟进行为与风险信息二者共同作用会降低分析师跟进的积极影响，投资者们基于风险的考量可能不会盲目地追随分析师的选择。其次，对于积极独立型机构投资者（$INST1_{s,t}$），两种信息交乘后与持股决策在5%水平上保持显著的正相关关系，说明此类机构投资者在两种信息的同向影响下，仍会积极参考分析师的意见，但从显著程度上看，参考的程度会降低，即二者相互作用使机构投资者做出了更加稳健的持股决策。再次，对于消极非独立型机构投资者（$INST2_{s,t}$），两种信息的交乘与持股决策在10%水平上保持显著的负相关关系，表明此类投资者在面对分析师提供的信息与风险提示信息相互博弈的情形时，基于风险的考量不会盲目地追随分析师的选择，风险提示信息减弱了机构持股的分析师促进作用。这些结果使假设2得到了验证。

同时，由于第二列中交乘项的结果不显著，这可能是由于分组后样本数相差较大，组间样本差异较大，导致没有呈现出变量之间显著的相关关系。为了验证这两组回归系数是否在统计上存在显著差异，本书进一步进行了Chow检验。检验结果表明，Chi2值为1707.13，经验P值为0.0000，说明可以在1%的显著水平上拒绝原假设，认为两组数据的回归系数存在统计上的显著差异，这使假设2

的回归结果进一步得到验证。

(三) 分析师跟进、风险信息对机构投资者持股经济后果的影响

表5-7显示了机构投资者整体持股以及两类持股分别与息税前利润进行回归的结果。其中，表5-7的第一列至第三列列示的是息税前利润（EBIT）与当期的机构投资者整体持股（INST）、积极独立型机构投资者持股（INST1）以及消极非独立型机构投资者持股（INST2）的回归结果，由该结果可以看出，INST以及INST1均与EBIT在1%水平上呈显著的正相关，而INST2则与EBIT在1%水平上呈显著的负相关，这表明机构投资者整体上有利于公司绩效的提升，但并非所有类型的机构投资者持股均会导致这样良好的经济后果。其中，积极独立型机构投资者持股促进了公司业绩的发展，扮演着有效监督者的角色，而消极非独立型机构投资者持股则抑制了公司绩效的提高，扮演着利益摄取者的角色，这与已有研究的结论（唐松莲，2009）也相符合。

表5-7 机构投资者持股与息税前利润的回归结果

解释变量	被解释变量 EBIT								
INST	0.356*** (5.70)			0.482*** (6.47)			3.913*** (1.085)		
INST1		0.630*** (4.15)			1.464*** (7.93)			5.393*** (1.444)	
INST2			-2.042*** (-3.09)			-1.994** (-2.54)			-204.9 (209.6)
Mancash	8.692*** (5.15)	8.958*** (5.26)	10.143*** (5.98)	6.858*** (3.49)	5.739*** (2.88)	8.872*** (4.46)	-5.645 (5.225)	-0.687 (3.850)	15.00* (8.600)
Manstock	2.488*** (5.91)	2.295*** (5.53)	2.298*** (5.47)	2.177*** (4.41)	1.900*** (3.92)	2.025*** (4.12)	3.203*** (0.581)	1.663*** (0.564)	-2.517 (5.362)
Bsize	0.354 (0.36)	0.536 (0.54)	0.487 (0.49)	0.083 (0.07)	0.444 (0.40)	0.278 (0.25)	-1.249 (1.283)	0.738 (1.196)	4.312 (5.376)
IDsize	161.47*** (5.72)	164.74*** (5.84)	162.73*** (5.76)	167.29*** (4.94)	174.69*** (5.16)	169.28*** (4.98)	138.6*** (36.35)	180.1*** (33.59)	203.4** (91.76)
Dual	2.112 (1.10)	2.402 (1.25)	2.503 (1.30)	0.681 (0.32)	0.895 (0.42)	1.254 (0.59)	-2.085 (3.077)	2.325 (2.328)	17.19 (17.49)
Lnsize	62.289*** (29.80)	62.252*** (29.59)	62.955*** (29.74)	63.827*** (25.94)	63.068*** (25.58)	64.600*** (25.87)	61.95*** (2.590)	61.59*** (2.468)	97.29*** (31.94)

续表

解释变量	被解释变量								
	EBIT								
growth	0.462	0.906	1.605	2.775**	2.957**	3.935***	-16.20***	-15.25***	-27.59
	(0.39)	(0.77)	(1.35)	(2.08)	(2.24)	(2.96)	(4.195)	(3.496)	(22.94)
state	1.414	1.363	1.126	-1.538	-1.155	-1.466	0.490	1.347	-4.029
	(0.45)	(0.44)	(0.36)	(-0.43)	(-0.33)	(-0.41)	(4.266)	(3.678)	(14.58)
Year/IND	控制	控制	控制	控制	控制	控制	控制	控制	控制
R-squared	0.4496	0.4483	0.4479	0.4393	0.4411	0.4359	0.2405	0.4095	0.0789
F	48.77***	51.04***	48.54***	204.71***	206.15***	201.86***	1539.5***	1901.7***	505.45***
N	7020	7020	7020	7020	7020	7020	7020	7020	7020

注：***表示在1%水平下显著，**表示在5%水平下显著，*表示在10%水平下显著。已对回归方程中的异方差问题进行了检验和处理，括号内提供的T值经过异方差稳健修正。

另外，为了防止上述显著的正相关关系来源于机构投资者自身具有较好的选股能力（即可能存在联立性偏误），本书将所有的解释变量滞后一期后再与息税前利润（EBIT）进行回归，得到的结果列示在表5-7的第四列至第六列。由该结果可以看出，息税前利润（EBIT）仍与机构投资者整体持股（INST）以及积极独立型机构投资者持股（INST1）保持显著正相关，而与消极非独立型机构投资者持股（INST2）保持显著的负相关关系，这从一定程度上说明两者之间内生性问题较小，机构投资者持股的确能够完善公司治理。当然，当机构投资者对上市公司的持股时间较长时，仅采用解释变量滞后一期的做法可能不能较好地解决联立性偏误问题，因此，本书使用股票换手率（TURN）和盈余波动度（STD）作为机构投资者持股的工具变量，运用两阶段最小二乘法再次进行回归，得到的结果列示在表5-7的第七列至第九列。由该结果可以看出，息税前利润（EBIT）与机构投资者整体持股（INST）以及积极独立型机构投资者持股（INST1）仍然保持显著的正相关关系，而与消极非独立型机构投资者持股（INST2）保持微弱的负相关关系，再次证实了机构投资者持股与息税前利润之间存在上述关系。

表5-8则显示了机构投资者整体持股以及两类持股分别与托宾Q进行回归的结果。其中，表5-8的第一列至第三列列示的是息税前利润（EBIT）与当期的机构投资者整体持股（INST）、积极独立型机构投资者持股（INST1）以及消极非独立型机构投资者持股（INST2）的回归结果，第四列至第六列列示的是息税前利润（EBIT）与滞后一期的解释变量的回归结果，第七列至第九列列示的是使用股票换手率（TURN）和盈余波动度（STD）作为机构投资者持股的工具变量进行两阶段

回归的结果,这些结果与表5-7中的有关结果基本保持一致,再次说明了机构投资者整体以及各类机构投资者持股产生了不同的经济后果。

表5-8 机构投资者持股与托宾Q的回归结果

解释变量	被解释变量 Tobin'Q								
INST	0.012*** (11.61)			0.009*** (8.10)			0.131*** (0.0221)		
INST1		0.081*** (25.80)			0.058*** (19.37)			0.192*** (0.0223)	
INST2			-0.010 (-0.93)			-0.020* (-1.84)			-5.934 (6.122)
Mancash	0.321*** (10.31)	0.213*** (7.07)	0.373*** (11.90)	0.231*** (7.29)	0.145*** (4.66)	0.270*** (8.44)	-0.230** (0.109)	-0.0791 (0.0618)	0.470* (0.256)
Manstock	0.019** (2.27)	0.005 (0.60)	0.014* (1.70)	0.006 (0.70)	-0.003 (-0.38)	0.004 (0.44)	0.0298** (0.0138)	-0.0230** (0.0101)	-0.140 (0.159)
Bsize	-0.001 (-0.06)	0.013 (1.14)	0.003 (0.24)	-0.007 (-0.57)	0.005 (0.39)	-0.004 (-0.32)	-0.0473* (0.0244)	0.0218 (0.0149)	0.132 (0.165)
IDsize	2.145*** (5.70)	2.429*** (6.74)	2.218*** (5.83)	1.917*** (4.94)	2.184*** (5.74)	1.962*** (5.02)	1.136 (0.696)	2.660*** (0.462)	3.895 (2.954)
Dual	0.026 (0.59)	0.032 (0.77)	0.039 (0.87)	0.027 (0.58)	0.027 (0.59)	0.036 (0.77)	-0.0814 (0.0800)	0.0594 (0.0516)	0.448 (0.472)
Lnsize	-0.941*** (-39.13)	-0.972*** (-40.72)	-0.928*** (-38.44)	-0.843*** (-35.24)	-0.883*** (-36.56)	-0.831*** (-34.59)	-1.039*** (0.0464)	-1.069*** (0.0361)	-0.0483 (0.881)
growth	0.337*** (7.89)	0.314*** (7.57)	0.369*** (8.59)	0.085** (1.98)	0.073* (1.72)	0.105** (2.44)	0.294** (0.120)	0.321*** (0.0881)	0.0520 (0.649)
state	-0.063 (-1.28)	-0.061 (-1.30)	-0.069 (-1.38)	-0.096* (-1.85)	-0.086* (-1.72)	-0.093* (-1.78)	-0.111 (0.0968)	-0.0888 (0.0599)	-0.272 (0.441)
Year/IND	控制	控制	控制	控制	控制	控制	控制	控制	控制
R-squared	0.4692	0.5316	0.4605	0.4585	0.4868	0.4534	0.4096	0.3249	0.0916
F	162.96***	178.99***	160.13***	213.55***	239.11***	209.20***	5800***	4600***	1297***
N	6779	6779	6779	6779	6779	6779	6779	6779	6779

注:***表示在1%水平下显著,**表示在5%水平下显著,*表示在10%水平下显著。已对回归方程中的异方差问题进行了检验和处理,括号内提供的T值经过异方差稳健修正。

结合表5-4和表5-6中得到的回归结果我们可以看出,首先,分析师跟进整体上促进了机构投资者的持股,在区分机构投资者的类型后该关系依然存在,虽然对两类机构投资者持股促进的强度不同,但该促进作用并非完全有助于产生良好的经济后果，就消极非独立型机构投资者来看，其持股对于公司绩效明显产生了抑制作用，因此该类持股的增加无疑会加剧其对公司业绩产生的负面影响。其次，当加入风险信息后，对于积极独立型机构投资者，两种信息交乘与持股决策仍然保持显著的正相关关系，说明此类机构投资者在参考两种信息后做出增持决策的可能性较高，而积极独立型机构投资者持股对公司业绩的发展产生的是促进作用，这表明风险信息与分析师跟进共同作用后，通过增大此类机构投资者的持股比例增强了该持股产生的积极公司治理效果。而对于消极非独立型机构投资者，两种信息的交乘与持股决策变为显著的负相关关系，说明此类投资者在面对分析师提供的信息与风险提示信息相互博弈时做出减持决策的可能性较高，而消极非独立型机构投资者持股对公司业绩的发展产生的是抑制作用，这表明风险信息与分析师跟进共同作用后，通过减少此类机构投资者的持股比例减轻了该持股产生的不良公司治理效果。总的来看，机构投资者单独依赖分析师跟进意见做出的持股决策往往并非完全有助于其产生良好的经济后果，而风险信息的加入通过弱化分析师跟进对机构投资者持股的促进作用使得机构持股决策更加稳健，同时也促使机构持股产生更良好的治理效果。以上结果使假设3得到了验证。

第五节 内生性检验与稳健性测试

一、内生性检验

机构投资者持股与分析师跟进数量很可能是被不可观测的因素同时决定而存在内生性问题，因此本书采用两阶段回归来控制内生性问题的影响。根据已有研究（叶建芳等，2009），将分析师跟进（$Report_{s,t-1}$）与市净率（$Pb_{s,t-1}$）、分析师跟进数量滞后三期（$Report_{s,t-3}$）二者相关联建立了第一阶段的回归模型，如下式所示：

$$Report_{s,t-1} = \beta_0 + \beta_1 Pb_{s,t-1} + \beta_2 Report_{s,t-3} + \beta_3 Risk_{s,t-1} + \beta_4 Control_{s,t-1} + \varepsilon$$

由表5-9我们可以看出，首先从工具变量的解释力来说，Shea Partial R^2 的数值很高，达到0.3194，F值为534.202，可以拒绝"工具变量没有解释力"的原假设。"弱工具变量"的问题在这里也并不严重。其次，过度识别检验显示，至少一个工具变量是有效的。最后，Durbin-Wu-Hausman 检验的结果显示，两阶段最小二乘的回归系数与普通最小二乘回归系数没有显著差异。同时，我们也发现表5-9的回归结果与表5-6中风险信息作用下的分析师跟进与机构投资者

表5-9 分析师跟进与机构投资者持股（2SLS回归分析）

解释变量	第一阶段	第二阶段
	被解释变量	
	$Report_{s,t-1}$	$INST_{s,t}$
$Report_{s,t-1}$		0.00859** （0.004）
$Risk_{s,t-1}$	-0.0430 （0.030）	-0.0153*** （0.005）
$Pb_{s,t-1}$	2.187*** （0.291）	
$Report_{s,t-3}$	0.533*** （0.019）	
$Dual_{s,t-1}$	-0.159 （0.631）	-0.160 （0.104）
$Firstown_{s,t-1}$	-0.113*** （0.019）	-0.00956* （0.005）
$State_{s,t-1}$	-3.284*** （0.688）	-0.218 （0.161）
$Lev_{s,t-1}$	-6.880*** （1.984）	1.021*** （0.394）
$ROE_{s,t-1}$	19.05*** （5.432）	0.0471 （0.851）
$Lnsize_{s,t-1}$	4.538*** （0.543）	-0.0570 （0.101）
$OCF_{s,t-1}$	0.0162 （0.387）	-0.215*** （0.074）
$EPS_{s,t-1}$	10.37*** （1.255）	0.540*** （0.184）
$STD_{s,t-1}$	0.152* （0.081）	-0.00129 （0.015）
$Invest_{s,t-1}$	-2.658** （1.314）	0.626** （0.313）
$Volatility_{s,t-1}$	0.806 （0.889）	-0.0287 （0.131）
$BETA_{s,t-1}$	1.575 （1.135）	-1.014*** （0.267）
$TRADE_{s,t-1}$	-0.000 （0.000）	0.000 （0.000）
$TURN_{s,t-1}$	-0.671 （0.517）	0.117 （0.132）
$DIVI_{s,t-1}$	1.006 （0.640）	0.0287 （0.128）
$Age_{s,t-1}$	-0.277*** （0.059）	-0.0038 （0.011）
常数项	-88.18*** （13.37）	3.408 （2.458）
N	16761	16761
R-squared	0.577	0.052

Shea Partial $R^2 = 0.3194$，$F = 534.202$，$P = 0.0000$
Sargan 过度识别统计量 $Chi2 = 0.8954$，$P = 0.3440$
Durbin-Wu-Hausman 内生性检验 $F = 3.95084$，$P = 0.0469$

注：***表示在1%水平下显著，**表示在5%水平下显著，*表示在10%水平下显著。有关市净率（$Pb_{s,t-1}$）的指标解释附在变量定义表的底部，已对回归方程中的异方差问题进行了检验和处理，括号内提供的T值经过异方差稳健修正。

持股的回归结果基本一致。因此,我们可以认为"遗漏变量"导致的一定的内生性问题在本文中并不影响我们的分析结论。

二、稳健性检验

为了保证检验结果的可靠性,进行了以下几个方面的稳健性测试:
(一)分析师跟进替代变量的稳健性测试

在衡量分析师跟进的数量时,借鉴李春涛等(2014)的做法,我们采用跟踪一个上市公司的机构数目(即券商分析师在过去的一个财务年度中,只要发布过某一家上市公司的至少一份盈利预测或评级报告就被看作跟踪了这家上市公司)替换原有的分析师发布研报的数量,形成替代因变量 $Report1_{s,t-1}$ 对假设1与假设2的回归模型进行敏感性测试。

表5-10与表5-11中的实证结果表明,首先,分析师跟进数量($Report_{s,t-1}$)与机构投资者整体持股($INST_{s,t}$)、积极独立型机构投资者($INST1_{s,t}$)以及消极非独立型机构投资者($INST2_{s,t}$)均在1%水平上显著正相关。进一步来看,分析师跟进数量($Report_{s,t-1}$)与基金($FUND_{s,t}$)、QFII、社保基金($SSF_{s,t}$)均在1%水平上呈显著正相关,而与企业年金($EA_{s,t}$)及信托公司($TC_{s,t}$)仅在10%水平上显著正相关,与保险公司($IC_{s,t}$)、券商($QS_{s,t}$)、财务公司($FS_{s,t}$)均呈现出不显著的相关关系。这与前文表5-4与表5-5中的多元回归结果基本一致,证实了本书的研究结论具有稳健性。

表5-10 分析师跟进替代变量的稳健性测试结果(一)

解释变量	被解释变量		
	$INST_{s,t}$	$INST1_{s,t}$	$INST2_{s,t}$
$Report_{s,t-1}$	0.265 *** (10.50)	0.270 *** (30.29)	0.011 *** (4.58)
Year/IND	控制	控制	控制
R-squared	0.070	0.292	0.032
F	23.85 ***	83.71 ***	9.47 ***
N	16761	11057	5704

注:***表示在1%水平下显著,**表示在5%水平下显著,*表示在10%水平下显著。已对回归方程中的异方差问题进行了检验和处理,括号内提供的T值经过异方差稳健修正。为了节省篇幅,表中的控制变量不再列示,资料备索,下表同。

表 5-11 分析师跟进替代变量的稳健性测试结果（二）

解释变量	被解释变量							
	INST1$_{s,t}$			INST2$_{s,t}$				
	FUND$_{s,t}$	QFII$_{s,t}$	SSF$_{s,t}$	QS$_{s,t}$	TC$_{s,t}$	IC$_{s,t}$	FS$_{s,t}$	EA$_{s,t}$
Report$_{s,t-1}$	0.245*** (28.70)	0.016*** (4.08)	0.010*** (3.39)	-0.002 (-0.59)	0.015* (1.74)	0.006 (1.05)	-0.008 (-0.65)	0.026* (1.85)
Year/IND	控制	控制	控制	控制	控制	控制	控制	控制
R-squared	0.2779	0.1662	0.0753	0.0840	0.0840	0.1086	0.3353	0.1009
F	74.52***	8.49***	7.63***	8.76***	3.76***	7.14***	4.59***	1.32***
N	8084	823	2150	2210	1210	2016	199	69

注：***表示在1%水平下显著，**表示在5%水平下显著，*表示在10%水平下显著。已对回归方程中的异方差问题进行了检验和处理，括号内提供的T值经过异方差稳健修正。

表 5-12 中的实证结果表明，风险提示信息（Risk$_{s,t-1}$）与机构投资者整体持股（INST$_{s,t}$）以及消极非独立型机构投资者持股（INST2$_{s,t}$）呈不显著的负相关，与积极独立型机构投资者持股（INST1$_{s,t}$）呈显著的正相关。加入交乘项后，对于机构投资者整体持股（INST$_{s,t}$）而言，交乘项的结果为10%水平上的显著负相关；对于积极独立型机构投资者（INST1$_{s,t}$），交乘项与持股决策在5%水平上保持显著的正相关关系；对于消极非独立型机构投资者（INST2$_{s,t}$），交乘后与持股决策在1%水平上保持显著的正相关关系，这与前文表5-6中的多元回归结果也基本一致，进一步证实了本书的研究结论具有稳健性。

表 5-12 分析师跟进替代变量的稳健性测试结果（三）

解释变量	被解释变量					
	INST$_{s,t}$		INST1$_{s,t}$		INST2$_{s,t}$	
Report$_{s,t-1}$	0.030*** (10.13)	0.035*** (8.64)	0.277*** (28.80)	0.257*** (18.75)	0.011*** (4.21)	0.016*** (4.72)
Risk$_{s,t-1}$	-0.003 (-1.46)	-0.000 (0.12)	1.647*** (3.49)	0.601 (1.16)	-0.055 (-0.34)	-0.001 (0.27)
Report$_{s,t-1}$ × Risk$_{s,t-1}$		-0.000* (-1.92)		0.147** (2.07)		-0.001*** (-2.71)
Year/IND	控制	控制	控制	控制	控制	控制
R-squared	0.0731	0.0720	0.2520	0.2830	0.0406	0.0408
F	17.23***	16.58***	56.83***	55.64***	8.20***	8.09***
N	16761	16761	11057	11057	5704	5704

注：***表示在1%水平下显著，**表示在5%水平下显著，*表示在10%水平下显著。已对回归方程中的异方差问题进行了检验和处理，括号内提供的T值经过异方差稳健修正。

(二) 风险信息替代变量的稳健性测试

在衡量风险提示信息的数量时，借鉴罗彪等（2014）的做法，我们采用分类风险强度（即将与市场风险以及财务风险有关的词频字节数除以董事会报告总长度，得到分类风险强度的标准化测量结果）替换原先的总风险强度，形成替代因变量 $Riskqd_{s,t-1}$ 对假设2的回归模型进行敏感性测试。表5-13中的实证结果表明，首先，风险提示信息（$Riskqd_{s,t-1}$）单独与机构投资者整体持股（$INST_{s,t}$）以及消极非独立型机构投资者持股（$INST2_{s,t}$）呈显著的负相关关系，与积极独立型机构投资者持股（$INST1_{s,t}$）呈不显著的负相关关系。其次，风险提示信息（$Riskqd_{s,t-1}$）与分析师跟进（$Report_{s,t-1}$）交乘后与机构投资者整体持股（$INST_{s,t}$）呈不显著的负相关关系，与积极独立型机构投资者持股（$INST1_{s,t}$）在1%水平上保持显著的正相关关系，与消极非独立型机构投资者持股（$INST2_{s,t}$）在5%水平上保持显著的负相关关系，这与前文多元回归结果也基本一致，进一步使本书的研究结论得到验证。

表5-13 风险信息替代变量的稳健性测试结果

解释变量	被解释变量					
	$INST_{s,t}$		$INST1_{s,t}$		$INST2_{s,t}$	
$Report_{s,t-1}$	0.010***	0.012***	0.101***	0.093***	0.003**	0.004***
	(7.44)	(6.44)	(23.67)	(15.52)	(2.44)	(2.91)
$Riskqd_{s,t-1}$	-7.581***	-6.509**	-0.948	-12.485*	-4.554**	-3.944*
	(-3.07)	(-2.55)	(-0.14)	(-1.73)	(-2.11)	(-1.76)
$Report_{s,t-1} \times Riskqd_{s,t-1}$		-0.000		0.100***		-0.000**
		(-1.48)		(3.18)		(-2.33)
Year/IND	控制	控制	控制	控制	控制	控制
R-squared	0.0498	0.0501	0.2707	0.279	0.038	0.042
F	11.14***	9.88***	60.23***	55.49***	8.58***	8.32***
N	16761	16761	11057	11057	5704	5704
Chow 检验			chi2（34）=1785.77 Prob > chi2 = 0.0000			

注：***表示在1%水平下显著，**表示在5%水平下显著，*表示在10%水平下显著。已对回归方程中的异方差问题进行了检验和处理，括号内提供的T值经过异方差稳健修正。

（三）其他稳健性测试

为了进一步检验结果的稳健性，本书剔除了当年被ST的上市公司，考察正常上市的公司机构持股情况,回归结果如表5-14至表5-16所示。表5-14至表5-16的回归结果与前文多元回归结果基本一致,再次证实了本书的研究结论具有稳健性。

表5-14 其他稳健性测试结果(一)

解释变量	被解释变量		
	$INST_{s,t}$	$INST1_{s,t}$	$INST2_{s,t}$
$Report_{s,t-1}$	0.082*** (7.09)	0.101*** (23.69)	0.003** (2.48)
Year/IND	控制	控制	控制
R-squared	0.072	0.271	0.038
F	19.12***	62.03***	8.80***
N	16135	10698	5437

注:***表示在1%水平下显著,**表示在5%水平下显著,*表示在10%水平下显著。已对回归方程中的异方差问题进行了检验和处理,括号内提供的T值经过异方差稳健修正。

表5-15 其他稳健性测试结果(二)

解释变量	被解释变量							
	$INST1_{s,t}$			$INST2_{s,t}$				
	$FUND_{s,t}$	$QFII_{s,t}$	$SSF_{s,t}$	$QS_{s,t}$	$TC_{s,t}$	$IC_{s,t}$	$FS_{s,t}$	$EA_{s,t}$
$Report_{s,t-1}$	0.091*** (22.46)	0.007*** (3.90)	0.004*** (2.91)	-0.002 (-1.42)	0.006 (1.39)	0.002 (0.75)	-0.006 (-1.20)	0.014* (1.90)
Year/IND	控制	控制	控制	控制	控制	控制	控制	控制
R-squared	0.260	0.177	0.080	0.079	0.096	0.117	0.433	0.096
F	56.52***	8.56***	7.08***	6.96***	3.49***	6.93***	4.01***	1.25***
N	7843	788	2067	2081	1163	1951	179	63

注:***表示在1%水平下显著,**表示在5%水平下显著,*表示在10%水平下显著。已对回归方程中的异方差问题进行了检验和处理,括号内提供的T值经过异方差稳健修正。

表5-16 其他稳健性测试结果(三)

解释变量	被解释变量					
	$INST_{s,t}$		$INST1_{s,t}$		$INST2_{s,t}$	
$Report_{s,t-1}$	0.010*** (7.24)	0.012*** (5.94)	0.107*** (23.34)	0.097*** (14.39)	0.003** (2.26)	0.004*** (2.61)

续表

解释变量	被解释变量					
	INST$_{s,t}$		INST1$_{s,t}$		INST2$_{s,t}$	
Risk$_{s,t-1}$	-0.005* (-1.71)	-0.002 (-0.50)	1.904*** (3.22)	0.582 (0.83)	-0.005** (-1.99)	-0.002 (-0.54)
Report$_{s,t-1}$ × Risk$_{s,t-1}$		-0.000 (-1.22)		0.078** (2.06)		-0.000* (-1.70)
Year/IND	控制	控制	控制	控制	控制	控制
R-squared	0.049	0.050	0.279	0.280	0.041	0.042
F	10.17***	9.87***	56.87***	55.43***	8.46***	8.33***
N	16135	16135	10698	10698	5437	5437

注：***表示在1%水平下显著，**表示在5%水平下显著，*表示在10%水平下显著。已对回归方程中的异方差问题进行了检验和处理，括号内提供的T值经过异方差稳健修正。

第六节 本章小结

以我国A股上市公司为样本，在研究分析师跟进对机构投资者持股决策的影响的基础上，加入利用ROSTCM6等文本挖掘技术在上市公司年报中获取有关企业风险的文本信息作为分析师跟进决策的补充信息，对分析师跟进能否显著影响各类机构投资者的持股决策、风险信息能否作为分析师跟进影响机构投资者持股的渠道之一发挥信息补充作用以及在两类信息影响下机构持股的公司治理效应是否有所提升进行了实证检验。检验结果发现，分析师跟进总体上对机构投资者持股产生显著的正向影响，虽然影响的程度会因机构投资者类型不同而产生差异，但从一定程度上使得机构持股整体的公司治理效应变差。同时，风险信息发挥了补充信息作用，弱化了分析师跟进对机构投资者持股的促进效应，并进一步使得机构持股的公司治理效果整体上趋于完善。这些研究结果表明，首先，我国目前大部分机构投资者在进行持股决策时仍会采纳分析师的意见，与分析师跟进保持较为一致的上市公司选择，部分机构投资者由于专业技能较差、信息获取能力较低而缺乏获取更多信息的动力源，进而对分析师跟进意见关注较少。其次，非财务信息中具有预警价值的风险信息是影响分析师乃至机构投资者持股决策的重要因素，投资者们已越来越关注年报中的风险提示等非财务信息，仅依靠财务信息对企业现状做出判断的做法有失偏颇。最后，仅依赖分析师意见做出的持股决策未必有助于公司治理的完善，加入风险信息的考量更利于异质性机构投资者持股的上市公司绩效的提升，因而机构投资者的持股行为需要同时关注两者的共同作用，才能做出有利于资本市场发展的正确决策。

研究的主要启示包括：第一，尽管关于机构投资者的价值存在有效监督、利益冲突和战略联盟三大假说的不同争议，但是国外成熟的证券市场发展经验表明，机构投资者能够凭借其长期有效的投资经验以及规模经济优势，发挥事前监督机制和事后控制机制两方面的功能，在资本市场中减少由于个人非理性交易而造成的市场噪声，起到提高股价稳定性、促使资本市场回归理性等重要作用。我国机构投资者经历了数十年的发展，其交易数量与市场份额虽然实现了跨越式的发展，但与成熟资本市场相比还有较大的差距。从以往的文献来看，机构投资者对企业盈余管理行为、公司治理机制、信息披露透明度、公司股利政策等能够产生正向影响，并最终提高公司会计业绩和企业价值。根据以往对机构投资者持股决策的研究，那些盈利能力强、经营稳定、公司治理结构良好并且抗风险能力强的公司更容易获得机构投资者的青睐，这几乎是一个不需要检验的命题。问题在于当公司内部出现缺陷时，是否能够引起机构投资者的足够重视进而影响其持股行为呢？研究结论提示我们，存在内部控制缺陷公司的管理层可能会凌驾于内部控制制约约束之上，不仅会影响企业的经营活动和抗风险能力，还会使得管理人员误报或错报财务信息，降低公司提供给投资者的财务信息的价值，因此在资本市场中机构投资者要关注公司内部控制缺陷，分析并决定其合理的持股行为。第二，作为上市公司与投资者之间的信息中介，分析师在缓解外部投资者与公司内部之间的信息不对称方面发挥着重要作用：一方面，上市公司希望获得分析师的关注，进而提高公司的被认知程度；另一方面，投资者也需要通过分析师发布的报告来获取上市公司的财务信息，以降低信息搜寻成本。通过整理和考察每家公司的分析师跟踪人数对机构持股决策的影响，拓展了分析师跟踪的研究视角，尤其是通过利用手工整理得到的明星分析师数据考察了不同分析师的市场效应差异，为正确认识我国分析师在资本市场上的作用提供了新的证据，说明分析师在我国证券市场上可以起到较强的信号作用，上市公司在进行内部控制建设时也应重视证券分析师的作用，尤其是要关注不同类型分析师的信号价值差异。研究结论也提示人们，分析师追踪的研究既要基于监督效应或压力效应的视角来考察分析师追踪对公司内部治理的影响，更多地还要考虑分析师追踪的信号传递能否抑制或修正内部控制缺陷对机构持股决策的不良影响，以及分析师追踪人数减少的变化（表现为一种坏消息）如何影响机构投资者的持股行为。第三，利用会计信息的生成机制——内部控制缺陷这一特定问题以及外部分析师跟踪人数变化对投资者持股行为的影响,从静态和动态两个角度分析了公司内部控制缺陷和外部分析师跟踪对机构投资者持股行为的交互影响,说明企业要不断完善内部控制制度,持续改进内部控制质量,从而提高投资者持股行为的有效性,发挥机构投资者在公司运行中的治理作用。但是同时对于就机构投资者的持股行为而言,分析师信息决策价值的关注程度远远超过了对内部控制缺陷的关注,这将在很大程度上弥补国内学者在这方面的研究缺憾,丰富机构投资者持股行为的研究文献,也为机构投资者选股行为提供了新的实践指导。

第六章　风险提示信息与审计意见

在风险导向审计下，审计师不仅会关注公司财务与经营质量本身，还会关注与之有关的各种风险。然而，已有研究倾向于检验年报中披露的高负债财务信息、盈余管理行为等结构化信息对审计意见的影响，缺少对风险提示等大量非结构化信息在总体层面上如何影响审计意见的深入研究。与此同时，大量研究业已证实，高管人员在人口学上展现的外部特征能够在一定程度上代表其个人认知与心理偏好，并且这些特征对信息披露质量及审计意见类型均产生了重大影响。问题的重要性还在于，当前，中国正在进行制度政策层面的巨大变革，因众多法律制度尚处于发展初期，加之监管环境的不成熟使得有一些大规模会计师事务所利用跨国或者地区市场环境之间的差异性来相机调低审计质量，所以会计师事务所规模本身实质上并不能保证审计意见的稳健程度。因此，本书关注的首要问题是：审计师在执行审计的过程中是否将年报中披露的非财务性风险提示信息纳入考量范围？该信息作为企业整体风险的体现，与审计意见之间是否存在呼应抑或是某种内在关联？引起我们进一步思考的问题是：高管背景特征在审计意见的出具过程中究竟扮演了怎样的"角色"？在我国特殊的制度背景和市场环境下，大规模事务所在面临年报风险提示信息时是否一定能比小所具备更高警惕性从而出具更加稳健的审计意见？

基于上述问题，采用文本挖掘技术分析并量化年报中的风险提示信息，考察其对审计意见的影响，以及高管背景和会计师事务所规模的调节作用。研究发现：当年报中披露的风险提示信息越多时，上市公司获得非标审计意见的可能性越大。按照高管背景分组后发现，对于年龄越大、学历越高、一定周期内任职时间越长的女性高管而言，风险提示信息对非标审计意见的正向作用更显著。按照会计师事务所规模进一步分组后发现，规模越大的事务所越能加强高管背景与风险提示信息对非标审计意见的正向影响。研究结果表明：风险导向审计模式较好地考虑了年报风险提示信息的影响，而且高管的个人特征和事务所的外部环境有助于审计质量的保障，这为审计契约的签订和事务所的选择提供了经验证据。

第六章 风险提示信息与审计意见

第一节 问题提出

自 2008 年全球金融危机爆发后,资本市场出现了很多批评注册会计师的声音,投资者认为审计报告没有及时清晰地提示风险,审计意见可信度低,注册会计师未尽其责。伴随着经济活动的日益全球化和复杂化,传统审计报告模式体现的信息价值和使用者的预期之间已经出现明显的"期望差距"。为了与国际审计准则持续趋同,同时使审计报告更具决策价值,财政部在 2016 年 12 月 23 日发布了"新审计报告准则"的有关规定,要求审计师在审计报告中增加凭借其独立的第三方视角检查出的上市公司财报中风险较高的关键沟通事项。与此同时,中国注册会计师协会从 2011 年开始便实施了一种"新做法"以降低财务报告审计风险。"新做法"要求中注协应当定期就舞弊事实以及重大违约等风险事项约谈某些会计师事务所,而针对此做法的调查指出,在约谈过程中那些由于风险隐患较高被"点名"的企业,在年报中披露的业绩水平明显低于前期管理层进行的相关盈利预测,即审计师在接收外界风险提示信号之后会执行更加严格的审计标准(吴溪等,2014)。以上政策的提出从不同的角度阐述了在风险导向审计下,合理稳健审计意见的出具要求审计师不仅应当关注上市公司财务质量本身,还需要关注与之有关的各种风险。

已有文献中对于审计意见影响因素的研究主要集中在以下两方面:一是外部环境;二是客户特征。其中,从外部环境角度进行研究的文献主要集中在事务所规模、法律环境是否完善、制度环境是否完善等方面(原红旗和李海建,2003;朱小平,2003),而从客户特征角度进行研究的文献主要集中在公司的财务状况、公司治理以及近几年来的盈余管理和一些特殊事项,比如未决诉讼、企业公益性捐赠行为等(Lennox,2000;曾雪云和陆正飞,2016;韩丽荣等,2013;吴良海等,2017)。综合来看,大多数文献倾向于检验已有的结构化信息诸如财务信息、公司具体的事项或行为等对审计意见产生的影响,对风险提示等大量非结构化信息在总体层面上如何影响审计意见的研究有所欠缺。非结构化风险提示信息是企业根据政治经济、社会政策、科技发展、金融市场状况、竞争对手、产品供求关系等与经营发展有重大或潜在重大影响的外部环境因素,同时结合企业自身的各类财务和生产经营状况等内部条件的变化,对企业未来风险所进行的科学预测和提示报警。它作为财务信息的补充内容,在当前国内资本市场上充斥着大量缺乏专业知识的散户的现实情境下,将更有助于投资者确定相关风险在事前暴露和事后实现的可能性，提高决策质量。Hope 等（2016）研究发现，风险因素披露与股票短期价格反应及交易量之间存在明显的正相关关系，更具体的风险信息将有利于财务报表使用者进行判断；王雄元等（2017）指出，财务报告中非财务风险信息有利于提升分析师预测的准确程度。实际上，美国证券交易委员会（SEC）从 2005 年开始即要求所有公司在其年度报告中增加一个新章节，用来讨论"导致公司投机的最重要因素"。我国财政部则是自 2014 年起逐步发布有关规定，要求上市公司完善年报中"管理层讨论与分析"部分的风险披露内容。综合来看，审计师有理由将非结构化的风险提示信息纳入审计意见的考量范围，这与财务指标折射出的信息风险价值二者之间截然不同但能够相互补充。因此，本书期望从审计师角度探讨年报风险提示的信息价值，探究其在执行审计的过程中是否考虑了年报中披露的风险提示信息并将其在审计意见类型中加以体现。

值得注意的是，风险提示信息对审计意见产生影响并非是一个单一的输入输出系统，上市公司某些内外部环境因素会作用于该系统，作用的结果可能是使原先的输出效率更高、结果更加精确，也可能会抑制输出功效，降低输出质量。结合现实情况来看，能够对这一系统产生显著影响的内部因素之一是高管人员的特质，外部因素之一则是会计师事务所提供的审计环境。一方面，由于上市公司的高管人员在各项经营决策以及信息披露中具有较高的独立性和话语权，因此其通过滥用会计政策实施虚假信息披露的可能性很高，这在降低财务报告可信度的同时也对审计意见的出具产生重大影响。有研究发现，当高管团队成员在一些人口学特征诸如年龄、教育水平等方面体现的差异性越小时，公司选择的会计政策会越加稳健，决策水平亦更为客观准确（张兆国，2011）。更有研究显示，高管人员在思考有无实施会计违规操作必要的时候，其差异性的人口学特征会在随后的行为决策中得到明显的反馈，并且会进一步影响盈余管理和审计意见之间的相关关系（林丽萍和余佩斯，2017）。也就是说，高管的认知特征是决定其面临风险时采取何种态度的关键因素，而审计师的审计意见又是反映高管提供的会计信息是否真实公允的直接象征，审计意见的整个形成过程都离不开高管的配合，整个企业的审计环境等都影响到审计意见的类型。

另一方面，由于资金实力雄厚的大规模事务所往往能够提供更多的物质资源和人力资本完成审计测试，因而其作为影响风险提示信息与审计意见系统的后发力量，对于提高审计意见的质量亦至关重要。伴随着事务所脱钩改制的顺利实施，当前国内已经孕育出一批规模较大的事务所，制度的不断完善导致其在出现违约和侵权时将可能面临着更大的法律损失，其行业监管也在逐步增强。就专业胜任能力而言，规模较大的事务所相比于小所能够投入更多的要素资本参与审计过程，因而发现问题的概率也相应提升。就独立性而言，大所因其自身过硬的经济实力和审计资源,相比于小所更不易发生"客大欺店"的现象。Francis 和 Krishnan(1999)研究表明,对于应计项目明显较高的被审计公司,"六大"相比于"非六大"往往更易出具非标审计意见,即在审计时体现出更高的稳健性。然而,近些年来一些基于审计诉讼风险以及投资者保护理论视角的调查却发现,大规模事务所之所以能够维持较高的审计质量,在很大程度上取决于其所处的外部法律环境的完善性,即高额的赔偿费用会令大所在面对违约和侵权时望而却步(Khurana and Raman,2004;Allen et al.,2005),这与以往研究中大多数支持事务所规模增加会带来审计质量提升的传统观点大相径庭。Francis 和 Wang(2008)进行调查就指出,即使对于"四大",其审计质量也会因被审计单位所处地区制度环境的不同而产生差异,当被审计单位处于法律环境较为成熟的地区时,往往会接受更高质量的审计服务。刘峰和周福源(2007)针对国内事务所的研究也发现,法制环境是决定审计质量的关键因素,而规模本身实质上并不能保证审计意见的稳健程度。由此可见,在我国特殊的制度背景和市场环境下,大规模事务所在面临年报风险提示信息时是否一定能比小所具备更高警惕性从而出具更加稳健的审计意见的议题还未形成统一结论,有待于进一步研究。

因此,以我国 A 股上市公司为样本,以审计意见的标准与否来衡量审计质量,同时利用 ROSTCM6 等文本挖掘技术在上市公司年报中获取有关企业风险的文本信息,实证检验了审计师出具的审计意见类型与年报中披露的非财务性风险提示信息之间的现实关联,以及高管背景、会计师事务所规模在上述关系中是否能发挥调节作用。其理论意义在于:①拓展和深化了非财务性风险信息影响审计意见的理论研究。大量研究已证实风险导向审计是审计领域中一项至关重要的审计模式,而研究风险提示信息对审计意见的影响,能够帮助我们打开审计"黑匣子",厘清风险导向审计在操作实务中的作用机制,为审计决策行为有效性研究提供一个全新的视角,也为审计保险理论假说提供普适性的经验证据。②为风险会计以及风险报告框架建设提供理论支撑。国际标准制定机构正在积极探索和评估有关风险披露的各项要求,同时致力于开发风险报告框架(Tamer Elshandidy et al.,2018)。年报中披露的风险提示等非财务信息作为风险会计的一项重要内容,对其产生的经济后果进行测度将有助于上市公司不断完善其信息披露制度,同时为我们探索中国制度环境下的风险报告提供有益启发。③以公司的内部治理状态为桥梁,以审计的外部客观环境为依托,通过进一步探究高管背景特征以及事务所规模能否在风险提示信息与审计意见关系中发挥调节作用,建立起公司内外部治理机制与微观企业信息披露行为的互动分析框架,讨论这一内一外因素影响风险信息与审计行为的内在路径以及折射出的资源配置效率问题。一方面,揭示了高管差异性背景特征的风险偏好,呼应了 Jeffrey 等(2008)关于信息披露的战略择机假说（Strategic Timing Hypothesis）①；另一方面，从审计供给维度揭示出审计师对待风险信息的包容度，侧面肯定了事务所规模拓展对保证和提升执业质量的积极作用。

实践意义包括：①风险导向审计是审计师进行审计的重要模式，本章研究风险提示信息对审计意见的影响，一方面可以深化我们对审计师决策行为的理解，为投资者的投资决策提供依据；另一方面可以深化风险导向审计在审计实务中的应用，为监管部门监管审计质量提供依据。②通过调查不同背景特征下高管人员所扮演角色的差异，以及观察不同事务所规模下审计意见类型的差异，能够加深我们对高管作用渠道以及外部客观环境影响的认知，提供两类因素影响风险提示信息与审计意见的机理及其路径，这不但有助于为上市公司选拔人才提供理论依据，为注册会计师的审计行为提供重要的考量指标；而且有助于上市公司通过构建合理的高管团队来不断完善其信息披露制度，为新时期我国由政府推动主导的事务所扩张战略提供有益启示和战略反思。

创新之处在于：①开拓了文本分析方法在非结构化信息研究的新领域。在以往的研究中（薄仙慧和吴联生，2010；曾雪云和陆正飞，2016），大多采用Francis等（2005）、Kravet和Shevlin（2010）方法，通过结构化信息（可以数字化的数据信息，方便通过计算机和数据库技术进行管理）来衡量企业风险，这在存在大量非结构化信息（无法完全数字化的信息）的现实环境下，显得有一些不足之处。借鉴目前正在兴起的文本信息分析法，通过量化具有未来价值的管理层讨论内容（综合考虑企业微观状况、国家宏观经济政策等诸多方面的情况提出的风险提示信息），整体衡量企业的风险趋势，观察其是否以及如何影响审计意见的出具。既创新了研究方法，跟踪国际先进的文本分析技术，同时也能够帮助我们打开审计"黑匣"，厘清风险导向审计在操作实务中的作用机制，为审计行为有效性研究提供一个全新的视角。②当前，关于高层梯队理论在审计领域内的运用，大多数文献倾向于从高管薪酬、高管持股等单因素高管特征对审计意见的相关性进行探讨，而对于高管个性特征方面的研究较少，仅有的少数考虑其个性特征的文献也只是局限于高管特征与经营绩效、企业行为及资本结构选择的研究范畴。本书将高管在年龄、性别、学历、任期四方面展现的人口学特点与非财务性风险提示信息及审计意见相关联，主要基于"风险防御"动机视角研究了高管个人特征如何作用于风险信息披露与外部审计师判断，以区别于以往文献侧重于从谋求私人收益或"信息操纵"动机视角来考察上市公司非财务信息披露行为，

---

① 战略择机假说是Jeffrey等在2008年提出的，并且首次应用于分析师的信息披露，随后其他学者将其应用于财务会计的信息披露领域，其基本含义是，假定管理层会策略地选择在特定时点披露信息以实现效用最大化。风险提示信息的披露内容及其丰富程度同样符合战略择机假说的意蕴。

第六章 风险提示信息与审计意见

有助于更深刻地理解上市公司披露高质量风险提示信息背后的真正动机和影响因素,拓宽了高管领域的研究范畴,丰富了高层梯队理论及高管特征与信息披露质量关系的研究文献,进一步拓展了审计意见影响因素的研究视野。③国内外关于"事务所规模—审计质量"的讨论众说纷纭,结论不一。虽然大多数文献从法制环境、诉讼风险等视角解释了差异性结论存在的原因,但这些因素实质上仍然局限于从外部治理环境的角度进行验证。本书更新了已有的研究视角,在研究高管背景特征这一内部治理机制产生的调节作用的基础上,进一步引入外部治理机制—事务所规模进行检验,并采用层层递进的研究方法,首先从整体上考察高管因素与风险提示信息和审计意见二者的关联,再由整体到一般,分组检验不同事务所规模下上述关系是否存在差异性,通过建立起公司内外部治理机制与微观企业信息披露行为的互动分析框架,讨论这一内一外因素影响风险信息与审计行为的内在路径以及折射出的资源配置效率问题。从非结构化信息披露视角进一步丰富公司治理机制领域的经验证据,揭示企业风险提示信息披露面临内部治理环境变化的能动性。

不足之处在于:通过前期利用年报阅读方式搜集风险数据的调研过程发现,尽管财政部自2007年开始已经在《年度报告的内容与格式》中强制要求上市公司在年报"管理层讨论与分析(MD&A)"部分披露风险信息,并在随后的2012年、2015年、2016年修订中不断强化这一信息披露规定,但该信息在被披露时大部分依然停留在未经细化的广义风险层面,加之中国语言自身涵盖了丰富多样的语法结构、书写习惯、构词方式等,导致非财务信息在定义与计量上兼具困难,因而本章讨论的风险提示信息仅围绕在年报中的"董事会报告"章节,选择对其进行度量的有关词汇也只在一定程度上反映了风险信息含量,可能不是特别全面。这些技术缺陷作者会在后续研究中进一步深入探索,期望今后能开发出更先进的文本分析检索技术,使我们在更高的层面上破解了上述难题。

此外,考虑到不同的风险对审计师影响的范围与程度应该是不同的,因此风险提示信息有必要进一步予以细化。但由于学术界针对企业风险的分类有很多不同的方法和形式,有的风险可能是外部性引起的,而有的是受宏观环境制约而发生;有的是客观风险,有的是主观风险;有的是核心风险,有的是次要风险,因而不同分类方式最终获取的结果可能存在差异,难以形成一致结论。同时,在对风险提示信息进行类型划分后发现,市场风险和财务风险两类信息的样本量之和在总样本量中占比较低(约为38%),为了防止细分之后每类风险的样本量过少从而无法获得更加准确的回归结果,我们将分类风险检验这部分工作放在了稳健性检验部分进行。

第二节 文献回顾

由于风险提示信息与本章研究主题相关性方面的文献比较丰富,我们特设本节,对相关文献深入系统地做一个回顾,为后续的研究提供文献基础。

一、风险提示信息对审计意见的影响

国内外,一些学者有从宏观的角度研究了有关法律方面的风险信号对审计意见的影响,Chen 和 Church（1992）认为当上市公司的危机呈显性化（比如出现净亏损、涉及债务违约、法律诉讼等）时,注册会计师不仅对公司是否具有持续经营危机格外关注,而且出具非标准审计意见的概率更大。方军雄等（2004）选择 2001 年首次出现亏损的 87 家公司及 2002 年首次出现亏损的 92 家公司作为样本,控制一部分变量后发现注册会计师在审计过程中非常关注上市公司的风险状况,通常股东持股比例和资产负债率越高、越容易涉及法律诉讼和亏损的上市公司被出具非标准审计意见的可能性就越大。Marshall 等（2006）研究了美国《私人证券诉讼改革法案》的通过对审计师决策的影响,通过对比发现,与立法前相比,立法后前六大会计师事务所对处于财务困境并最后进入破产程序的审计客户出具持续经营不确定审计意见的比例明显降低。朱春艳和伍利娜（2009）认为,微观角度的法律风险会对审计费用产生显著的影响,注册会计师通常会在上市公司发生诉讼、仲裁及重大违规处分的当年和以后年份向被审计的上市公司收取更高的审计费用,且当年收取的审计费用是最高的。冯延超和梁莱歆（2010）以中国 A 股上市公司 2006~2008 年的数据资料,考察了上市公司发生的诉讼仲裁、违规处分等法律事件对审计收费和非标准审计意见的影响。研究结果发现：在控制其他影响因素后,上市公司的法律风险与审计收费具有显著的正相关关系,与非标准审计意见同样具有显著的正相关关系。这表明在现代风险导向审计模式下,注册会计师已充分利用了公司的违规处分和诉讼仲裁等信息,修正了对审计风险的判断。Minutti - Meza（2014）指出,审计师是自我选择地在法律风险高（或低）的环境中执业,因而不是法律风险促使审计师提高审计质量,而是审计师根据法律风险选择执业或者不执业,从而影响后续行为。这一由审计师自选择（Self Selection）导致的内生性问题现有研究目前依然未能较好地解决。张洪辉和章琳一（2018）应用双重差分方法,通过建立中介效应模型,发现发表非标准审计意见,是审计师在现有的条件和规则下,保护自己的重要手段,它有利于审计

师减少潜在的诉讼风险,避免自己成为"深口袋"理论的牺牲者。而融券制度提高了审计师面临的法律风险,审计师如果不采取措施降低法律风险,就可能在面临审计意见信息使用者(如投资者)的法律诉讼时,遭受巨大损失。

由于财务风险较高时将会对上市公司的生存发展构成直接威胁,国内外学者对其与审计意见之间关系的研究层出不穷。Bao 和 Chen(1998)选择了一些反映财务状况方面的因素去预测审计意见,包括资产负债率和短期偿债能力指标,最后得出结论:公司的资产负债率越高,短期偿债能力越弱,现金的流动性越差,它们收到非标审计意见的概率就越高;相反,如果公司收到的是标准无保留审计意见,那么它们一般都是财务状况比较好、经营风险比较小的公司。Lennox(2000)也做了财务状况对审计报告影响的研究,他发现,如果公司的财务杠杆过高,一般得到非标准审计意见的概率也较高。财务杠杆高,企业破产的风险就比较大,注册会计师为了降低审计风险更倾向于向它们出具非标准审计意见。吕先锫和王伟(2007)利用了中国证券市场 2005 年的行业数据对注册会计师非标意见影响因素进行的实证研究发现,上市公司流动资产周转率和上市公司由"大所"审计是注册会计师出具非标意见的决定因素。于鹏(2007)结合公司的具体特征,检验了国际"四大"与"非四大"对不同特征公司出具审计意见类型的差异,结果表明,国际"四大"对财务风险高的上市公司出具非标意见的概率高于"非四大"。郑艳敏(2008)以 2007 年末沪、深两市的 ST 公司作为研究样本,从持续经营不确定因素的角度研究其对审计意见的影响。通过实证研究结果发现:现金流量与流动负债之比、利息保障倍数等财务指标在单变量分析时未通过指标检验,将较为显著的变量纳入模型,进行 Logistic 回归分析后发现反映短期偿债能力的指标如流动比率与审计意见之间也未见具有显著的相关关系。杨娟娟(2009)在研究持续经营不确定性对审计意见的影响时发现上市公司获得非标准审计意见的概率与企业的长期偿债能力和短期偿债能力均呈显著的负相关关系,这表明公司的财务风险对非标准审计意见的产生具有显著影响。王永妍等(2017)利用财务报表中的净利润、财务费用、经营活动现金流量净额以及净营运资产等指标构建了资产质量评价模型,以此考量审计师对上市公司资产质量的关注程度。研究发现,对于高资产质量的公司,审计师出具非标准审计意见的概率较低,并且审计师对资产质量的关注通过降低审计风险和代理成本来实现。研究证实了高资产质量会计信息能够降低财务风险,以此提升公司治理效果。

近年来,从信息风险角度进行审计意见探索的文献也是屡见不鲜,但主要集中于财务信息的风险领域。Ferdinand 和 Judy(1998)首先将盈余管理与审计意见联系起来。他们首先检验了不同的盈余管理检测模型的效率,然后将其与审计意见的类型联系起来。其潜在逻辑是:操纵了会计盈余就扭曲了财务信息、企业的风险增加；在有效的审计市场上审计师应当能够发现企业的盈余操纵情况。因此，企业对盈余操纵的程度越高，被出具非标准审计意见的可能性就越大。最终的研究结果证实了这一推论。Sengupta 和 Shen（2007）首次研究了信息风险对审计师决策的影响，但没有考虑当期盈余管理的影响。薄仙慧和吴联生（2011）运用我国上市公司 2001～2006 年的数据研究了盈余管理和信息风险对审计意见的影响。实证结果表明，公司的信息风险与注册会计师出具非标意见的概率显著正相关，而当期盈余管理与注册会计师出具非标意见的概率无显著相关性。这表明，注册会计师出具审计意见时主要考虑了公司的信息风险。张迪（2012）借鉴 Francis 等（2005）的分类思路，以报告盈余与盈利预测的差异性表示信息风险，以"调增式变脸"代表混合风险，以"扭亏型变脸"代表基本面风险，以"其他调增式变脸"代表机会主义，研究发现审计师对基本面信息风险和机会主义风险都有关注。曾雪云和陆正飞（2016）以 2003～2013 年中国上市公司的数据为分析对象，研究发现操控性应计利润对业绩波动存在重要影响，而不像以往假定的那样不影响信息风险，并且当盈余管理信息风险越大时，上市公司获得非标准审计意见的概率也越大，审计意见对盈余管理信息风险的敏感性显著大于对基本面信息风险的敏感性。

而直接从年报非结构化风险提示信息角度探索其对审计意见产生影响的研究寥寥无几。已有的研究一方面证实了年报中披露的风险提示信息作为会计信息的一部分，确实是能够提升资本市场资源配置效率的。Dietrich 等（2001）研究发现披露前瞻性风险信息是有效的，风险信息披露能够提高市场效率。Kravet 和 Muslu（2013）发现年报风险披露增量增加了股票回报波动率和交易量以及分析师预测修正方差，证明风险披露增加了投资者的风险感知。Campbell 等（2014）指出年报风险信息披露增加了分析师对未来现金流模型参数估计的精确度，因此有助于提高分析师预测准确度。薛爽等（2010）研究表明 MD&A 中披露的非财务信息在一定程度上能够帮助投资者预测企业未来的盈利能力。张继勋和屈小兰（2011）研究发现，管理层讨论与分析中的风险提示信息显著影响了投资者对上市公司未来盈利潜力的估计和投资者投资可能性的判断。程新生等（2012）指出在市场化进程较高时，非财务信息对投资效率具有一定的积极影响。吴运建和商行（2013）研究发现公司当年经营业绩和市场表现与风险信息披露负相关；风险信息披露较多的公司，其未来盈利能力相对较差。表明公司年报中的风险信息反映了公司的投资价值。王雄元等（2017）基于公司层面的证据表明：风险信息披露频率越高，分析师预测准确度越高，并且这种积极影响主要体现在非国有企业、盈余质量较高及公司治理较好的组。Elshandidy 和 Shrives（2016）研究风险、所有权结构、资本结构、外部股权融资和借贷是否与风险披露相关，以及风险披露的基调是否会影响投资者对德国非金融企业样本的风险认知。他们发现，与其他激励（即所有权结构，资本结构，外部股权融资和借贷）相比，风险披露与企业的潜在风险（即市场 beta）更为显著相关。同时，风险披露的基调与投资者的风险认知有关。具体而言，德国市场倾向于通过减少（加剧）信息不对称或通过降低（增加）投资者感知风险来改善（恶化）市场流动性，从而对风险的好消息（负面）进行积极（负面）定价。

另一方面也证实了非财务性文本信息对审计师而言是具备增量信息价值的。Behn 等（2001）研究了审计师的持续经营报告是否与 SAS 第 59 号规定中的管理计划相关。该研究发现，审计师的持续经营报告决策与公开提供的与某些管理计划信息（主要来自年报中的管理层的讨论和分析 MD & A）密切相关。其中，发行股权和借入额外资金的计划与发布无保留意见的关系最为密切。Joe（2003）调查了当客户在审计意见日期之前成为负面报刊的主题时，审计师更有可能发布持续关注意见的原因。研究表明负面的新闻报道会增加审计师对客户破产的预测概率，并导致审计师修改审计意见。Brazel 等（2009）研究发现当财务信息与非财务信息不一致程度越大时，上市公司存在财务报表欺诈的可能性越大，审计师能够有效利用非财务信息（例如，公司运营制造空间、占地面积、仓储空间、公司可用的设施数量、零售店数量、公司天然气储量等 115 种常见的 Nonfinancial Measures）来评估和预测财务报表发生欺诈的可能性。该研究还指出非财务信息实质上扮演着两种角色：对当前财务结果加以验证；预测未来的公司绩效。Godfrey 等（2009）研究指出公司披露的公开的社会责任信息能够通过降低监管、诉讼及声誉风险来影响审计收费。不仅如此，企业社会责任信息传递出"较好的管理"信号，这意味着管理者提供的财务报告质量更高，从而降低了审计师为得出最终结论所需付出的工作量（Groening et al., 2011）。李青原和赵艳秉（2014）以 2003～2010 年 A 股上市公司中发生财务报表重述的企业为研究样本，发现企业在发生财务报表重述后确实存在审计意见购买行为，并且为了避开公众及监管部的关注，其购买手段越来越隐蔽。韩丽荣等（2013）采用 2009～2010 年沪市重污染行业 A 股上市公司的数据，分析了环境事项披露的详细程度对注册会计师审计意见以及审计费用的影响。结果显示，环境事项披露的详细程度与出具非标准审计意见的概率负相关，即披露环境事项信息越少的公司越容易收到非标准的审计意见。韩文才和汤琦瑾（2013）检验了审计师是否以及如何对被审计单位的社会责任信息做出反应。结果表明相比未发布社会责任报告的公司，审计师对独立发布社会责任报告的公司出具持续经营审计意见的可能性会更低。吴良海等（2017）选取了 2008～2015 年沪深 A 股市场 9960 个上市公司年度数据作为样本，对环境污染、公益性捐赠与"清洁"审计意见三者之间的关系进行了研究，结果发现企业公益性捐赠行为能够增加审计师出具"清洁"审计意见的概率,并且在区分企业环境污染程度后发现,相比于非重污染企业,重污染企业的公益性捐赠获得"清洁"审计意见的概率相对较低。卜落凡和李晓涵(2018)通过对比管理层讨论与分析中"未来发展展望"段与上一期披露内容的相似度,探究这一变化是否会影响以及如何影响审计费用。研究发现,文本相似度越低,其审计费用越高,说明审计师对这种非财务信息给予了额外的关注,并且相较于"回顾"段的增量信息,审计师更加关注"展望"段的信息。

二、高管背景对风险提示信息影响审计意见的调节作用

Hambrick 和 Mason(1984)提出了著名的"高阶理论"。高层管理团队的性别、年龄、学历、工作经历等人口统计特征,能够在一定程度上反映认知、价值观、损失规避等心理特征,这种不同的人口统计特征以及作用过程会进一步影响到组织的战略选择与绩效。例如,Jackson(1984)发现,管理者受教育程度越高,对企业战略革新和技术变革的正向影响越显著。Daboub 和 Radheed(1995)认为,当管理者年龄越大时,其与更正式化和常规化的决策过程相联系,则不愿意挑战已有的正式或非正式的产业和组织结构,这些将会降低企业从事非法企业行为的可能性;并且管理者的职业经验会影响他们对环境的感知和从事不道德行为的意愿。Peng 和 Wei(2007)研究发现,男性管理者比女性管理者更容易过度自信和做出错误决策。姜付秀等(2009)研究表明,管理层的教育水平、管理层平均年龄与过度投资之间存在显著的相关性;董事长个人的背景特征对过度投资的影响主要表现在学历、年龄、教育背景、工作经历上。王芳(2016)基于高层梯队理论,以沪、深276家上市公司为样本,创新性地探讨了高管团队特征与上市公司内部审计质量间的关系。实证检验结果表明,当一个高管团队的平均任期越长、教育程度越高、团队规模越大时,企业的内部审计质量越高。Hambrick 和 Fukutomi(1991)针对高管任期的深入挖掘表明,企业家在任期内会形成具有不同注意集中点、相异行为模式的五阶段,分别为任命期、探索期、模式选择期、模式集聚期和功能障碍期。围绕这一理论,大量研究发现高管任期与公司绩效、研发投资、盈余质量等因素之间并非只是简单的线性关系,而是存在一种倒U形关联(Weining Zhang, 2015;Lan Chen, 2013;岑维和董娜琼, 2015)。

从高管背景特征与信息披露质量关系视角进行的研究大部分倾向于探索高管薪酬、持股比例、政治关联、人口学基本特征等与财务信息披露质量的相关性,从非财务信息质量角度进行讨论的文献较为稀缺。从高管薪酬视角出发,王生年和尤明渊(2015)对管理层薪酬激励和信息披露质量进行研究后发现,二者呈倒U形关系,且这种关系在非国有上市公司中更为显著。刘井建等(2015)发现,

高管薪酬激励会影响其风险行为,与上市公司的债务期限呈倒 U 形关系,但是上市公司积极披露信息的做法会削弱由高管激励机制造成的负面影响的可能性。Lu 和 Shi(2018)认为信息披露的透明度与高管薪酬的水平呈正向变动,提高信息透明度,需要增加高管薪酬以弥补由于其受到更多的监管带来的不利影响。与此同时,研究者发现,管理层出于利益动机、政治目的或者公司治理等方面的考虑,极有可能利用自身的信息优势自主选择会计信息披露的时间、内容和方式,这些披露策略都会影响到上市公司的披露质量。从高管持股视角出发,张馨艺等(2012)发现,高管持股比例会显著影响到其选择的信息披露策略,持股比例越高,高管越倾向于进行择时披露(唐红珍等,2014)。从政治关联视角出发,吴明礼和戴荣波(2015)通过研究发现,当上市公司的实际控制人、董事长或者总经理具有政治关联时,将会削弱上市公司由于提高信息披露质量而降低的债务融资成本的程度。杜兴强和周泽将(2010)对管理层的政治联系进行分类,发现高管兼任政府类官员时仅会降低民营上市公司的信息披露质量,而高管兼任代表委员时则会显著提高国有和民营上市公司的信息披露质量。此外,还有学者从 CEO 的经历展开研究,发现有军事经历的 CEO 一般会降低公司的投资力度,企业不会使用过大的财务杠杆,也不太可能发生财务欺诈行为(Efraim et al.,2015)。从高管的人口学特征出发,卢馨等(2015)研究了上市公司高管的某些背景特征是否会影响财务信息舞弊发生的概率,结果在高管的年龄、性别、学历及任期方面均得到了验证。路军(2015)从信息披露角度的研究也表明,高管人员的性别特征与信息违规披露紧密相关。李端生和周虹(2017)研究发现,学历较高的管理者凭借其在知识层面的优势,往往能够更加客观地评价公司现存的弊端与不足,准确地定位风险点并提供更高质量的风险信息。而对于身处复杂管理环境中的学历层次较低的高管人员而言,为了能够向雇主传达"利好"消息,经常会出现基于"妒忌"或"损失规避"的个人动机而增加盈余管理手段、粉饰年报的现象(周晓惠等,2017)。

具体到非财务信息领域,相关研究主要检验了高管背景特征与社会责任信息披露、环境信息披露间的相关性,但却尚未达成一致的结论。如在年龄特征方面,Said 等(2013)、Handajani 等(2014)、毕茜等(2012)发现年长的管理者倾向于提高社会责任信息或环境信息的披露水平,而 Lewis 等(2014)、王士红(2016)并未找到高管年龄与社会责任信息披露、环境信息披露间显著相关的证据。在性别特征方面,虽然 Ibrahim 等(2016)、黄荷暑等(2015)的研究表明高管团队的女性比例对社会责任信息披露存在正向的影响,但 Muttakin 等(2015)、张国清等(2016)也找到了女性高管比例与社会责任信息披露、环境信息披露负相关的证据。在受教育程度方面,Lewis 等(2014)认为高管学历与环境信息披露显著正相关，王士红（2016）则认为高管学历与社会责任信息披露无显著关系。此外，吴蓓蓓（2017）基于"高管异质性—行为—经济后果"的研究范式，利用我国 2013～2014 年沪深 300 指数成分股上市公司的数据，采用中介变量方法的研究表明，高管团队综合异质性能够通过影响企业社会责任信息披露而作用于企业绩效，并对这种中介效应的大小进行了量化。傅传锐等（2018）以沪深两市高科技上市公司为样本，依据高层梯队理论，实证考察高管背景特征与公司智力资本信息披露行为间的相关性以及产品市场竞争对这一关系的调节效应。结果表明：高管年龄与智力资本信息披露水平显著负相关，而高管学历、任职时间与智力资本信息披露显著正相关。

　　与信息披露质量的研究视角相类似，大部分对高管背景特征与审计意见的研究也主要集中在高管持股、变更以及人口学基本特征几方面。从高管持股视角出发，Jensen 和 Meckling（1976）认为高管持股比例越低，管理者利益与股东利益之间的背离程度越大，股东需要为此付出代理成本，而使得公司聘请高质量的审计师对经营成果进行审计。Firth 和 Smith（1992）发现管理者持股水平越低，公司越有可能选择高质量的审计。从高管变更视角出发，Burton 和 Roberts（1967）研究发现，客户变更其主审会计师事务所的主要原因是高管，特别是最高执行总裁发生了变化，这一变动也会对企业的公司治理产生积极影响，提高企业的审计质量。王进朝（2011）运用统计分析及 Logit 模型回归，以 2002～2009 年中国上市公司高管 CEO、CFO 更换数据为依据，研究了 CEO、CFO 更换和非标准审计意见的相关性，发现 CEO、CFO 更换与全样本非标准审计意见呈显著正相关；CEO、CFO 更换与上市公司首次被出具非标准审计意见呈显著正相关；CEO、CFO 更换与上市公司第二次被出具非标准审计意见的相关性不显著。从高管的人口学特征出发，Lewis 等（2014）则指出，与更长期任职的公司高管相比，新任命的高管更愿意默认风险信息披露制度压力，即对披露风险信息的制度压力做出反应的重要性没那么高，表现出风险过度自信的显著特征。而随着任期的逐渐增加，高管们将越来越忠实于已有的发展运行模式，更可能形成高质量审计必不可少的观念（Slater and Dixon Fowler，2010），因而通常会对审计师的严格测试态度诚恳，要求其提供更高质量的审计服务以降低未来不确定性风险，确保自身收入或持股能维持稳定。Post 和 Byron（2015）针对董事会中成员的性别构成对公司财务业绩的影响的调查发现，成员的性别多样性大大增加了外部检测需求，从而创造了更高的审计质量需求。Karen 等（2017）的研究也表明，勤奋、独立、保守和避险的女性董事会成员会要求更高水平的审计质量，并需要外部审计师辅以更详细的审计工作。林丽萍和余佩斯（2017）以 2011～2014 年沪深两市 A 股上市公司面板数据为研究样本，依据"高层梯队理论"，采用 Logistic 回归模型，实证检验了盈余管理与审计意见的相关性以及高管背景特征对这两者之间的相关性的影响。研究表明：盈余管理与标准审计意见显著负相关，高管团队规模、高管团队性别、高管团队学历均对盈余管理与标准审计意见的相关性具有显著的正向调节作用，而高管团队任职时间则不会对盈余管理与标准审计意见的相关性产生影响。

三、会计师事务相关影响的有关文献

国内外从审计意见出具类型视角对事务所规模与审计质量关系的实证研究成果颇为丰富。在国外，部分研究指出，审计质量与事务所规模无关，在进行会计师专业水平资格认证时，区分"八大"和非"八大"是不公平的，投资者的决策不受事务所规模限制（Arnett et al.，1979）。Chow 和 Rice（1982）以审计意见衡量审计质量，探究事务所规模对审计质量的影响，研究发现规模大的事务所并没有更高的出具非标准审计意见的动机。Christensen 等（2016）从事务所合并视角出发，指出合并是事务所迅速扩大规模的重要途径，但合并后事务所的审计质量出现了显著下降。而大部分的研究则倾向于认为较大的事务所规模会导致更加稳健的审计意见的出具。Francis 和 Krishnan（1999）研究发现，当被审计单位的应计项目偏高时，"六大"比非"六大"更易出具保留意见审计报告，即更具有"报告稳健性"。Reynolds 和 Francis（2001）研究指出，在面对大客户时，"五大"出具审计报告要比小事务所显得更为稳健，这表明大事务所更注重其声誉。对困境公司的研究也表明，大事务所更倾向于对困境公司出具持续经营意见审计报告。Lennox（1999）研究发现，大事务所比小事务所更能出具准确、具有信息含量的审计报告来警示客户的财务困境。Geiger 和 Rama（2006）研究表明，"四大"出具持续经营保留意见审计报告时的第一类错误和第二类错误均低于非"四大"，但他们没有发现第二层次的国内大事务所与第三层次的地方性小所之间存在显著差异。Choi 等（2010）以可操纵性应计利润的绝对值作为审计质量的替代变量，从盈余操纵的角度研究发现事务所规模对审计质量的提高有积极影响。Chen 等（2013）进一步考虑了所属地域差异的影响，分地区衡量审计质量，研究发现，事务所规模越大，其审计质量越高，且这种正相关性在国际事务所中更为显著。

而国内关于事务所规模影响审计质量的研究观点与国外存在差异。原红旗和李海建（2003）发现，在我国，审计意见主要由公司的财务特征确定，与事务所的规模并没有显著关系。方军雄等（2004）对危机公司研究后也发现，不同规模的审计师在出具非标准审计意见的倾向上并没有显著差异。刘峰和周福源（2007）指出，"四大"与"非四大"在出具非标意见的概率上没有显著差异。

温国山（2009）围绕事务所规模、审计质量与市场反应之间的关系进行研究表明，中国证券审计市场存在着一批大规模的事务所，它们的审计质量的确较高，上市公司所感知的审计质量和大规模事务所实质上的审计质量相吻合，而投资者所感知的审计质量和大规模事务所实质上的审计质量却并不完全吻合，这说明"本土大所"应进一步增强自己的品牌声誉，在"做大"的同时也要"做强"。王霞和徐晓东（2009）研究发现，规模大的事务所对超过重要性水平的错误更加敏感，且更容易对超过重要性水平的错误报表出具非标意见。武晓玲等（2007）则发现，事务所规模与审计质量之间呈倒 U 形关系。刘笑霞和李明辉（2011）利用沪深两市上市公司 2007～2008 年数据，以审计意见类型作为审计质量的替代变量，并分别以业务收入、CPA 人数和从业人员人数来衡量事务所规模，检验结果发现，事务所规模与审计质量之间大体上呈倒 U 形关系。吴昊旻等（2015）虽然通过实证研究表明事务所规模与其审计质量正相关的一般结论获得了支持，但同时也指出法律诉讼与行政处罚带来的惩戒风险的高低会显著影响事务所"规模—质量"关联及其政策效果。龙小海和张媛媛（2016）以可操控性应计利润作为审计质量的替代变量，以事务所分所拥有的注册会计师数量衡量分所规模，实证研究发现：事务所分所规模与审计质量正相关，分所规模越大，越能抑制盈余操纵行为，审计质量越高。

　　大量的学者针对上述理论差异产生的原因进行了探析。一方面，Francis 和 Wang（2008）的研究就发现：四大的质量并非一成不变，会因不同国家或地区的制度环境而表现出差异，所在国家法制环境越完善，其审计质量越高；事务所规模本身并不能决定审计质量，还须有法制环境作为保障；只有当法制环境达到一定水平，大所才能提供质量高于小所的审计服务（刘峰等，2007；原红旗，2003）。吴昊旻和王华（2010）基于代理冲突及其制度渊源的深入分析指出"事务所规模——审计质量"的正相关结论，是基于充分竞争的审计市场、有效的审计监管、足够的法律威慑、及时的信息披露以及忽略事务所内部代理问题等一系列市场条件的前提之下得出的，而这些条件要么尚不完备，要么还受多因素互动影响，因此，除研究角度、变量设置、样本选择及研究方法等技术性差异影响之外，制度背景及其市场环境差异很可能是引致国内外相关研究结论存在较大分歧的最重要原因，事务所的规模尚不足以成为审计高质量的正向保障。宋衍蘅和肖星（2012）从注册会计师的执业环境出发，对会计师事务所规模与审计质量之间的相关关系进行了重新审视。其用上市公司实际控制人的控制权与现金流权之差衡量事务所面临的监管风险，研究发现大事务所只对监管风险较高的客户提供高质量的审计服务。进一步的研究表明，事务所面临的监管环境改善后，大事务所才对所有客户提供高质量的审计服务，而审计质量与事务所规模之间的正相关关系不再依赖监管风险而存在。另一方面，刘峰和许菲（2002）讨论了法律风险、风险导向型审计及审计质量之间的关系，其将法律风险表述为谁可以起诉审计师、诉讼的门槛要求、惩处力度三个因素的联合乘积，并认为风险导向型审计产生于美国20世纪70年代高法律风险的外部环境；我国会计职业界所面临的法律风险低，如果简单套用风险导向型审计，有可能导致审计质量系统性低下。Chan和Wu（2011）认为，尽管中国法律诉讼风险水平低，但有政府机构负责对会计师事务所的审计质量进行监督，并对审计失败进行严厉惩罚，其处罚措施包括公开谴责、警告、罚款、暂停执业或吊销执业资格，甚至判刑。因此，尽管中美两国的市场机制不同，但是中国审计市场也有类似于美国的监管效应。事实上，在政府主导的监管环境下，中国政府通过推动审计市场改革，引入国际审计准则、推动事务所脱钩改制、鼓励事务所合并，以及要求会计师事务所转制等多项措施对提高我国上市公司的审计质量产生了显著效果（DeFond et al.，2011；Gul et al.，2013）。

四、文献评述

通过对已有文献的阅读和整理，我们发现国内外许多学者已经对上市公司各类风险信号（法律风险、财务风险、信息风险等）和注册会计师审计进行了数量众多、层次深入的研究，并取得了较为丰硕的研究成果，然而掣肘于非财务信息本身的不可定义性和难以计量性，大多数文献倾向于采用结构化信息（可以数字化的数据信息，方便通过计算机和数据库技术进行管理）来衡量企业各类风险，从年报非结构化风险信息的角度尚无系统研究。虽然大多数学者通过实证研究已经证实管理层讨论内容（涵盖了综合考虑企业微观状况、国家宏观经济政策等诸多方面的情况提出的风险提示信息）具备独特的信息价值，但主要倾向于关注风险提示信息披露引起的企业价值及投融资等资本市场末端的反应，即基本停留在企业信息生产者以及信息消费者角度，而针对风险提示信息披露对于信息生态视角下的信息传递者（中介机构）——审计师的决策有用性的研究较少，风险提示信息是否与审计意见是否存在关联这一疑团还有待进一步探讨。具体体现在：①从会计信息基本属性视角研究如何有效强化风险提示信息披露，进而增强审计师的风险感知以及如何在外部公司治理层面实现风险信息披露有效"落地"的文献很少。②风险提示信息披露对审计师实现利益保护的风险防控功能的方式和途径的经验证据还较为缺乏，有待进一步深入进行分析和检验。③中国作为一个新兴转型经济体，由于存在投资者法律保护不健全、公司治理有缺陷和资本市场发展不完善等问题，企业披露的风险信息往往难以直接通过企业价值或绩效等直接表征进行判断，因此揭示风险提示信息披露行为在审计领域的风险防控机理以及如何进一步影响资本市场的资源配置可能更为关键。因而本书期望拓展已有文献、厘清风险提示信息的传输链条,探讨该信息在审计领域的价值效应如何发挥。

同时,综合上述关于高管背景特征、风险提示信息与审计意见方面的相关文献可以发现,虽然已有研究证实了高管薪酬、持股、变更及其在人口学上展现的外部特点诸如年龄、性别、受教育程度、任职年限等均对会公司财务信息质量及审计意见获取产生重大影响,但基于高管背景特征视角探究信息披露和审计意见二者关系的研究寥寥无几,大部分文献倾向于单独检验高管因素与信息披露质量抑或是审计质量之间的关联。不仅如此,从非财务性风险信息的角度进行高管背景作用机理的研究亦非常稀缺,即使存在部分研究将高管个人因素与社会责任信息、环境信息披露相关联,但从研究变量和内容上看,对信息披露质量的衡量指标依然停留在财务替代指标和深圳证券交易所的评分指标上,也缺乏对非结构化信息的全面考量,并且不管是国内还是国外都尚未达成一致的结论。因此,本书在探究高管背景特征能否在风险提示信息与审计意见关系中发挥调节作用的基础上,重点从"风险观"角度分析该因素对审计意见的作用机理,揭示其差异性背景特征的风险偏好,弥补现有文献在非结构化信息披露方面的不足,揭示企业风险提示信息披露在面临高管因素这一内部治理环境变化时的能动性。

而关于会计师事务所规模、风险提示信息与审计意见方面的相关文献,国外大部分学者通过实证研究得出的结论都支持事务所规模与审计质量正相关,大规模事务所提供的审计质量更高。在我国,由于我国审计市场存在法律体系不完善、法律惩戒力度不足和行业监管力度不严等缺陷,外部审计的治理职能还没有完全发挥其应有的作用,近些年将法制环境纳入审计质量研究之后,结果发现事务所规模越大并不意味着审计质量就一定更高。由此可见,在我国特殊的制度背景和市场环境下,大规模事务所的审计质量是否一定高于小规模事务所的议题还未形成统一的结论,有待于进一步研究。此外,从研究设计来看,国内研究往往直接沿用国外的"四大""非四大"来划分大小事务所,这样做的问题在于:如果仅仅将我国提供审计服务的事务所划分为"四大"与"非四大",不但难以对国际"四大"、我国本土大事务所、其他小事务所之间的审计质量差异进行比较从而全面地考察事务所规模与审计质量之间的关系,而且也在一定程度上混淆了事务所的"声誉"与"规模"这两个概念,因为"四大""非四大"很难说是依据声誉还是规模进行划分的结果。因此,本书进一步引入事务所规模变量,通过选取与中国现实环境更加契合的事务所规模划分方式,与高管背景特征形成公司内外部治理机制的互动分析框架,以期探讨这一内一外因素对风险提示信息与审计意见之间的关系究竟形成了正向还是负向的作用。

第三节 理论分析与研究假设

一、风险提示信息对审计意见的影响

审计意见代表了审计师对被审计单位进行鉴证的最终结果，意见发布的合理与否反映了签字注册会计师乃至整个事务所的执业能力及声誉。已有研究表明，会计师事务所基于风险规避的考虑往往会选择对存在重大风险的上市公司出具非标审计意见（林钟高等，2009；李留闯等，2015；李嘉明等，2016）。当有明显证据显示被审计单位的信息风险极高时，审计师将面临较大的诉讼压力。因此，审计师在进行审计测试时需要综合考量各种信息以降低其内在风险，这些信息既要包括与公司经营状况有关的财务信息，也应涵盖部分反映公司现实情况的非财务信息，尤其是揭示公司风险现状的重大事项。韩丽荣等（2013）针对沪市重污染行业上市公司的调查就发现，对环境事项披露越详细的公司很大概率上不会获得非标审计意见，这表明了环境事项披露等非财务信息正逐渐受到审计师的青睐。当前由盈余管理行为盛行引起的财务信息"失真、造假"问题愈加严重，传统观念上的财务信息已不能完全满足相关性和有用性的要求（李心合，2012），风险提示信息（经营风险、行业风险、管理风险、道德风险等）作为一种非财务信息，能够缓解信息不对称、提高公司透明度，将有助于帮助审计师更为全面地了解公司运营状况。

首先，以信息经济学中的甄别理论视角来看，市场参与各方能够根据上市公司实施的一系列行为对其内在价值和公司质量进行初步判断，在经过对各方信息的进一步甄别加工之后，才能对其形成一个相对全面的认知。上市公司年报作为利益相关方一项重要的信息来源，其中披露的风险提示信息不可避免地会传递一些积极或者消极的信号，引导审计师根据风险提示的路径关注某一些审计事项，显示"风险提示信息"的甄别和导向作用（也即信息锚定效应，Information Anchoring Effect，就是指审计师在解决复杂问题时往往选择企业内部控制制度状况作为初始参考点，然后根据获得的风险提示等附加信息逐步修正审计程序的特性）。Kravet 和 Muslu（2013）的研究发现，公司披露的特定风险信息是实质性而非象征性的，管理人员会根据企业面临的具体风险提供有意义的风险信息，该信息的数量变化会影响投资者对企业风险和价值的评估。而作为市场参与的重要成员之一，特别是对保证财务报告质量至关重要的审计师而言，必然也会获取这

一风险提示信息对其进行甄别,并将其作为审计意见标准与否的一项判定依据。近年来,许多针对非结构化风险信息经济后果的研究均证实了该信息能够提升资本市场的资源配置效率。Rajgopal(1999)实证研究得出风险披露会引起石油、天然气价格的变动。Dietrich等(2001)研究发现披露前瞻性风险信息是有效的,风险信息披露能够提高市场效率。Campbell等(2014)指出年报风险信息披露增加了分析师对未来现金流模型参数估计的精确度,因此有助于提高分析师预测准确度。薛爽等(2010)研究表明MD&A中披露的非财务信息在一定程度上能够帮助投资者预测企业未来的盈利能力。张继勋和屈小兰(2011)研究发现,管理层讨论与分析中的风险提示信息显著影响了投资者对上市公司未来盈利潜力的估计和投资者投资可能性的判断。程新生等(2012)指出在市场化进程较高时,非财务信息对投资效率具有一定的积极影响。吴运建和商行(2013)研究发现公司当年经营业绩和市场表现与风险信息披露负相关。风险信息披露较多的公司,其未来盈利能力相对较差。表明公司年报中的风险信息反映了公司的投资价值。王雄元等(2017)基于公司层面的证据表明:风险信息披露频率越高,分析师预测准确度越高,并且这种积极影响主要体现在非国有企业、盈余质量较高及公司治理较好组。不仅如此,针对被审计单位非财务信息披露的审计后果的研究也证实了上市公司实施非财务信息披露这一行为以及信息的具体内容均会成为审计意见标准与否的重要判断标准。吴良海等(2017)研究了上市公司在环境污染治理以及实施公益性捐赠行为方面体现的非财务信号对审计意见"清洁度"产生的影响,研究发现:上市公司实施公益性捐赠并披露相关信息能够大大提升其获得标准无保留审计意见的可能性;按照环境污染程度对上市公司进行进一步区分后发现,污染程度较低的上市公司相较于其他公司更易获得标准无保留审计意见。由此可见,年报中披露的风险信息作为定量财务指标的有益补充,具有独特的信号价值和市场含量,往往可以给审计师更多的职业判断,引导审计师的资源分配和精力安排,尤其是后期的实质性检查程序。

其次,从信息加工理论的角度分析,年报中的风险提示信息也可以看作是一种"商品",因为首先该信息需要经过加工、整理后才能对外披露,可以理解成是一种劳动产品;然后,风险提示信息也可以用于交换,即可以理解成是公司将加工整理后的信息公开披露出来从而换得融资等利益。在这一基本假设下,一方面,作为"商品"的风险提示信息供给会随着"价格"的上升而逐渐增加。这里的"价格"可以理解为风险提示信息供给方因生成并披露该信息所获得的收益(如获得更多的融资等)。另一方面,上述"价格"上升的主要驱动力量来自风险提示信息的需求主体(主要包括现有和潜在的投资者、债权人、供应商、客户、审计师、分析师、政府和公众等)对这一"商品"的需求。而根据理性经济人假设,作为需求方之一的审计师在考虑是否获取以及运用风险提示信息"商品"时往往会权衡该过程所形成的收益和成本。对于审计师而言,由于风险提示信息是在其审计的公司年报中直接予以披露的,加之这部分信息文本占比相对较高,可以较为干净地反映文本信息披露的作用,避免定量信息所产生的噪声,因而其获取这一信息既无须耗费过多成本,同时亦无须投入过多精力进行测试排查。所以综合来看,这部分信息能够帮助原本处于信息劣势方的审计师减少因信息不对称而造成的审计风险,并且是基于不需耗费过多精力的前提,因此从成本—收益角度观测,审计师会"选择购买这一商品"。同时,根据精细加工可能性模型 ELM(Petty and Cacioppo,1986)和启发式—系统式模型(Chaiken,1980)的信息加工理论,个体在某些特定的情境下(例如更高的涉入度、更强的信息处理能力、仅需付出更低的认知努力等)会更乐意去接受和加工细化的、相关的信息,进行更多更复杂的信息处理,其最终的态度和决策取决于信息的质量以及个体对信息的认知处理。相对于外部投资者而言,年报审计师本身掌握了一定的企业内部信息(更高的信息涉入度),对所披露的风险提示信息具有更强的甄别能力,更好地捕捉到客户披露信息的实质(更强的信息处理能力),故而他们在处理风险提示信息时只需付出较低的认知努力。所以,从个体信息处理的逻辑思路角度观测,作为资本市场的经济监督评价者的审计师会乐意去接受和加工风险提示信息,挖掘其中影射的企业管理者特质以及对财务信息存在的影响,从而有效地规避因信息遗漏导致的审计风险。

最后,从审计保险理论角度分析,审计活动实质上是一个把财务报告中的信息风险调整至报告使用者能够容许的范围之内的过程,是一项风险分担的服务。当审计师由于执业能力欠缺等客观因素或职业道德低下等主观因素而无法为财务报告信息的真实性提供合理保证时,他们将有义务为自身的失误或失职承担必要的损失。不仅如此,根据保险理论,审计师应当承担的审计风险不但包含由于实施测试不到位导致最终审计结果和企业现实状况相悖而发生的责任赔偿,还包括企业可能由于业绩失败引起破产清算时对其声誉产生损害的营业风险,风险的范围进一步扩大。Behn 等(2001)研究了审计师的持续经营报告是否与 SAS 第 59 号规定中的管理计划相关,该研究发现,审计师的持续经营报告决策与公开提供的与某些管理计划信息(主要来自年报中的管理层的讨论和分析 MD & A)密切相关,其中,发行股权和借入额外资金的计划与发布无保留意见的关系最为密切。Joe(2003)调查了当客户在审计意见日期之前成为负面报刊的主题时,审计师更有可能发布持续关注意见的原因。研究表明负面的新闻报道会增加审计师对客户破产的预测概率,并导致审计师修改审计意见。韩文才和汤琦瑾(2013)检验了审计师是否以及如何对被审计单位的社会责任信息做出反应。结果表明相比未发布社会责任报告的公司,审计师对独立发布社会责任报告的公司出具持续经营审计意见的可能性会更低。张健(2015)基于风险导向审计的相关理论研究发现,无论是社会责任信息的强制披露还是自愿披露都会引起审计收费的上升,相比之下审计师对强制披露的信息关注层次更高。卜落凡和李晓涵(2018)通过对比管理层讨论与分析中"未来发展展望"段与上一期披露内容的相似度,探究这一变化是否会影响以及如何影响审计费用,研究发现,文本相似度越低,其审计费用越高,说明审计师对这种非财务信息给予了额外的关注,并且相较于"回顾"段的增量信息,审计师更加关注"展望"段的信息。可见,作为揭露上市公司风险现状(或者预期)的年报风险提示信息,对审计人员而言至关重要,这些信息在帮助审计师降低自身可能承担的各项审计风险、规避审计失败的同时,也会激励审计师更加审慎地分析隐藏在风险提示信息中的信息风险。

De Angelo(1981)研究发现,注册会计师从两方面考量非标审计意见的出具:一是注册会计师的发现能力,即在执业过程中具备发现客户不当行为的专业胜任能力;二是独立能力,即注册会计师在发现客户不当行为后能否保持实质意义上的独立性。随着新监管时代的到来与监管力度的增加、商业模式变革引发各类风险的增加,注册会计师在出具审计意见时比以往更加谨慎,突出表现为非标审计意见出具的概率明显增加,以此降低职业风险。Chent 和 Church(1992)研究发现,当上市公司风险程度高时,注册会计师比较容易察觉公司的持续经营危机,因而更有可能出具非标审计意见。曹琼等(2013)发现注册会计师在出具审计意见时非常关注客户的风险程度,客户的风险程度越高,被审计单位出具非标意见的可能性就越大。关于非标准审计意见与被审计单位经营风险之间的相互关系,Watts 和 Zimmerman(1983)认为非标审计意见是客观上存在经营风险下公司治理机制不完善和高代理成本的一种替代。可见,不仅风险提示信息的存在对审计意见的谨慎性具有影响,提示审计师在关注公司风险方面应该发挥应有的职业谨慎性(Sengupta and Shen,2007),而且风险提示信息越多,具有对公司报告更具专业分析能力和更强解读能力的审计师,其发表的审计意见越是趋于严格,出具与公司风险相对应、相匹配的审计意见。相关研究表明,财务风险越高的公司,被出具非标审计意见的概率越高,这些财务风险包括破产风险、违约风险、诉讼风险、持续亏损、高负债率以及违规占款等各种可能影响公司持续经营的事项(Lennox,2000;Biddle and Hilary,2006;Lam and Mensah,2006;Krishnan et al.,2007;方军雄等,2004;吕先锫和王伟,2007;于鹏,2007)。同时,从非会计事项对财务会计有用性的角度看,风险提示信息作为非会计事项,会影响财务报告的有用性,进而影响会计师审计意见的出具。巴鲁克和谷丰(2016)研究指出:新药临床试验结果、重大合同的签订或者终止、公司技术来自外部的冲击风险，或者关键员工的流失等各类风险，会计系统没有及时加以记录，因为他们不属于与明确的第三方发生的交易，这些非会计事项对公司价值的影响不但巨大，而且数量增多，使得非会计事项成为导致财务会计报告有用性恶化的重要原因之一。可见，信息风险很高，会计信息使用者尤其是投资者会要求更高的风险补偿，引起企业高的资本成本或者债务成本。相对于其他信息使用者而言，审计师对公司报告的解读能力更强，如果审计师保持应有的职业谨慎性，公司信息风险会影响审计师发表审计意见的类型。基于上述分析，我们提出假设1。

H1：保持其他条件不变时，年报中披露的风险提示信息越多，审计师越倾向于出具非标准的审计意见。

二、高管背景对风险提示信息影响审计意见的调节作用

高管作为上市公司中的"骨干"人员，做出的决策会对公司的组织经营、战略发展等产生重大影响。已有研究发现，高管人员展现的不同心理特征会极大地作用于其在公司治理中实施的一系列决策行为，他们的价值观、认知能力等时常会在公司的战略规划中得以体现（Hambrick and Mason，1984）。该项研究进一步指出：尽管上述特质往往难以被观测，但高管人员在人口学上展现的外部特点诸如年龄、性别、受教育程度、任职年限等能够在一定程度上代表其个人认知与心理偏好，并且大量研究也已证实了高级管理者的上述特征对企业绩效、投资效率等均产生了重大影响（Auden et al.，2006；姜付秀等，2009），其中不乏对公司财务信息质量及审计意见获取影响的研究。卢馨等（2015）研究了上市公司高管的某些背景特征是否会影响财务信息舞弊发生的概率，结果在高管的年龄、性别、学历及任期方面均得到了验证。王芳（2016）针对沪深两市共276家上市公司的研究也进一步指出，当高管团队人员的学历越高、平均任职时间越长时，公司会获得更高质量的内部审计。

一方面，从会计信息披露与质量特征看，由于风险提示信息质量的高低将密切作用于以公司绩效为导向的各利益相关主体，同时，该信息的披露方式及内容目前尚未受到相关法律制度的约束，因而具备有限理性的高管人员会因其自身不同的年龄、性别、教育程度、任职时间等在行为选择上产生差异，即在该信息的形成和披露过程中加入部分主观个人偏好，尤其是反映其心理承受能力的风险偏好，据以做出是否披露或披露多少风险信息的决策。王霞（2011）通过探索CFO的背景特征与会计信息质量的关联性发现，具备财会专业基础的女性CFO会促进高质量会计信息的产生。路军（2015）从信息披露角度的研究也表明，高管人员的性别特征与信息违规披露紧密相关。另一方面，从审计质量和会计稳健性的要求出发，审计意见是对高管披露的会计信息是否真实公允的综合反映，该意见

的有效性也将有助于减少所有者的委托代理成本,并改善高管的薪酬与持股。高管人员可以提高信息质量的一种合理方式是通过与高质量的审计师进行接触和签约,而不同特征的管理者因其在认知、偏好与信念等方面产生的差异导致他们对审计服务质量的选择形成了不同的观念或敏感性,稳健程度较高的高管们往往会要求审计师提供更高质量的审计服务以降低未来不确定性风险,确保自身收入或持股能维持稳定。Post 和 Byron(2015)针对董事会中成员的性别构成对公司财务业绩影响的调查发现,成员的性别多样性大大增加了外部检测需求,从而创造了更高的审计质量需求。

基于上述高阶理论、信息质量观及审计意见需求的分析可知,高管人员的一系列性格特征和心理偏好既会影响年报中各类信息披露的内容及含量,也将自始至终作用于审计意见的形成过程,审计师在承接业务前往往会对高管个人素质特征进行调研,谨慎地选择被审计对象以出具合理的审计意见。在审计工作接近尾声时,审计师也经常会针对测试中发现的重大错报与管理层进一步讨论,要求其做出调整并进行再次评判。因此,整个审计过程都与高管人员息息相关。具体来看,结合已有研究,能够较为准确地反映高管的价值观以及认知方式,同时又易于被观测到的个人特征主要体现在以下几方面:年龄、性别、学历、任期(姜付秀等,2009;张国清和肖华,2016)。

(一)高管年龄

一般来说,高管的年龄标志着公司的领导者在执行其治理职能、履行责任、做出决策时的经验和效能水平。年龄越大的高管人员相对而言会拥有更加丰富的处世经验,对会计准则具备更深层次的把握,因此他们在一些复杂的会计信息处理过程中能够凭借其阅历尽量减少差错,提升包括风险提示信息在内的信息质量,使该信息更加可靠,这对审计师而言更具参考价值。而对于年轻的高管人员来说,其往往急于展示自身能力,过度依赖私有信息忽略公共信息(Prendergast and Stole,1996),加之其在知识和资源储备、管理及决策经验方面均较为欠缺,故而其最终披露的会计信息质量有待商榷。

此外,大多数年长的高管人员属于风险厌恶型管理者,对待风险性决策经常显得更加敏感,在面临不确定事项时倾向于采取更加保守稳健的处理方式(Tihanyi et. al,2000;Vroom and Pahl,1971)。Kollmuss 和 Agyeman(2002)的研究发现,年龄更大的人群表现出更加关切环境问题、更加积极的环保意识和环保行为。因此,他们在选择外部审计师时会趋向于寻求更高质量的合作伙伴,并且要求审计师执行更标准的审计测试以降低风险。Daboub 和 Radheed(1995)的研究证实,年龄越大的 CEO 在公司治理的过程中更加偏好于正式化与常规化的各项决策,更不倾向于挑战已有的正式的或非正式的制度,而这将大大增加了 CEO

愿意接受外部监督的可能性。何威风和刘启亮（2010）的研究表明，年长的管理者出于以往累积的职业声誉的考虑，倾向于采取保守的经营决策。而年轻的高管人员的决策思想一般更加激进与冒险，决策程序往往摒弃常规，加之其又无法对公司风险形成全面深入的认知，故而在诸如信息披露政策的各类企业决策中通常表现出过度自信，披露风险信息质量有待提升。与此同时，伴随着国内监管环境的愈加严格标准，由年报信息披露不规范引起的上市公司被处罚的概率大大提升，年龄较大的高管往往会选择按部就班地披露公司有关信息以规避上述风险，Said 等（2013）、Handajani 等（2014）、毕茜等（2012）均发现年长的管理者倾向于提高社会责任信息或环境信息的披露水平。尽管基于其弱风险偏好可能会减少风险提示信息的发布比例，但从会计信息相关性和可靠性的质量要求来看，那些最终披露了的风险提示信息相较于其他上市公司而言对审计师实质上是更加稳健的、真实性更高的一种预警信号，因此增加了审计师出具非标意见的概率。

（二）高管性别

根据一项针对我国内地公司中高管人员的调查显示①，近几年来，高管团队中女性成员所占比例持续增大，截至目前已达30%，超过全球平均水平的6%，在世界重要经济体排名中位列第12，表明了女性在公司各项治理活动中扮演着愈加重要的角色。大量研究业已证实高级管理者的性别特征对企业绩效、盈余质量等均产生了重大影响（Francoeur et al. , 2008；张会丽等，2010），其中不乏对公司财务信息质量及审计意见获取影响的研究，卢馨等（2015）研究发现，高管中女性成员占比对财务信息舞弊的发生概率具有非常重要的影响。胡玥（2016）研究指出，女性高管具备更强烈的谨慎性，面对不确定的财务环境格外敏感，因而愿意积极配合审计师执行测试以减少审计收费。

从心理特征与行为方式看，高管人员在性别上呈现出的差异性经常能够通过互补来消除团队中由成员特征单一性导致的决策偏执，使决策效率大大提升，这一点既将影响年报中各类信息披露的内容及含量，也将自始至终作用于审计意见的形成过程。具体而言，男性高管和女性高管因其在社会角色、思维方式、价值观念等方面存在的差异，导致其最终形成了不同的公司治理理念以及决策风险偏好。当他（她）们所处的外界环境有所变化时，实施的应对策略也不尽相同。一般而言，相比于大多数男性高管的"粗犷豪迈"，女性高管在性格上更加温柔细腻，面对环境不确定性采取的行为也更谨慎保守，这使得她们不但可以随时检查出会计信息中细微的差错并予以更正，而且倾向于各种避险策略。大量研究显

---

① 《羊城晚报讯》，致同会计师事务所2015年公布的《国际商业调查报告》。

示，当高管团队里女性成员所占比例较高时，上市公司包括诸如决策有效性、公司绩效、内部控制、非财务信息披露等在内的运营质量及信息水平均大幅提升（Peng et al.，2007；任颋和王峥，2010；杨星，2013；张国清和肖华，2016）。由于女性天生的低风险偏好和低过度自信，一方面使其决策失误的概率大大降低，这在减少会计舞弊现象的同时也会进一步提高了财务报告信息的质量。同时，伴随着这种较强的风险敏感性，她们在披露风险提示信息时往往会斟酌再三，最大限度地搜索风险隐患，力争做到对风险的准确把控。但从会计信息相关性和可靠性的质量要求来看，那些最终被其披露的风险提示信息相较于其他上市公司而言对审计师是更加稳健的、真实性更高的一种预警信号。另一方面鉴于女性也更加认真（Schmitt et al.，2008），并且具备较大的责任意识（Fondas and Sassalos，2000），她们经常会要求更详细和广泛的审计，在信息的自愿披露方面也发挥了显著的积极作用（Francoeur，2017）。有研究表明，勤奋、独立、保守和避险的女性董事会成员会要求更高水平的审计质量，并需要外部审计师辅以更详细的审计工作（Karen et al.，2017）。但事实上，严格的审计测试加之相关性较高的风险信息往往伴随着更加保守的审计意见。

（三）高管学历

在多数情况下，学历能够反映高管人员的学习能力、认知水平以及知识积累程度。一方面，学历较高的管理者拥有更丰富的知识储备，既能够及时地发现、思考并解决问题，也能够迅速适应外界环境的改变。Azizan 和 Tinga（2015）以马来西亚上市公司为研究样本，发现 CEO 的教育程度与财务杠杆水平显著正相关，他们不但能承担更大的风险，而且能凭借其在知识层面的优势，更加客观地评价公司现存的弊端与不足，准确地定位风险点并采取相应措施加以预防（李端生和周虹，2017）。同时，高学历的管理者拥有超强的认知能力，基于对公司发展长治久安的考量，他们往往不会通过相机运用会计选择权的方式达到盈余操纵，这在一定程度上保障了会计信息的真实可靠。从这一点来看，学历较高的高管能够在年报中披露出更具决策参考价值的风险提示信息以供审计师借鉴。孙德升（2009）认为在复杂的决策过程中，学历越高的高管就可能越理性和客观，更能理解和考虑各方利益相关者的诉求，也更倾向于关注风险可能给各方带来的决策困境问题。Ran 等（2015）采用盈余反映系数衡量会计信息质量，证明了具有会计学或学术背景的监事对会计信息质量的改善有积极的作用。赵芳芳和权亚文（2017）也指出学历水平对环境信息披露的正向影响不容忽视。而学历层次较低的高管人员由于在前期知识积淀上有所欠缺，发现及处理问题的能力相对较弱，且无法迅速适应外部环境更替，也难以对公司所处的现实状态做出精准的评判。同时，当学历层次较低的高管人员身处复杂的公司管理环境中时，为了能够向雇主传达"利好"消息，经常会出现基于"妒忌"或"损失规避"的个人动机而增加盈余管理手段、粉饰年报的现象（周晓惠等，2017）。以上两类事实都将不可避免地造成其披露的风险信息参考价值有限。另一方面，从现实环境出发，当下我国正处于经济转轨时期，教育水平越高实质上代表了高管人员具备相对复杂的人脉关系，同时也代表了其相对成熟的思想品德观念和个人素养，因而在面对利益相关方的诉求时他们更加敏锐，更有可能做出有助于公司持久发展的各种决定。因此，高学历的高管在审计师执行测试时往往会积极地配合，而非凭借自身专长进行欺诈或力图合谋，对审计质量的要求较高。例如，有研究从内部控制和财务舞弊的角度指出，高管受教育越高时，公司的内控质量越高，财务舞弊发生的可能性越小（池国华等，2014；陈庆杰和余春宏，2006）。因此相关性较高的风险信息加之高水平的审计服务往往伴随着更加保守的审计意见。

（四）高管任期

Hambrick 和 Fukutomi（1991）针对高管任期的深入挖掘表明，企业家在任期内会形成具有明显阶段性特征的注意集中点、相异的行为模式，据此提出"CEO 任期五阶段模型"，该模型将 CEO 任期划分为五个阶段，分别包括任命期、探索期、模式选择期、模式集聚期和功能障碍期。围绕着上述两大理论，大量研究已经发现高管任期与公司绩效、研发投资、盈余质量等因素之间存在倒 U 形关系（Weining Zhang，2015；Lan Chen，2013；岑维和董娜琼，2015），尽管其中部分研究已涉及对公司财务信息质量及审计意见获取影响的探讨（卢馨等，2015；王芳，2016），但却未细致考察任期的阶段性特征在其中的作用机理，且与风险提示信息披露相关关系的研究更是寥寥无几。

从信息披露质量的角度看高管任期周期的影响，对处于任职初期的高管而言，鉴于其对新任公司的内外部环境不甚了解，对新任职位应具备的专业知识及技能有待提升，故而他们在这一阶段通常会表现出不适宜的紧张感与压迫感，加之董事会对其施加的业绩压力，种种因素使得他们难以对公司当前面临的风险状况产生准确的判断，即使能够有效鉴别也会囿于业绩水平提升等外部制约而对风险信息进行"模糊化"披露，故而在该阶段风险信息质量较低，对审计意见的影响程度有限。随着高管任职时间的延长，其会对公司的经营业绩、财务状况等内外部环境越来越了解，在应对各项事务时更能驾轻就熟，对会计政策的理解和会计估计的运用能力也将提高（周晓惠等，2017），因而对于那些真实客观的、经由验证的、不得不在年报中予以披露的年报风险信息，准确程度也是更高的，审计师在接收这些参考价值较大的风险信号之后会对财务报表信息给予更细致的考量，而这可能会加大其发布非标审计意见的概率。例如，Thomas 和 Simerly（1995）研究发现，石化行业的高管团队任期与企业风险等预警信息披露质量存在显著正相关关系，认为任期较长的企业高管更有动力去揭示企业未来可能面临的财务困境并提高风险信息披露质量，以提示利益相关者保持决策应有的谨慎性。孙德升（2009）认为任期越长的高管及其团队，越能了解组织利益相关者的需求范围，越能从组织的长远利益出发分析与披露企业风险问题，即高管团队的任期越长，越有可能重视企业风险环境。当其到达任职后期，通常表现为就任的第7~8年后，随着高管资历的不断上升，他们往往会变得过度自信，会更加坚持既有的思维模式和行为习惯，不再进行企业创新，个人学习的努力程度也大不如前（Finkelstein and Hambrick，1996），因此他们的信息来源日益狭窄，信息的内容也日趋单调和贫乏，为了迎合长任期高管的自满心理，他们披露的大部分信息都是经过精心筛选和过滤的，风险提示信息质量出现显著下降，而这将导致其与审计意见之间的关联性再次丧失。

　　从审计质量和会计稳健性的角度看高管任期周期的影响，对于上任不久的高管而言，他们往往更愿意试验、更愿意追求创新战略，同时鉴于公司当前的制度还未对其产生根深蒂固的影响，他们在公司未来如何发展的战略规划上保持更加积极乐观的心态，很可能意识不到降低审计标准带来的风险有多大，此时管理层较低的审计质量要求会使得审计师对风险提示信息不会给予过分关注。Lewis等（2014）指出，与更长期任职的公司高管相比，新任命的高管更愿意默认风险信息披露制度压力，即对披露风险信息的制度压力做出反应的重要性没那么高，表现出风险过度自信的显著特征。而随着任期的逐渐增加，高管们将越来越忠实于已有的发展运行模式，更可能形成高质量审计必不可少的观念（Slater and Dixon Fowler，2010），因而通常会对审计师的严格测试态度诚恳，要求其提供更高质量的审计服务以降低未来不确定性风险，确保自身收入或持股能维持稳定。此时，高质量的审计标准将促使审计师更加审慎地对待年报风险信息，并将其在审计意见中予以反映。例如，Fraser等（2006）研究指出，高管任职时间越久时，在进行决策时更倾向于考虑大量的客观和经验因素，持续更正自身的决策偏差以完善决策内容，尽可能地规避风险因素的影响。而当高管到达其任职末期时，其工作激情将不断退减，权势地位的提升在很大程度上将使其对过去的公司管理模式保持着过度自信的心态，信息来源日益狭窄，信息的内容亦日趋单调和贫乏。此时，为了维系过去优良业绩水平的表象以及迎合其自满心理，他们披露的大部分信息都是经过精心筛选和过滤的。故而风险提示信息质量下降，并进一步弱化了该信息与审计意见之间的相关关系。例如，Katz（1982）的研究发现，对于CEO任职周期较长的公司，一般倾向于按照CEO自身偏好设置特殊的信息搜寻及筛选机制，该机制将使CEO对企业环境的识别能力逐渐减弱，信息质量亦大大降低。

因此，基于以上对高管背景特征的分析，提出假设2：

H2a：保持其他条件不变，高管年龄越大时，由风险提示信息增多引起的审计师出具非标审计意见的可能性越大。

H2b：保持其他条件不变，风险提示信息对非标审计意见产生的正向影响在女性高管中作用更明显。

H2c：保持其他条件不变，高管学历越高时，由风险提示信息增多引起的审计师出具非标审计意见的可能性越大。

H2d：保持其他条件不变，高管任期越长时，由风险提示信息增多引起的审计师出具非标审计意见的可能性越大，但是其影响的态势会随着高管任期的周期性特征呈现出倒 U 形的状态。

三、会计师事务所规模对高管背景、风险提示信息与审计意见的调节作用

影响审计质量的一项关键因素是审计师发现报表差错并予以报告的能力。亚当·斯密（1776）提出的规模效应理论认为，企业的成本随着规模的变化而变化，企业的平均成本由于规模的增大反而逐渐降低，即边际成本变小。在注册会计师行业中，规模效应是指会计师事务所的单位审计成本随着其规模的增大反而逐渐降低的现象，即边际审计成本变小。根据规模效应理论，规模较大的会计师事务所因其自身具备更多的资源，往往能够投入大量的资金成本向审计师提供良好的培训条件、职业发展以及较高的薪酬待遇留住更加优秀的人才，培养这些人才使其积累丰富的经验和行业专长，以达到通过降低单位审计成本提高审计质量的结果。大规模事务所在这方面形成的优势使其更容易降低单位审计成本，从而达到规模效应。Choi 等（2010）以可操纵性应计利润的绝对值作为审计质量的替代变量，从盈余操纵的角度研究发现事务所规模扩大对审计质量的提高有积极影响。不仅如此，对大事务所而言，其不需要依赖部分特定客户以维持经营业绩，在与客户进行协商谈判的过程中博弈能力与抗压能力要普遍强于规模较小的事务所，面对被审计单位的各种会计违规操作也能维持较高的独立性。因此，理论上看大事务所的审计质量会高于小事务所。Lennox（1999）的研究发现，大事务所发布的审计报告相比于小事务所准确性更高、信息含量更丰富，更有可能揭露被审计单位的财务现实状况。而作为审计工作最终成果的审计意见，在很大程度上代表了审计质量，当被审计单位年报中出现问题隐患，尤其是出现了与风险相关的警示性信息时，规模越大的事务所接收风险信号、发现问题的可能性越大，因而越容易对被审计单位出具非标准的审计意见。

由事务所规模扩大带来的审计质量提升现象不仅从规模效应理论角度得到了

合理解释,"深口袋"理论与声誉假说也为这一现象提供了理论支撑。一方面,"深口袋"理论认为,对于规模越大的会计师事务所往往"口袋"也越深,即它们大多拥有充裕的资金支持、支付能力普遍较强,在发生审计失败时,赔偿损失的能力较其他小所往往更高,因而投资者以及法院向其要求索赔的可能性也更高。因此,"深口袋"责任迫使审计师在提供审计服务时注重审计质量的提高。伴随着2002年以来我国证券市场虚假陈述民事诉讼相关法律的完善,会计师事务所面临的民事诉讼风险大大提升,为了尽可能地减少赔偿损失,大事务所的审计师具备强有力的动机去提供更加谨慎精细的审计服务,其审计质量自然而然高于小型事务所。Dye（1993）对事务所规模、诉讼成本和审计质量的关系加以研究,研究发现事务所规模越大,当出现审计失败时,会支付更多的诉讼成本,面对审计失败承担的风险也会更大。另一方面,声誉作为会计师事务所的一项无形资产对事务所的长远发展而言不可或缺。首先,审计声誉具有信息传递机制。在审计市场行业信息不对称的情况下,审计产品的质量难以通过直接观察来判断其优劣,投资者经常会依据事务所的声誉对其提供的审计服务质量予以鉴定和评价,良好的事务所声誉由此被当作高审计质量的替代变量。Puri（1999）发现事务所声誉越好,越能提供较高的审计质量,以便进一步维护事务所的声誉。其次,审计声誉还具备惩罚机制,当会计师事务所被发现在审计过程出现弄虚作假而有损审计声誉的行为时,将受到严厉的法律惩罚,付出高额的审计失败成本。同时,当事务所受到中注协或者证监会的处罚或者面临法律诉讼时,就会向审计市场传递事务所声誉受损的信号,投资者通过这个信号判断事务所提供审计质量的优劣。正是由于大规模事务所的审计师具备更强的专业能力,更有可能始终如一地执行审计标准,提供高质量审计服务,这不但给财务报告使用者带来方便,节约了投资者为做出正确的投资决策而付出的信息搜集成本,使事务所在审计市场中逐渐获得广泛的大众认可;而且将为其积累良好的声誉、带来丰富的客户资源、获得更高的审计溢价,进而提高事务所在审计市场的份额。大事务所基于对现有声誉和营业收入的考虑,极有可能执行更严苛的审计测试,包括能更有效监督合伙人、更易积累专业技能（GAO, 2003）,承担更大的法律责任、与管理当局合谋动机更小（Moore and Scott, 1989; 吴水澎和李奇凤, 2006）,因此对于年报中披露的风险提示信息将给予更多关注,过程中也会坚守底线、保持独立性,对上市公司的财务状况进行如实反映。DeAngelo（1981）分析指出,在成熟的市场环境下,审计师的独立性承诺与事务所规模正相关,由于在专业技能等方面投入更多,因而会有更多的可挤占准租能够作为其审计师机会主义行为的抵押品,故考虑到违规引致的声誉及准租金损失,大所更愿提供高质量的审计服务。Chen等（2013）进一步考虑了所属地域差异的影响,分地区衡量审计质量,研究发现事务所规模越大,审计质量越高,且这种正相关性在国际事务所中更为显著。

然而,尽管大规模会计师事务所在提供审计服务时会受到品牌声誉效应以及准租金损失的约束,但这实际上要基于审计执业准则的贯彻实施和审计师资格的坚持作为前提依据,因此这种"软约束"实质上无法为审计的高质量提供必要保证。具体从委托代理理论的角度来看,注册会计师审计的出现将原本公司的所有者与经营者之间形成的单向委托代理链条进行延伸,并进一步转化为所有方与审计师、经营方与审计师之间的双层委托代理关系。而道德风险的存在会使基于自身利益最大化的"理性"审计师在提供服务时体现两类趋势:第一,加入管理方阵营,通过出具标准无保留审计意见的方式对其公司治理能力以及业绩状况予以肯定,在既定风险水平上实现自身收入的最大化;第二,不与管理方合谋,按照公司的实际情况进行报告,此时任何对财务状况进行肯定的风险都将由审计师自身承担。由于维护声誉所需承担的额外费用无法用审计溢价的方式进行弥补,因此审计师在维持声誉方面缺乏有效激励,为了尽可能地降低自身风险,他们在面对年报中各类不确定信息时往往更偏好向被审计单位妥协以保证自身既得利益不受损害。而年报中披露的风险提示某种程度上而言较为主观,审计师基于规避利益受损风险的动机,往往不会对其给予过多关注,而更倾向于出具标准的审计意见。

与此同时,吴昊旻和王华(2010)基于代理冲突及其制度渊源的深入分析指出,事务所规模扩大能够有效促进审计质量这一结论,是基于充分竞争的审计市场、有效的审计监管、足够的法律威慑、及时的信息披露以及忽略事务所内部代理问题等一系列市场条件的前提之下得出的,而这些条件目前在国内要么尚不完备,要么还在受多因素互动影响。结合当下我国审计市场的运行状况,审计师因审计失败而接到民事诉讼进行索赔的概率较低,其承受的法律风险很少。对于一些处于新兴或转轨时期的国家,由于法律环境的欠缺以及政府监管的松弛,让审计师没有了"后顾之忧",较少的诉讼威胁使得大规模事务所选择"相机供给"高质量审计的可能性大大提升(吴昊旻等,2015)。因此,除研究角度、变量设置、样本选择及研究方法等技术性差异影响之外,制度背景及其市场环境差异很可能是引致理论分析与现实情景存在较大分歧的最重要原因,事务所的规模尚不足以成为审计高质量的正向保障。刘峰等(2009)基于大陆在港上市的分组样本的经验研究支持"店大欺客"假设,即大事务所收取了相对较高的审计费用却并未提供明显高质量的审计。这与 Hunt 和 Lulseged(2007)关于收益依赖和声誉保护的权衡对于客户规模与非五大审计报告类型关系的结论一致。可见,大事务所审计质量并非一贯地高,作为理性代理人的大事务所可能相机供给高质量审计（孙铮和曹宇，2004；李明辉，2006；张奇峰和张鸣，2009）。冯延超（2010）、翟华云和廖洪（2011）对我国事务所的研究均表明，出于降低审计风险和诉讼风险的动机，国内大事务所会主动提升审计质量，这在一定程度上解释了为何国际大事务所与国内大事务所审计质量出现显著差异。温毓敏（2016）在投资者保护的角度下研究发现，受到投资者的监督压力会使得大规模会计师事务所不得不提高审计质量。张利霞（2016）在诉讼风险角度下研究，结果表明大规模会计师事务所提供的优惠服务明显少于小规模会计师事务所，当诉讼风险具有一定的威慑力之后，规模较大的事务所的业务能力才能显著高于规模较小的事务所，即诉讼风险压力有利于提高审计质量。由此可见，在我国特殊的制度背景和市场环境下，尤其是在投资者法律保护程度显著低于发达国家均值水平的情境下（Allen et al.，2005；叶建芳等，2010），大规模事务所能否一如既往地保证高质量的审计服务，在面临年报风险提示信息时是否一定比小规模事务所具备更高警惕性从而出具更加稳健的审计意见等议题还未形成统一的结论，还需要联系我国实际进行更加深入而广泛的探讨。

综合以上理论分析，我们提出竞争性假设3。

H3a：保持其他条件不变，事务所规模越大，高管背景与风险提示信息对非标审计意见产生的正向影响越大。

H3b：保持其他条件不变，事务所规模越小，高管背景与风险提示信息对非标审计意见产生的正向影响越大。

第四节 研究设计

一、样本和数据

以2010~2017年中国A股上市公司作为研究对象，之所以选择2010年作为样本期间的始点主要是基于以下的考虑：2007年1月30日，证监会发布并实施了《上市公司信息披露管理办法》，对"管理层报告"披露的内容进行了细化，强化了披露要求，要求重点列示出对公司有重大影响的事项和不确定因素的讨论分析，自此与风险有关的文本内容才逐渐在年报中体现。但由于2008~2009年是全球金融危机时期，在此期间企业风险因素会明显增多，采用此期间的上市公司作为样本可能会出现较多的异常值，导致文章结果不稳健。同时由于披露管理办法刚刚颁布，其宗旨也需要一段时间被上市公司消化吸收，因此本书选取办法颁布后的第三年作为样本期间的始点。

同时，样本的筛选遵循以下原则：①剔除研究期间内相关数据缺失的公司；②剔除金融保险等行业的上市公司。样本的财务数据来自 CSMAR 数据库，事务所规模数据来自中注协发布的"会计师事务所综合评价前百家信息"（2010~2017 年），部分缺失的数据以及非财务性的风险信息通过手工搜集公司披露的年报获得，最后共计得到 8420 个样本观察值的数据。对所有连续变量进行了上下 1% 的缩尾调整（Winsorize）以剔除异常值的影响。本书运用 Excel 2007 和 Stata 13 进行统计分析[①]。

二、模型设定及变量定义

为检验风险提示信息与审计意见之间的关系以及加入高管背景与会计师事务所规模对其产生的影响，本书参考薄仙慧和吴联生（2010）、吴良海等（2017）的研究，构建了如下三个多元回归模型：

模型 1：

$$\begin{aligned}\text{LN(OPIN)} = &\alpha_0 + \alpha_1 \text{Risk} + \alpha_2 Q + \alpha_3 \text{ROE} + \alpha_4 \text{LEV} + \alpha_5 \text{Size} + \alpha_6 \text{CFO} + \\ &\alpha_7 \text{BM} + \alpha_8 \text{Indratio} + \alpha_9 \text{Lnsalary} + \alpha_{10} \text{Dual} + \alpha_{11} \text{Avoidloss} + \\ &\alpha_{12} \text{DA} + \alpha_{13} \text{Return} + \alpha_{14} \text{Diffcult1} + \alpha_{15} \text{Diffcult2} + \alpha_{16} \text{L\_OPIN} + \\ &\alpha_{17} \text{Switch} + \alpha_{18} \text{Occupy} + \alpha_{19} \text{Big4} + \alpha_{20} \text{State} + \alpha_{21} \text{Time} + \\ &\sum \text{Year} + \sum \text{Industry} + \varepsilon\end{aligned}$$

模型 2：

$$\begin{aligned}\text{LN(OPIN)} = &\beta_0 + \beta_1 \text{Risk} + \beta_2 \text{Gao} + \beta_3 \text{Risk} \times \text{Gao} + \beta_4 Q + \beta_5 \text{ROE} + \beta_6 \text{LEV} + \\ &\beta_7 \text{Size} + \beta_8 \text{CFO} + \beta_9 \text{BM} + \beta_{10} \text{Indratio} + \beta_{11} \text{Lnsalary} + \beta_{12} \text{Dual} + \\ &\beta_{13} \text{Avoidloss} + \beta_{14} \text{DA} + \beta_{15} \text{Return} + \beta_{16} \text{Diffcult1} + \beta_{17} \text{Diffcult2} + \\ &\beta_{18} \text{L\_OPIN} + \beta_{19} \text{Switch} + \beta_{20} \text{Occupy} + \beta_{21} \text{Bing4} + \beta_{22} \text{State} + \\ &\beta_{23} \text{Time} + \sum \text{Year} + \sum \text{Industry} + \delta\end{aligned}$$

[①] 之所以未在主检验中将 ST 的上市公司予以剔除，主要的原因有以下两点：第一，由于本书度量文本型数据风险提示信息的标准是董事会报告章节中风险词频的个数，该信息虽然在董事会报告章节中因为被要求强制披露已经占到一定比例，但从上市公司整体披露情况来看，实际涉及风险词汇的数量依然是有限的，为了尽可能地保留更多的观测样本以使本文的研究结论具有普适性，本书在主检验中未将 ST 样本剔除；第二，在进行描述性统计分析时，作者发现被 ST 的上市公司风险提示信息词频数和正常上市公司相比并未出现特别显著的不合理差异，部分 ST 公司的风险个数也只比正常上市公司多出一小部分，考虑到这部分样本不会对最后结果造成实质性影响，故而作者未在主检验中进行 ST 样本的删除。

模型3：

会计师事务所位于行业百强排名中前10组样本检验：

$$\begin{aligned}
LN(OPIN\_Top10) = & \gamma_0 + \gamma_1 Risk\_Top10 + \gamma_2 Gao\_Top10 + \gamma_3 Risk\_Top10 \times \\
& Gao\_Top10 + \gamma_4 Q\_Top10 + \gamma_5 ROE\_Top10 + \\
& \gamma_6 LEV\_Top10 + \gamma_7 Size\_Top10 + \gamma_8 CFO\_Top10 + \\
& \gamma_9 BM\_Top10 + \gamma_{10} Indratio\_Top10 + \gamma_{11} Lnsalary\_Top10 + \\
& \gamma_{12} Dual\_Top10 + \gamma_{13} Avoidloss\_Top10 + \gamma_{14} DA\_Top10 + \\
& \gamma_{15} Return\_Top10 + \gamma_{16} Diffcult1\_Top10 + \\
& \gamma_{17} Diffcult2\_Top10 + \gamma_{18} L\_OPIN\_Top10 + \\
& \gamma_{19} Switch\_Top10 + \gamma_{20} Occupy\_Top10 + \\
& \gamma_{21} State\_Top10 + \gamma_{22} Time\_Top10 + \\
& \sum Year + \sum Industry + \lambda
\end{aligned}$$

会计师事务所不属于行业百强排名中前10组样本检验：

$$\begin{aligned}
LN(OPIN\_N) = & \gamma_0 + \gamma_1 Risk\_N + \gamma_2 Gao\_N + \gamma_3 Risk\_N \times Gao\_N + \gamma_4 Q\_N + \\
& \gamma_5 ROE\_N + \gamma_6 LEV\_N + \gamma_7 Size\_N + \gamma_8 CFO\_N + \gamma_9 BM\_N + \\
& \gamma_{10} Indratio\_N + \gamma_{11} Lnsalary\_N + \gamma_{12} Dual\_N + \gamma_{13} Avoidloss\_N + \\
& \gamma_{14} DA\_N + \gamma_{15} Return\_N + \gamma_{16} Diffcult1\_N + \gamma_{17} Diffcult2\_N + \\
& \gamma_{18} L\_OPIN\_N + \gamma_{19} Switch\_N + \gamma_{20} Occupy\_N + \gamma_{21} State\_N + \\
& \gamma_{22} Time\_N + \sum Year + \sum Industry + \zeta
\end{aligned}$$

审计意见（OPIN）：借鉴薄仙慧和吴联生（2011）的研究，将OPIN定义为审计意见类型的虚拟变量，如果审计意见为标准无保留审计意见，则OPIN = 0，否则OPIN = 1。

风险提示信息（Risk）：由于和风险有关的内容多见于对业绩的分析和对未来的预测，以文字描述为主，并且多集中于公司年报中"董事会报告"的"管理层讨论与分析"和"公司未来展望"两小节下，因此借鉴罗彪等（2014）的研究，本书采用内容分析法测量年报中披露的风险信息的强度。具体的文本挖掘方式与上一章相同，不再赘述。

高管背景（Gao）：借鉴张兆国等（2011）、许年行和李哲（2016）的研究，根据研究的需要以及数据的可得性，首先，按照以下规则对高管加以界定：从CSMAR里上市公司人物特征数据库中筛选出所有高管团队成员；当一家公司含有两名及以上的高管时，按照"兼任董事长或副董事长""在该年度任期较长""有关背景数据比较完善"的优先级顺序进一步进行筛选。其次，分别采用年龄（Age）、性别（Gender）、学历（Edu）、任期（Tenure）四个标准对高管背景进行衡量。其中，Age表示高管年龄；Gender表示高管性别，当高管为男性时取1，否则取 0；Edu 表示高管的学历，结合 CSMAR 中对公司高管教育背景的划分方法，按照以下规则进行学历分类：当高管教育背景位于"1 中专及中专以下"和"2 大专"区间时，Edu 取 0，当高管教育背景位于"3 本科""4 硕士研究生""5 博士研究生""6 其他荣誉博士或函授等"区间时，Edu 取 1；Tenure 表示高管的既有任期，即高管在企业的实际工作年数。参考 Mcclelland 等（2012）以及 Luo 等（2014）的做法，用高管开始任职直至考察年份任职期间的所有年数总和作为衡量既有任期的方法，具体计算方式如下：

$$\text{Tenure}_{i,t} = (\text{Year}_{i,t} - \text{Year}_{i,t0} - 1) + [\text{Month}_{i,t} - (12 - \text{Month}_{i,t0}) + 1]/12$$

其中，$\text{Tenure}_{i,t}$ 代表 i 公司高管截止到 t 年为止已经任职的年份数，$\text{Year}_{i,t}$ 代表 i 公司考察年份，$\text{Year}_{i,t0}$ 代表高管开始任职的年份，$\text{Month}_{i,t}$ 代表高管截止到 t 年为止已经任职的月份数，$\text{Month}_{i,t0}$ 代表高管开始任职的月份。

同时，为了衡量高管任期是否与风险提示信息及审计意见之间存在非线性关联，借鉴李龙会和刘行（2011）的做法，本书加入了高管既有任期的平方项（Tenure^2）进行检验。

会计师事务所规模（Top10）：借鉴刘笑霞和李明辉（2011）、宋衍蘅和肖星（2012）的研究，以事务所在中注协公布的行业百强排名中是否位于前 10 位来衡量事务所的规模。若位于百强前 10，则 Top10 = 1，否则 Top10 = 0。

根据薄仙慧和吴联生（2010）、吴良海等（2017）的研究，我们在模型 1 ~ 模型 3 中加入以下控制变量：托宾 Q 值（Q）、净资产收益率（ROE）、资产负债率（LEV）、企业规模（Size）、经营现金流（CFO）、账面市值比（BM）、独立董事比例（Indratio）、高管薪酬（Lnsalary）、两职合一（Dual）、是否处于避亏区间（Avoidloss）、操纵性应计利润（DA）、年度调整的市场回报（Return）、公司的审计风险（Difficult1、Difficult2）、滞后一期审计意见（L_OPIN）、审计师是否变更（Switch）、大股东资金占用程度（Occupy）、是否四大（Big4）、产权性质（State）、上市年限（Time）、行业（Industry）、年份（Year）。具体变量定义如表 6 - 1 所示。

---

① 经中国注册会计师协会常务理事会审议通过，《会计师事务所综合评价办法》作出如下修订（2015 年 6 月）："前百家事务所排名得分 = 业务收入指标得分 + 综合评价其他指标得分 - 处罚和惩戒指标应减分值"。其中：业务收入指标得分 =［前百家候选事务所业务收入中位数 + 前百家候选事务所业务收入中位数 ×（该事务所业务收入的自然对数 - 前百家候选事务所业务收入中位数的自然对数）］/修正系数；事务所业务收入 = 该事务所本身业务收入 + 与该事务所统一经营的其他执业机构业务收入 ×5%；修正系数 = 前百家候选事务所中业务收入最高者的业务收入得分（修正前）/1000。业务收入指标得分和综合评价其他指标得分，满分均为 1000 分。处罚和惩戒指标应减分值 = Σ［刑事处罚、行政处罚和行业惩戒的次数（人数）× 相关分值］。

表6-1 变量定义表

变量名称		变量符号	计算方法
审计意见		OPIN	虚拟变量,如果为标准无保留审计意见,则 OPIN=0,否则 OPIN=1
风险提示信息		Risk	[(年报中披露的与风险有关的信息词频数汇总*字节数)/董事会报告章节字节数×100%]
高管背景 (Gao)	高管年龄	Age	高管年龄
	高管性别	Gender	当高管为男性时取1,否则取0
	高管学历	Edu	高管教育水平,当高管教育背景位于"1 中专及中专以下"和"2 大专"区间时,Edu 取0;当高管教育背景位于"3 本科""4 硕士研究生""5 博士研究生""6 其他荣誉博士或函授等"区间时,Edu 取1
高管任期		Tenure	高管在企业的实际工作年数
		$Tenure^2$	高管在企业实际工作年数的平方项
会计师事务所规模		Top10	如果事务所在中注协公布的行业百强排名中排名前10位,则 Top10=1,否则 Top10=0
托宾Q值		Q	[负债账面价值+(非流通股占总股本比率*股东权益账面价值+流通股市值)]/总资产账面价值
净资产收益率		ROE	期末净利润/期末净资产
资产负债率		LEV	期末负债总额/期末资产总额
企业规模		Size	总资产的自然对数
经营现金流		CFO	企业本期由经营活动产生的现金流量净额的自然对数
账面市值比		BM	期末资产总计/市值
独立董事比例		Indratio	独董人数/总董事会人数
高管薪酬		Lnsalary	高管薪酬的前三名总额的自然对数
两职合一		Dual	董事长与总经理的兼任情况,若兼任取0,否则取1
是否处于避亏区间		Avoidloss	若 0<ROE<1%,则 Avoidloss=1,否则 Avoidloss=0
操纵性应计利润		DA	基于行业分类横截面修正的 Jones 模型计算所得
年度调整的市场回报		Return	年度市场调整的股票回报
公司的审计风险		Difficult 1	公司年末应收账款除以年末总资产
		Difficult 2	公司年末存货除以年末总资产
滞后一期审计意见		L_OPIN	若滞后一期审计意见为标准无保留意见,则 L_OPIN=0,否则 L_OPIN=1
审计师是否变更		Switch	若发生了审计师变更,则 Switch=1,否则 Switch=0

续表

变量名称	变量符号	计算方法
大股东资金占用程度	Occupy	其他应收款除以年末总资产
是否四大	Big 4	虚拟变量,公司聘请国际四大事务所则为1,否则为0
产权性质	State	虚拟变量,最终控制人性质,若企业是非国有企业,则取值为1;否则为0
上市年限	Time	公司上市至今的年份数
年份	Year	年度虚拟变量
行业	Industry	行业虚拟变量,以控制行业固定影响。根据证监会《上市公司2012版行业分类指引》,将样本上市公司归属为21个行业分类(不含金融行业)

第五节 回归结果及其实证分析

一、描述性统计

表6-2报告了全样本描述性统计结果。首先,审计意见(OPIN)的平均值为0.023,表明2.3%的上市公司收到了非标审计意见。风险提示信息(Risk)的均值为0.251,最大值达到0.835,表明在年报的"董事会报告"章节中,与风险相关的词频已占相当一部分比例,非财务性风险信息越来越受到关注。其次,高管年龄(Age)的均值为49.01,标准差为6.255,表明高管年龄分布不均;性别(Gender)的均值为0.934,表明超过90%以上的上市公司高管均为男性;学历(Edu)的均值为0.783,标准差为0.412,表明高管的受教育程度基本处于平均水平之上;任期(Tenure)的平均值为4.001,最大值为12.75,说明目前我国上市公司高管的平均在位任职期限仅为4年左右,最长期限也仅为12年左右,总体来看时间是较短的;事务所是否位于百强前十(Top10)的均值为0.556,说明目前对我国上市公司实施审计的会计师事务所50%以上规模都是比较高的。最后,表6-2也显示了其他控制变量的描述性统计结果。同时,经VIF测试证实模型的方差膨胀因子均小于10,不存在多重共线性问题。

表6-2 全样本描述性统计

变量	观测值	均值	标准差	最小值	25%	50%	75%	最大值
OPIN	8420	0.023	0.151	0	0	0	0	1
Risk	8420	0.251	0.156	0	0.144	0.224	0.322	0.835
Age	8420	49.01	6.255	33	45	49	53	65
Gender	8420	0.934	0.248	0	1	1	1	1
Edu	8420	0.783	0.412	0	1	1	1	1
Tenure	8420	4.001	2.990	0	1.583	3.333	6	12.75
Tenure^2	8420	24.95	32.78	0	2.507	11.11	36	162.6
Top10	8420	0.566	0.496	0	0	1	1	1
Q	8420	2.515	2.228	0.204	1.054	1.869	3.234	13.39
ROE	8420	0.067	0.103	-0.583	0.030	0.067	0.112	0.421
LEV	8420	0.411	0.214	0.0459	0.237	0.398	0.574	0.975
Size	8420	21.95	1.258	19.21	21.06	21.75	22.59	25.91
CFO	8420	10.24	15.85	-21.54	15.50	18.36	19.54	23.15
BM	8420	0.810	0.828	0.075	0.309	0.535	0.949	4.907
Indratio	8420	0.374	0.053	0.333	0.333	0.333	0.429	0.571
Dual	8420	14.18	0.687	12.39	13.74	14.14	14.59	16.08
Lnsalary	8420	0.715	0.452	0	0	1	1	1
Avoidloss	8420	0.128	0.334	0	0	0	0	1
DA	8420	0.066	0.081	0.001	0.019	0.042	0.081	0.538
Return	8420	0.211	0.568	-0.550	-0.186	0.0672	0.45	2.292
Difficult 1	8420	0.120	0.102	0	0.035	0.100	0.177	0.461
Difficult 2	8420	0.150	0.138	0	0.064	0.117	0.188	0.747
L_OPIN	8420	0.024	0.152	0	0	0	0	1
Switch	8420	0.651	0.477	0	0	1	1	1
Occupy	8420	0.015	0.023	0	0.003	0.008	0.017	0.159
Big 4	8420	0.057	0.231	0	0	0	0	1
State	8420	0.679	0.467	0	0	1	1	1
Time	8420	8.335	6.293	1	3	6	14	23

二、单变量检验

表6-3报告了根据高管背景（Gao）以及会计师事务所规模（Top10）对风

险提示信息进行分组后单变量分析的结果。首先，通过观察按照高管背景分组后各组的均值和中位数可以看出，当高管年龄（Age）高于平均值、性别（Gender）为女性、学历（Edu）在高学历组、任期（Tenure）高于平均值时，风险提示信息（Risk）的含量明显高于其所对应的另一组，并且针对该分组的大部分 T 检验和 Wilcoxon 检验结果（除按照学历分组的 Wilcoxon 检验外）在统计上均是显著的，这表明对于年龄越大、学历越高、任期越长的女性高管而言，其对待风险的态度是更加稳健的，且倾向于披露更多的风险提示信息。其次，通过观察按照会计师事务所规模（Top10）分组后的均值和中位数可以看出，两组风险提示信息含量的差异很小，并且针对该分组的 T 检验和 Wilcoxon 检验结果在统计上基本未呈现显著性结果，这表明上市公司并非会根据对其实施审计的会计师事务所规模来进行风险提示信息的差异化披露。

表 6 - 3 单变量分析

统计变量：Risk			N	均值	标准差	中位数	T 检验（T 值）	Wilcoxon 检验（Z 值）
Gao	Age	低于平均值组	4489	0.243	0.155	0.215	-4.894***	-5.736***
		高于平均值组	3931	0.260	0.156	0.233		
	Gender	Gender = 0	552	0.252	0.157	0.225	-2.643**	-2.102**
		Gender = 1	7868	0.251	0.141	0.214		
	Edu	Edu = 0	1825	0.243	0.157	0.221	-2.156***	-1.562
		Edu = 1	6595	0.253	0.152	0.232		
	Tenure	低于平均值组	4801	0.245	0.150	0.220	-3.020***	-2.313**
		高于平均值组	3619	0.258	0.160	0.227		
Top10		Top10 = 0	3654	0.249	0.156	0.220	-1.151	-1.276
		Top10 = 1	4766	0.253	0.156	0.225		

三、相关性分析

表 6 - 4 显示了主要变量的 Pearson 和 Spearman 相关系数检验结果。通过对变量进行相关性分析我们发现，风险提示信息（Risk）不仅与审计意见（OPIN）呈现出显著的正相关关系，也与高管年龄（Age）、性别（Gender）、任期（Tenure）等呈现出显著的相关关系，表明审计意见在受风险提示信息影响的同时，也和高管背景以及事务所规模之间存在密切联系。以上结果初步均验证了研究假设。

表6-4 主要变量相关性分析

	OPIN	Risk	Age	Gender	Edu	Tenure	Tenure²	Top10	ROE	LEV	Size	Lnsalary	Dual	DA	L_OPIN
OPIN	1	0.028***	-0.018*	0.003	-0.011	-0.026**	-0.026**	-0.002	-0.081***	0.106***	-0.083***	-0.069***	0.012	0.069***	0.491***
Risk	0.041***	1	0.070***	0.023**	-0.015	-0.018*	-0.018*	0.014	-0.134***	0.121***	0.026**	-0.053***	0.046***	-0.003	-0.011
Age	-0.017	0.057***	1	0.044***	-0.115***	0.215***	0.215***	0.029***	-0.015	0.037***	0.128***	0.110***	-0.154***	-0.035***	-0.015
Gender	0.003	0.029***	0.050***	1	0.007	-0.026**	-0.026**	-0.003	-0.024**	0.043***	0.047***	0.035***	-0.048***	-0.0263	-0.003
Edu	-0.011	-0.006	-0.129***	0.007	1	-0.040***	-0.040***	0.026**	0.038***	0.040***	0.082***	0.101***	0.048***	0.001	-0.015
Tenure	-0.021*	-0.020**	0.236***	-0.015	-0.030***	1	1***	0.071***	-0.050***	-0.057***	0.045***	0.062***	-0.154***	-0.057***	-0.044***
Tenure²	-0.014	-0.012	0.240***	-0.002	-0.015	0.948***	1	0.071***	-0.050***	-0.057***	0.045***	0.062***	-0.154***	-0.057***	-0.044***
Top10	-0.001	0.013	0.025**	-0.002	0.026**	0.069***	0.059***	1	0.018*	0.007	0.104***	0.138***	-0.020	-0.032***	-0.005
ROE	-0.102***	-0.120***	-0.018*	-0.037***	0.042***	-0.026**	-0.017	0.016	1	-0.040***	0.138***	0.281***	-0.000	0.053***	-0.025**
LEV	0.135***	0.138***	0.034***	0.045***	0.040***	-0.035***	-0.001	0.007	-0.100***	1	0.523***	0.108***	0.138***	0.115***	0.099***
Size	-0.098***	0.056***	0.137***	0.049***	0.085***	0.058***	0.083***	0.133***	0.101***	0.495***	1	0.459***	0.167***	0.001	-0.080***
Lnsalary	-0.079***	-0.042***	0.111***	0.029***	0.103***	0.082***	0.095***	0.150***	0.227***	0.101***	0.437***	1	0.004	-0.014	-0.064***
Dual	0.012	0.050***	-0.167***	-0.048***	0.048***	-0.148***	-0.125***	-0.020	-0.005	0.139***	0.164***	0.002	1	0.000	0.0199*
DA	0.097***	-0.001	-0.042***	-0.030***	-0.005	-0.062***	-0.048***	-0.022**	0.014	0.130***	-0.007	-0.012	0.007	1	0.067***
L_OPIN	0.491***	0	-0.016	-0.003	-0.015	-0.038***	-0.028**	-0.005	-0.018*	0.129***	-0.092***	-0.075***	0.020*	0.116***	1

注：表中左下方为Pearson相关系数检验结果，右上方为Spearman相关系数检验结果，*** 表示在1%水平下显著，** 表示在5%水平下显著，* 表示在10%水平下显著。

四、多元回归分析

(一) 风险提示信息与审计意见

表6-5显示了审计意见与风险提示信息的回归结果,为了验证回归结果是否稳健,本书在进行基础的 Logit 多元回归的基础上,补充进行了 Probit 回归、将全部解释变量与控制变量滞后一期、一阶差分、基于面板数据的混合回归与随机效应回归以及 GMM 回归。其中,采用 Logit 和 Probit 回归是期望首先通过基本的二值选择模型回归方式检验假设1是否成立;采用滞后一期的回归方式是期望尽可能减少因风险提示信息存在时滞性或者与审计意见之间存在反向因果关系而导致回归结果存在偏误;采用一阶差分的回归方式是期望从动态视角检验风险提示信息与审计意见之间是否确实存在关联;采用基于面板的随机效应和混合回归方式是期望通过将本文的混合截面数据进一步转化为平衡面板数据进行回归的方式,来减少原先非平衡面板数据因部分样本"丢失"而导致的估计量不一致问题;采用广义矩估计(GMM)的回归方式是期望在考虑扰动项可能存在异方差或自相关的前提下,通过引入工具变量进行再次回归,从而降低回归结果因解释变量风险提示信息存在内生性而形成偏误的概率,回归结果均列示在表6-5中。第一列为风险提示信息与审计意见的 Logit 回归结果,首先,根据 χ^2 值以及 $Pseudo - R^2$ 值可以认为模型构建比较合理,其次,审计意见(OPIN)与风险提示信息(Risk)在5%水平上显著正相关,表明了上市公司年报中披露的风险提示信息越多时,越容易接收到非标审计意见,即实施年报审计的注册会计师已经在一定程度上将年报中与风险相关的非财务信息纳入考核范围。第二列至第七列分别为风险提示信息与审计意见的 Probit 回归、全部解释变量与控制变量滞后一期回归、一阶差分检验、基于面板数据的混合回归与随机效应回归、GMM 回归的结果,其中,在进行 GMM 回归时,本书在参考已有研究(王雄元等,2017)的基础上,选取年报中董事会报告章节的字数取自然对数作为工具变量,原因在于本书采用文本分析法衡量风险提示信息,因而风险提示信息含量的多少将与董事会报告章节字数密切相关,而审计师在执行测试的过程中,往往不会将该章节的字数作为判断报表数据是否真实可靠的依据,因此该变量与审计意见是无关的。同时,对工具变量有效性检验的结果也显示,F 值为 53.2929(超过10),其对应的 P 值为 0.0000,所以可以认为选取的工具变量是合理有效的。进一步检验的结果显示审计意见(OPIN)与风险提示信息(Risk)分别在10%、5%和1%水平上呈显著正相关,证明了 Logit 回归的结果是稳健的,同时为假设1提供有力支撑。

表6-5 风险提示信息与审计意见

解释变量	被解释变量 OPIN						
	Logit	Probit	滞后一期	一阶差分	基于面板数据（混合回归）	基于面板数据（RE）	GMM
Risk	0.975* (1.89)	0.408* (1.84)	0.914* (1.72)	1.278** (2.21)	0.963* (1.79)	0.963* (1.84)	0.171** (2.29)
Q	0.024 (0.53)	0.018 (0.84)	-0.001 (-0.02)	0.044 (0.48)	0.025 (0.52)	0.025 (0.51)	0.003** (2.50)
ROE	-0.362 (-0.50)	-0.249 (-0.76)	0.540 (0.61)	-1.936* (-1.74)	-0.368 (-0.53)	-0.368 (-0.58)	-0.050 (-1.23)
LEV	2.867*** (6.06)	1.320*** (6.03)	1.871*** (3.35)	-2.591* (-1.94)	2.901*** (5.24)	2.901*** (5.59)	0.097*** (5.99)
Size	-0.408*** (-2.67)	-0.162** (-2.51)	-0.351** (-2.29)	0.446 (1.14)	-0.412*** (-2.78)	-0.412*** (-2.73)	-0.006*** (-2.87)
CFO	-0.015*** (-2.73)	-0.007*** (-2.96)	-0.017*** (-2.80)	-0.005 (-0.79)	-0.015** (-2.57)	-0.015*** (-2.81)	-0.000** (-2.41)
BM	-0.157 (-0.77)	-0.102 (-1.16)	0.213 (1.29)	0.165 (0.53)	-0.159 (-0.73)	-0.159 (-0.79)	-0.000 (-0.12)
Indratio	1.490 (0.78)	0.931 (1.22)	-1.638 (-0.80)	4.087 (1.49)	1.526 (0.87)	1.526 (0.89)	0.026 (0.84)
Lnsalary	0.100 (0.65)	0.021 (0.32)	-0.097 (-0.57)	-0.210 (-0.54)	0.096 (0.62)	0.096 (0.60)	0.001 (0.44)
Dual	-0.038 (-0.18)	0.024 (0.27)	-0.304 (-1.37)	0.776** (2.20)	-0.036 (-0.17)	-0.036 (-0.17)	-0.001 (-0.24)
Avoidloss	1.043*** (3.81)	0.445*** (3.83)	1.132*** (4.24)	-0.403 (-1.27)	1.041*** (3.75)	1.041*** (4.06)	0.022*** (2.67)
DA	1.233 (1.24)	0.593 (1.44)	1.078 (0.84)	0.272 (0.18)	1.231 (1.24)	1.231 (1.32)	0.053** (1.96)
Return	-0.244 (-1.15)	-0.145 (-1.53)	-6.292 (-0.94)	0.077 (0.40)	-0.249 (-1.09)	-0.249 (-1.15)	-0.005* (-1.69)
Difficult1	-2.129** (-2.10)	-0.963** (-2.29)	-1.324 (-1.13)	4.274 (1.49)	-2.130* (-1.92)	-2.130** (-2.14)	-0.030* (-1.88)

第六章 风险提示信息与审计意见

续表

解释变量	被解释变量 OPIN						
	Logit	Probit	滞后一期	一阶差分	基于面板数据（混合回归）	基于面板数据（RE）	GMM
Difficult2	-0.634 (-0.77)	-0.406 (-1.12)	0.526 (0.59)	0.467 (0.15)	-0.657 (-0.77)	-0.657 (-0.85)	-0.015 (-1.04)
L_OPIN	3.602*** (15.77)	1.851*** (16.34)	2.470*** (8.75)	5.070*** (14.36)	3.585*** (13.67)	3.585*** (14.96)	0.457*** (13.17)
Switch	0.152 (0.77)	0.038 (0.45)	-0.008 (-0.04)	-0.019 (-0.13)	0.152 (0.75)	0.152 (0.77)	0.002 (0.60)
Occupy	6.103** (1.99)	2.958** (2.31)	13.055*** (4.27)	15.208** (2.56)	6.159** (2.00)	6.159** (2.27)	0.390*** (3.14)
Big4	0.091 (0.16)	0.019 (0.08)	0.039 (0.07)	-0.256 (-0.66)	0.096 (0.18)	0.096 (0.16)	0.003 (0.59)
State	0.075 (0.33)	0.065 (0.66)	0.193 (0.73)	1.768** (2.34)	0.076 (0.32)	0.076 (0.32)	-0.003 (-0.66)
Time	0.007 (0.42)	0.005 (0.69)	0.046** (2.49)	-0.813 (-0.81)	0.008 (0.47)	0.008 (0.43)	0.000 (1.16)
Constant	1.121 (0.34)	-0.004 (-0.00)	4.598 (1.27)	-2.643** (-2.18)	-3.056 (-0.62)	-3.056 (-0.56)	0.068 (1.25)
Year/IND	控制	控制	控制	控制	控制	控制	控制
Pseudo-R^2	0.3942	0.3946	0.2489	0.2391	Wald chi2 = 530.32	Wald chi2 = 530.32	Wald chi2 = 349.86
χ^2	627.49	654.32	343.99	307.72	Prob > chi2 = 0.0000	Prob > chi2 = 0.0000	R-squared = 0.2723
N	8420	8420	5848	5848	8420	8420	8420

注：***表示在1%水平下显著，**表示在5%水平下显著，*表示在10%水平下显著。已对回归方程中的异方差问题进行了检验和处理，括号内提供的Z值经过异方差稳健修正。

（二）高管背景、风险提示信息与审计意见

表6-6显示了高管背景与风险提示信息对审计意见的Logit回归结果，其中第一列为风险提示信息与高管年龄（Age）交乘作用下的回归结果，第二、第三列为按照高管性别（Gender）分组后审计意见与风险提示信息的回归结果，第

四、第五列为按照高管学历(Edu)分组后审计意见与风险提示信息的回归结果,第六列为风险提示信息与高管任期(Tenure)交乘作用下的回归结果,第七列为风险提示信息与高管任期平方项($Tenure^2$)交乘作用下的回归结果。由第一列的回归结果可以看出,风险提示信息和高管年龄的交乘项($Risk \times Age$)与审计意见(OPIN)在1%水平上呈显著的正相关,表明高管年龄越大时,年报风险提示信息越易于受到注册会计师的关注,并最终反映在审计意见的"清洁度"中。由第二、第三列的回归结果可以看出,当高管性别(Gender = 0)为女性时,风险提示信息(Risk)与审计意见(OPIN)在5%的水平上呈显著的正相关关系,而当高管性别(Gender = 1)为男性时,风险提示信息(Risk)与审计意见(OPIN)未呈现显著的相关关系,表明年报风险提示信息对非标审计意见的正向影响在女性高管组中表现得更为明显。为了验证按性别分组回归的系数是否在统计上存在显著差异,本书进一步进行了 Chow 检验,检验结果 Chi2 值为 2.72,经验 P 值为 0.0993,表明可以在 10% 的显著水平上拒绝原假设,即分组数据的回归系数在统计上有显著差异。由第四、第五列的回归结果可以看出,当高管学历(Edu = 1)处于高学历组时,风险提示信息(Risk)与审计意见(OPIN)在 5% 的水平上呈显著的正相关关系,而当高管学历(Edu = 0)位于低学历组时,风险提示信息(Risk)与审计意见(OPIN)未呈现显著的相关关系,表明年报风险提示信息对非标审计意见的正向影响在高学历高管组中表现得更为明显。为了验证按学历分组回归的系数是否在统计上存在显著差异,本文进一步进行了 Chow 检验,检验结果 Chi2 值为 3.83,经验 P 值为 0.0505,表明可以在 5% 的显著水平上拒绝原假设,即分组数据的回归系数在统计上有显著差异。由第六列的回归结果可以看出,风险提示信息和高管任期的交乘项($Risk \times Tenure$)与审计意见(OPIN)在 5% 水平上呈显著的正相关,表明当高管在任的周期越长时,风险提示信息的增多更容易引起上市公司获得非标审计意见,即随着高管任职时间的不断延长,对企业环境熟悉程度会逐渐加深,加之个人不断学习以及战略风险意识的积累,对风险事项的把控越来越准确,风险提示信息的质量随之上升,因而使风险提示信息与非标审计意见之间的正向关系更明显。由第七列回归结果可以看出,风险提示信息和高管既有任期的交乘项($Risk \times Tenure$)与审计意见(OPIN)在 5% 的水平上显著正相关,风险提示信息和既有任期平方项的交乘项($Risk \times Tenure^2$)与审计意见(OPIN)在 5% 的水平上呈显著负相关,表明当高管任期增加时,非标审计意见被出具的可能性会随着风险提示信息的增多而提升,但是随着高管任期的进一步增加时,大约在其任职的第 7 年(拐点处阈值约为 7.2)时,非标审计意见的出示概率将随着风险提示信息的增多而减小,即随着任期时间的延长,风险提示信息与非标审计意见之间呈现出倒 U 形关系,高管任期实质上对上述二者之间产生的是一种非线性调节作用。这一结果与已有的对高管任期周期性及阈值的研究（Finkelstein and Hambrick, 1996；陈守明等, 2011）结论相一致。以上结果证实了高管背景特征能够对风险提示信息与审计意见之间的关系产生影响，并且对于越稳健（年龄越大、女性、学历越高、任职的一定周期越长）的上市公司高管而言，产生的正向影响越大。同时，上述结果也支持了假设2a~2d。

表6-6 高管背景、风险提示信息与审计意见①

解释变量	被解释变量						
	OPIN						
	Age	Gender = 0	Gender = 1	Edu = 0	Edu = 1	Tenure	Tenure^2
Risk	2.221 *** (3.82)	1.177 ** (2.21)	-2.188 (-0.84)	0.351 (0.35)	1.243 ** (2.05)	-0.567 (-0.88)	-2.950 * (-1.81)
Age	-0.198 *** (-4.09)						
Risk × Age	0.502 *** (4.01)						
Tenure						-0.102 * (-1.72)	-0.030 (-1.20)
Risk × Tenure						0.318 ** (2.15)	0.244 ** (2.18)
Tenure^2							0.000 (1.01)
Risk × Tenure^2							-0.017 ** (-2.01)
Q	0.025 (0.55)	0.030 (0.64)	-0.517 (-1.23)	0.144 (1.18)	-0.024 (-0.48)	0.045 (0.93)	0.044 (0.92)
ROE	-0.492 (-0.71)	-0.236 (-0.32)	-8.924 (-0.76)	-1.958 * (-1.68)	0.319 (0.34)	-0.175 (-0.23)	-0.132 (-0.18)

---

① 由于假设2的检验主体是高管背景特征，目的主要是探究这一调节因素在上述二者关系中是否以及如何产生影响，因此我们将着眼点主要放在了高管背景这一指标本身的探索挖掘上，通过引入背景的不同形式（年龄、性别、学历、任期、任期平方项）来考察该调节作用如何形成以及是否能够稳定发挥，故而没有再运用假设1中的其他回归方法进行稳健性检验。

续表

解释变量	被解释变量 OPIN						
	Age	Gender = 0	Gender = 1	Edu = 0	Edu = 1	Tenure	Tenure^2
LEV	2.942***	2.772***	3.429	3.494***	2.602***	0.817***	0.830***
	(6.21)	(5.55)	(0.79)	(3.20)	(4.79)	(3.85)	(3.94)
Size	-0.440***	-0.348**	-0.749	-0.447	-0.350*	-0.410**	-0.429**
	(-2.88)	(-2.16)	(-1.08)	(-1.55)	(-1.77)	(-2.39)	(-2.48)
CFO	-0.015***	-0.016***	-0.005	-0.010	-0.016**	-0.191**	-0.186**
	(-2.70)	(-2.85)	(-0.09)	(-0.83)	(-2.27)	(-2.40)	(-2.32)
BM	-0.148	-0.191	-0.752	0.075	-0.283	0.389**	0.390***
	(-0.74)	(-0.91)	(-0.46)	(0.19)	(-1.01)	(2.55)	(2.59)
Indratio	1.358	1.962	-4.248	-1.333	1.599	1.040	1.070
	(0.71)	(0.96)	(-1.10)	(-0.40)	(0.69)	(0.50)	(0.52)
Lnsalary	0.156	0.041	0.918*	0.507	-0.081	-0.090	-0.099
	(1.01)	(0.25)	(1.75)	(1.45)	(-0.44)	(-0.59)	(-0.65)
Dual	-0.039	-0.017	-0.279	0.238	-0.143	-0.032	-0.024
	(-0.19)	(-0.08)	(-0.25)	(0.58)	(-0.57)	(-0.15)	(-0.11)
Avoidloss	1.065***	1.116***	-2.949	0.988*	1.110***	1.115***	1.104***
	(3.91)	(3.94)	(-0.74)	(1.75)	(3.28)	(4.04)	(3.99)
DA	1.315	1.248	7.274	-0.949	1.686	4.478***	4.498***
	(1.36)	(1.18)	(0.76)	(-0.50)	(1.35)	(2.77)	(2.82)
Return	-0.286	-0.278	1.790	-1.072**	-0.027	-0.097	-0.130
	(-1.38)	(-1.20)	(0.92)	(-2.00)	(-0.11)	(-0.41)	(-0.54)
Difficult1	-2.218**	-2.235**	-1.327	-2.918	-1.844	-1.957*	-1.965*
	(-2.15)	(-2.11)	(-0.30)	(-1.35)	(-1.60)	(-1.70)	(-1.69)
Difficult2	-0.546	-0.132	-4.895	-0.006	-0.509	-1.563*	-1.496*
	(-0.67)	(-0.15)	(-1.25)	(-0.00)	(-0.57)	(-1.73)	(-1.69)
L_OPIN	3.639***	3.642***	5.881***	2.833***	4.063***	3.971***	3.996***
	(16.28)	(15.14)	(3.01)	(5.01)	(15.06)	(18.99)	(18.72)
Switch	0.163	0.118	-0.096	-0.057	0.127	-0.172	-0.164
	(0.83)	(0.58)	(-0.08)	(-0.14)	(0.53)	(-0.86)	(-0.83)
Occupy	5.872*	6.041*	24.524	11.377**	4.559	6.228**	5.941**
	(1.92)	(1.91)	(1.29)	(2.07)	(1.18)	(2.17)	(2.03)

续表

解释变量	被解释变量						
	OPIN						
	Age	Gender=0	Gender=1	Edu=0	Edu=1	Tenure	Tenure^2
Big4	0.180	0.000	0.105	1.044	-0.015	-0.035	-0.038
	(0.33)	(0.00)	(0.18)	(0.56)	(-0.02)	(-0.08)	(-0.09)
State	-0.032	0.070	0.328	0.368	0.058	-0.049	-0.049
	(-0.14)	(0.30)	(0.24)	(0.66)	(0.21)	(-0.23)	(-0.23)
Time	0.009	0.007	0.082	0.001	0.008	0.029	0.029
	(0.49)	(0.36)	(1.30)	(0.02)	(0.38)	(1.59)	(1.59)
Constant	10.092***	0.269	3.443	-3.265	2.404	8.632**	9.394***
	(2.59)	(0.08)	(0.24)	(-0.48)	(0.55)	(2.47)	(2.61)
Year/IND	控制	控制	控制	控制	控制	控制	控制
Pseudo-R^2	0.4033	0.5081	0.4053	0.3749	0.4384	0.4511	0.4526
χ^2	608.30	184.29	607.65	196.30	523.71	684.79	701.75
N	8420	552	7868	1825	6595	8420	8420
Chow 检验	—	chi2(1)=2.72 Prob>chi2=0.0993		chi2(1)=3.83 Prob>chi2=0.0505		—	—

注：***表示在1%水平下显著，**表示在5%水平下显著，*表示在10%水平下显著。已对回归方程中的异方差问题进行了检验和处理，括号内提供的Z值经过异方差稳健修正。第二列Big4的回归结果为0是由于在Gender=0的女性组，该组内的会计师事务所均为非四大，故值均为0，下同。

（三）高管背景、会计师事务所规模、风险提示信息与审计意见

表6-7显示了不同会计师事务所规模下高管背景与风险提示信息对审计意见的Logit回归结果。在表6-7中，第一列和第二列为是否百强前十、高管年龄与风险提示信息对审计意见的影响，对比观察这两列中位于百强前十组（Top10=1）和不为百强前十组（Top10=0）的结果可以发现，在百强前十组（Top10=1）中，风险提示信息和高管年龄的交乘项（Risk×Age）与审计意见（OPIN）在1%水平上呈显著的正相关，而在不为百强前十组（Top10=0）该系数没有通过显著性检验，表明高管年龄越大时，由风险提示信息增多引起的非标审计意见显著增长的现象更易于发生在事务所规模较大的情况下，事务所规模较大时审计师倾向于对风险提示信息给予更多的关注。第三列至第六列为是否百强前十、高管性别与风险提示信息对审计意见的影响，对比观察这四列中位于百强前十组（Top10=1）和不为百强前十组（Top10=0）的结果可以发现，在百强前十组（Top10=1）中，风险提示信

息与审计意见（OPIN）分别在5%（Gender=0）和1%（Gender=1）水平上呈显著的正相关，而在不为百强前十组（Top10=0）该系数均未通过显著性检验，再次表明年报风险提示信息对非标审计意见的正向影响在大规模事务所中表现得更为明显。第七列至第十列为是否百强前十、高管学历与风险提示信息对审计意见的影响，对比观察这四列中位于百强前十组（Top10=1）和不为百强前十组（Top10=0）的结果可以发现，在百强前十组（Top10=1）以及高学历组（Edu=1）中，风险提示信息与审计意见（OPIN）在5%水平上呈显著的正相关，而在不为百强前十组（Top10=0）该系数均未通过显著性检验，表明高管学历越高时，由风险提示信息增多引起的非标审计意见显著增长的现象更易于发生在事务所规模较大的情况下，即事务所规模增大会促进高管学历与风险提示信息对审计意见的正向影响。第十一列至第十二列为是否百强前十、高管任期与风险提示信息对审计意见的影响，第十三列至第十四列为是否百强前十、高管任期平方项与风险提示信息对审计意见的影响。首先，对比观察这四列里的前两列结果可以发现，在百强前十组（Top10=1）中，风险提示信息和高管任期的交乘项（Risk×Tenure）与审计意见（OPIN）在1%水平上呈显著的正相关，而在不为百强前十组（Top10=0）该系数没有通过显著性检验，表明了高管任期与风险提示信息对非标审计意见的正向促进作用在大规模事务所中表现得更明显。其次，对比观察这四列里的后两列结果可以发现，在百强前十组（Top10=1）中，风险提示信息和高管任期的交乘项（Risk×Tenure）与审计意见（OPIN）在1%水平上呈显著的正相关，风险提示信息和高管任期平方项的交乘项（Risk×Tenure^2）与审计意见（OPIN）在1%水平上呈显著的负相关，而在不为百强前十组（Top10=0）该系数未通过显著性检验，再次表明随着高管任期的进一步增加时，大约在其任职的第7年（拐点处阈值约为7.7）时，非标审计意见的出示概率将随着风险提示信息的增多而减小，即随着任期时间的延长，风险提示信息与非标审计意见之间呈现出倒U形关系，并且这种关系更易发生在事务所规模较大的情况下。同时，为了验证按会计师事务所规模分组回归的系数是否在统计上存在显著差异，本书进一步进行了Chow检验，根据各组检验结果中的Chi2值与经验P值不难发现，经验P值基本上均小于0.1，表明可以在10%的显著水平上拒绝原假设，即按会计师事务所规模分组数据的回归系数在统计上有显著差异。

以上结果反映了一个共同的事实，即当会计师事务所规模越大时，实施年报审计的审计师对风险提示信息会给予更多的关注，尤其对于上市公司的年龄大、高学历以及具备一定任职期限的高管而言，风险提示信息含量增多引起被审计单位收到非标审计意见的效应更加明显。上述结果验证了竞争性假设3a。

表6-7 是否百强前十、高管背景、风险提示信息与审计意见

解释变量	被解释变量 OPIN															
	Age				Gender=0		Gender=1		Edu=0		Edu=1		Tenure		Tenure²	
	Top10=0	Top10=1	Top10=0	Top10=1	Top10=0	Top10=1	Top10=0	Top10=1	Top10=0	Top10=1	Top10=0	Top10=1	Top10=0	Top10=1	Top10=0	Top10=1
Risk	-11.919 (-1.31)	-27.867*** (-3.03)	-0.468 (-0.10)	7.452** (2.12)	0.231 (0.27)	1.897*** (2.68)	-3.065 (-1.50)	1.753 (1.08)	0.894 (0.78)	1.912** (2.49)	0.215 (0.42)	-3.552*** (-2.70)	2.833 (1.44)	-11.133*** (-4.06)
Age	-0.138** (-2.04)	-0.233*** (-3.20)														
Risk×Age	0.293 (1.51)	0.612*** (3.03)														
Tenure													-0.021 (-0.23)	-0.329*** (-3.92)	0.060 (1.62)	-0.123*** (-3.46)
Risk× Tenure													0.164 (0.75)	0.796*** (3.52)	-0.173 (-1.16)	0.677*** (3.69)
Tenure²															-0.001 (-1.55)	0.001** (2.55)
Risk× Tenure²															0.013 (1.18)	-0.044*** (-3.00)
Q	-0.005 (-0.08)	0.062 (0.87)	-0.249 (-0.56)	-15.424 (-1.04)	0.037 (0.49)	0.013 (0.20)	0.221 (1.61)	-0.176 (-0.95)	0.062 (0.71)	-0.034 (-0.46)	0.048 (0.71)	-0.001 (-0.02)	0.044 (0.64)	-0.005 (-0.06)
ROE	-1.380 (-1.46)	0.598 (0.59)	19.409 (1.28)	18.687 (0.53)	1.119 (1.05)	-1.397 (-1.46)	-2.193 (-0.93)	-0.833 (-0.48)	2.278 (1.42)	-1.226 (-1.06)	-0.646 (-0.65)	0.569 (0.53)	-0.724 (-0.70)	0.651 (0.63)
LEV	3.344*** (5.28)	2.935*** (3.75)	23.653** (2.39)	2.551 (0.26)	2.616*** (3.28)	3.496*** (5.47)	3.208* (1.73)	3.915* (1.94)	2.398*** (2.62)	3.155*** (4.57)	0.749*** (2.63)	1.040*** (2.90)	0.744*** (2.58)	1.125*** (3.10)
Size	-0.441** (-2.12)	-0.516*** (-2.06)	-3.913** (-2.01)	-3.962 (-1.52)	-0.463* (-1.78)	-0.390* (-1.74)	-1.471*** (-2.90)	0.030 (0.07)	-0.184 (-0.60)	-0.488* (-1.90)	-0.204 (-0.93)	-0.576** (-2.12)	-0.212 (-0.97)	-0.643** (-2.28)

续表

解释变量	Age Top10=0	Age Top10=1	Gender=0 Top10=0	Gender=0 Top10=1	Gender=1 Top10=0	Gender=1 Top10=1	Edu=0 Top10=0	Edu=0 Top10=1	Edu=1 Top10=0	Edu=1 Top10=1	Tenure Top10=0	Tenure Top10=1	Tenure^2 Top10=0	Tenure^2 Top10=1
CFO	−0.014* (−1.72)	−0.019** (−2.32)	0.057 (0.64)	−0.059 (−0.90)	−0.020** (−2.43)	−0.014* (−1.73)	−0.004 (−0.22)	−0.021 (−1.16)	−0.018* (−1.75)	−0.014 (−1.50)	−0.218** (−2.09)	−0.222* (−1.79)	−0.208** (−1.97)	−0.226* (−1.88)
BM	−0.252 (−1.03)	0.098 (0.28)	0.237 (0.19)	−54.085 (−1.08)	0.054 (0.14)	−0.252 (−0.98)	2.004** (2.49)	−1.246 (−1.45)	−0.219 (−0.47)	−0.229 (−0.76)	0.284* (1.65)	0.306 (1.03)	0.295* (1.74)	0.370 (1.18)
Indratio	−1.075 (−0.40)	4.770* (1.73)	−29.289 (−1.51)	−32.845 (−1.13)	4.839* (1.72)	−0.552 (−0.19)	−11.240 (−1.64)	4.683 (1.17)	8.767*** (2.99)	−2.856 (−0.90)	1.386 (0.53)	1.175 (0.35)	1.014 (0.38)	1.657 (0.50)
Lnsalary	0.135 (0.70)	0.081 (0.31)	0.812 (1.32)	2.057** (2.52)	−0.077 (−0.28)	0.055 (0.27)	1.788** (2.02)	−0.033 (−0.05)	−0.438 (−1.47)	0.177 (0.78)	−0.061 (−0.31)	−0.404 (−1.60)	−0.050 (−0.25)	−0.416 (−1.61)
Dual	−0.269 (−1.02)	0.852** (1.97)	−1.297 (−0.83)	1.419 (0.89)	1.037** (2.25)	−0.272 (−0.97)	1.371* (1.67)	−0.218 (−0.40)	0.909 (1.61)	−0.378 (−1.21)	−0.071 (−0.25)	0.421 (1.06)	−0.072 (−0.26)	0.436 (1.11)
Avoidloss	1.068*** (2.82)	1.113** (2.57)	1.565 (0.77)	0.700 (0.09)	1.208*** (2.81)	1.088*** (2.69)	0.838 (0.72)	1.777* (1.87)	1.534*** (2.91)	0.954** (2.07)	1.289*** (3.67)	1.083*** (2.44)	1.301*** (3.69)	1.046** (2.41)
DA	−0.131 (−0.09)	2.141 (1.60)	−0.314 (−0.09)	14.673 (1.00)	2.399** (1.73)	−0.547 (−0.36)	−3.255 (−1.07)	−2.091 (−0.74)	3.681** (2.23)	−0.125 (−0.07)	4.894** (2.19)	5.160** (2.45)	4.709** (2.10)	5.736*** (2.88)
Return	−0.115 (−0.40)	−0.586* (−1.82)	2.979* (1.73)	−0.790 (−0.97)	−0.619 (−1.51)	−0.121 (−0.40)	−1.820** (−2.39)	−0.545 (−0.58)	−0.349 (−0.89)	0.101 (0.32)	−0.263 (−0.78)	−0.109 (−0.32)	−0.247 (−0.73)	−0.174 (−0.49)
Difficult1	−1.438 (−1.10)	−3.672* (−1.95)	−2.902 (−0.50)	−1.938 (−0.15)	−3.321* (−1.79)	−1.538 (−1.16)	−7.451 (−1.40)	0.943 (0.35)	−1.897 (−0.92)	−1.275 (−0.86)	−2.268 (−1.63)	−0.379 (−0.19)	−2.261 (−1.62)	−0.594 (−0.29)
Difficult2	−1.867* (−1.78)	0.380 (0.30)	−7.067 (−0.81)	−8.727 (−0.39)	0.826 (0.61)	−1.398 (−1.15)	1.872 (0.72)	−5.030 (−1.25)	−0.299 (−0.22)	−0.887 (−0.69)	−3.274*** (−3.09)	0.092 (0.07)	−3.127*** (−3.06)	0.174 (0.14)

续表

解释变量	被解释变量 OPIN														
	Age		Gender=0		Gender=1		Edu=0		Edu=1		Tenure		Tenure²		
	Top10=0	Top10=1	Top10=0	Top10=1	Top10=0	Top10=1	Top10=0	Top10=1	Top10=0	Top10=1	Top10=0	Top10=1	Top10=0	Top10=1	
L_OPIN	3.877***	3.400***	4.514***	8.837**	3.440***	3.922***	2.839***	3.643***	4.137***	4.173***	4.507***	3.630***	4.532***	3.695***	
	(12.73)	(9.75)	(3.03)	(2.45)	(9.60)	(11.81)	(2.81)	(4.62)	(9.22)	(11.59)	(16.15)	(10.54)	(15.97)	(10.67)	
Switch	0.074	0.389	0.000	-3.150*	0.185	0.133	0.340	-0.371	0.465	-0.001	-0.306	-0.003	-0.299	-0.106	
	(0.27)	(1.20)	(.)	(-1.96)	(0.59)	(0.47)	(0.48)	(-0.54)	(1.18)	(-0.00)	(-1.20)	(-0.01)	(-1.19)	(-0.33)	
Occupy	9.455***	-0.168	30.749	-117.926	-1.582	10.124***	5.979	21.628***	0.412	8.833*	4.188	5.608	4.050	4.888	
	(2.69)	(-0.03)	(0.87)	(-1.48)	(-0.33)	(2.75)	(0.61)	(3.36)	(0.06)	(1.80)	(0.94)	(1.48)	(0.91)	(1.20)	
Big4	0.000	0.250	0.000	0.000	0.000	0.161	0.000	1.274	0.000	0.044	-0.591	0.000	-0.624	0.000	
	(.)	(0.45)	(.)	(.)	(.)	(0.27)	(.)	(1.08)	(.)	(0.07)	(-1.20)	(.)	(-1.23)	(.)	
State	0.268	-0.263	0.000	-2.262	-0.085	0.477	0.910	0.501	-0.284	0.369	0.250	-0.191	0.275	-0.228	
	(0.80)	(-0.74)	(.)	(-0.72)	(-0.25)	(1.46)	(1.10)	(0.51)	(-0.68)	(0.98)	(0.90)	(-0.59)	(0.98)	(-0.69)	
Time	0.012	0.004	0.019	0.262*	0.014	0.005	0.055	0.002	-0.018	0.018	0.023	0.049	0.026	0.039	
	(0.57)	(0.13)	(0.19)	(1.68)	(0.41)	(0.22)	(0.93)	(0.06)	(-0.44)	(0.70)	(1.05)	(1.52)	(1.18)	(1.13)	
Constant	8.563	12.167**	-16.048	124.192	2.409	1.475	0.909	-7.723	0.115	3.012	4.922	16.402***	3.751	19.682***	
	(1.53)	(2.03)	(-1.39)	(1.05)	(0.44)	(0.32)	(0.07)	(-0.75)	(0.02)	(0.49)	(1.10)	(2.61)	(0.84)	(2.96)	
Year/IND	控制	控制	控制	控制	控制	控制	控制	控制	控制	控制	控制	控制	控制	控制	
Pseudo-R²	0.4180	0.4414	0.3233	0.5812	0.4422	0.4293	0.5202	0.4421	0.4838	0.4558	0.4712	0.4956	0.4721	0.5052	
χ²	340.92	420.83	36.56	48.83	397.57	326.82	162.39	144.48	320.74	269.09	456.66	341.35	466.28	336.90	
N	3654	4766	240	312	3415	4453	792	1033	2862	3733	3654	4766	3654	4766	
Chow检验	chi2(1)=3.73		chi2(1)=3.41		chi2(1)=3.71		chi2(1)=0.79		chi2(1)=3.70		chi2(1)=3.75		chi2(1)=2.94		
	Prob>chi2=0.0553		Prob>chi2=0.0649		Prob>chi2=0.0541		Prob>chi2=0.3740		Prob>chi2=0.0545		Prob>chi2=0.0528		Prob>chi2=0.0863		

注：*** 表示在1%水平下显著，** 表示在5%水平下显著，* 表示在10%水平下显著。已对回归方程中的异方差问题进行了检验和处理，括号内提供的Z值经过异方差稳健修正。

第六节　进一步检验：基于公司状态与审计频率

值得注意的是，鉴于中国语言自身涵盖了丰富多样的语法结构、书写习惯、构词方式等（单就"风险"一词便可以用危机、危险、危害、损害、困难、困境等多种方式进行表述），因此风险词频表达危险程度的问题是制约风险提示信息与审计意见关系的重要因素。为了尽量缓解文本型语言自身存在的弊端对本书研究结果可能造成的影响，我们考虑加入"公司自身经营状态"以及"审计师是否为初次审计"这两条替代性解释渠道，对风险提示信息与审计意见之间的关系进行深层次讨论。加入"公司自身经营状态"和"审计师是否为初次审计"的原因在于，显然，同一"风险"词汇从处于不同财务状态的上市公司年报中披露出来，其表述的含义是迥然不同的，相对而言，业绩状况较优的上市公司所描述的风险对于利益相关方而言远不如处于财务困境中的上市公司进行披露时造成的"杀伤力"大。同时，同一"风险"词汇对于初次实施审计和持续进行审计的审计师而言，其代表的意义和程度亦是有所区别的。相对而言，当审计师初次审计一家上市公司时，面对风险信息会更为谨慎，该信息所涵盖的风险分量会比较重，而对于持续审计同一家上市公司的审计师来说，基于已有的对公司经营状况的了解，其面临风险信息时更能有效把控，风险信息所占分量就会减少。因此，我们从"公司自身经营状态"和"审计师是否为初次审计"这两个角度对研究样本进行了区分，而后分别考察每类样本中风险提示信息对审计意见形成的作用，据以从风险程度替代性解释的视角对二者之间的关系进行再次佐证。

一、风险提示信息与审计意见：考虑公司自身经营状态

Campbell 等（2014）指出，至少存在以下两种原因削弱了风险因素披露的信息含量：首先，企业不必估计最终披露的风险的可能性。其次，企业不必量化披露的风险可能对其当前和未来财务报表的影响。管理层仅仅披露所有可能的风险和不确定性，而不考虑它们最终会影响公司的可能性，并且围绕这些风险和不确定性中的每一个的披露在本质上很可能是模糊和样本化的（Reuters，2005）。鉴于现代风险导向审计是在评估重大错报风险的基础上对报表整体发表专家意见，在多数情况下的审计判断属于对不确定性事件的概率和对不确定性数据的值或区间进行的一种风险判断（Gibbins，2002），因此，审计师针对风险提示信息这类复杂、不确定性事项的认定属于风险决策。Gigerenze 和 Goldstein（1999）从生

物本能和启发式策略的角度,提出了生态理性(Ecological Rationality)观点,强调环境对决策者的影响以及决策者对环境的适应,认为决策的准确性取决于决策者的认知策略特征与决策环境的匹配程度(Hogarth and Karelaia,2012)。风险决策中的前景理论指出,在不确定的环境下,人们不可能根据决策任务进行数量预测和精确地计算选项发生的概率,而更多地参考或依赖上期的情况,即存在锚定效应,审计师的决策过程同样受到锚定效应的影响(Pike et al.,2013)。杨书怀(2018)进一步指出,企业所处的外在环境不确定性越大,管理层进行盈余管理的动机越强,审计质量越难以保证。因此,基于文本类风险提示信息披露的天然缺陷,加之决策环境的现实差别,审计师可能并非会在所有情况下都将风险提示信息纳入考量,而是在某种程度上依赖于公司当前所处状态的危险性和不确定性。接下来考察了不同盈利能力、偿债能力以及环境不确定性状态下的上市公司,审计师在获取其风险提示信息时是否会在后续审计意见出具时区别对待。

表6-8分别显示了不同盈利能力、不同偿债能力和不同程度的环境不确定性情况下,风险提示信息对审计意见产生的影响结果。其中,盈利能力采用"期末净利润/期末净资产"(ROE)进行度量,偿债能力采用"期末负债总额/期末资产总额"(LEV)进行度量,对于环境不确定性,参考Ghosh和Olsen(2009)、申慧慧和吴联生(2012)、林钟高等(2015)比较成熟的做法,采用公司过去5年营业收入的标准差并经行业调整后的数值来衡量各公司的环境不确定性,即$Sale = \varphi_0 + \varphi_1 Year + \varepsilon$,其中Sale为营业收入;Year为年度变量。公式中的残差项即为非正常营业收入,将其平减以前5年的营业收入得到未经行业调整的环境不确定性。同一年度的同一行业内所有公司的未经行业调整的环境不确定性的中位数,即行业环境不确定性,再将各公司未经行业调整的环境不确定性除以行业环境不确定性,最终得到本书所指的经行业调整后的环境不确定性(EU)。上述三项指标最终分别按其中位数进行分组,据以考察不同组别内回归结果是否存在差异性。由表6-8中的回归结果可以看出,首先,当公司盈利能力较差时(ROE低于中位数组),风险提示信息与审计意见之间呈现出显著的正向关联;而当公司盈利能力较强时(ROE高于中位数组),风险提示信息与审计意见之间未显示出显著的相关性。其次,当公司偿债能力较强时(LEV低于中位数组),风险提示信息与审计意见之间未显示出显著的相关性;而当公司偿债能力较弱时(LEV高于中位数组),风险提示信息与审计意见之间呈现出显著的正向关联。再次,当公司处于环境不确定性程度较大的状态(EU高于中位数组)时,风险提示信息与审计意见之间呈现出显著的正向关联;而当公司处于环境不确定性程度较小的状态(EU低于中位数组)时,风险提示信息与审计意见之间未显示出显著的相关性。同时,为了验证分别按盈利能力、偿债能力以及环境不确定性程

风险提示信息的决策价值研究——基于年报文本信息的实证检验

表6-8 考虑盈利能力后的风险提示信息与审计意见

解释变量	ROE低于中位数组 OPIN						ROE高于中位数组						
	Logit	Probit	滞后一期	一阶差分	面板数据(混合回归)	面板数据(RE)	GMM	Logit	Probit	滞后一期	一阶差分	面板数据(混合回归)	面板数据(RE)	GMM
Risk	0.362* (1.81)	0.453* (1.72)	0.994* (1.69)	1.517** (2.45)	0.362* (1.82)	0.362 (1.14)	0.216* (1.71)	1.052 (1.20)	0.527 (1.30)	-0.924 (-0.84)	-1.310 (-0.85)	1.052 (1.19)	1.052 (0.99)	-0.124 (-1.29)
Q	0.005 (0.08)	0.014 (0.51)	0.006 (0.08)	-0.066 (-0.55)	0.005 (0.07)	0.005 (0.08)	0.003 (1.34)	0.115 (1.48)	0.030 (0.82)	0.021 (0.23)	0.122 (0.61)	0.115 (1.47)	0.115 (1.24)	0.003* (1.69)
ROE	-1.852** (-2.04)	-0.926** (-2.22)	-0.079 (-0.07)	-2.561** (-2.45)	-1.852** (-1.99)	-1.852** (-2.17)	-0.186*** (-2.76)	2.113 (0.97)	1.414 (1.42)	-0.047 (-0.03)	2.140 (0.90)	2.112 (0.97)	2.112 (0.99)	0.173*** (2.90)
LEV	1.460** (2.28)	0.754*** (2.59)	1.2903* (1.81)	0.712 (0.26)	1.460* (1.96)	0.0533** (2.57)	0.018*** (4.68)	5.088*** (4.28)	2.006*** (3.83)	3.842*** (4.04)	-6.756*** (-3.92)	5.087*** (4.14)	5.087*** (4.19)	0.124*** (5.42)
Size	-0.198 (-1.03)	-0.066 (-0.81)	-0.233 (-1.33)	-1.058 (-1.30)	-0.198 (-1.05)	-0.198 (-1.03)	-0.006 (-1.66)	-0.445 (-1.49)	-0.221* (-1.85)	-0.365 (-1.05)	1.697*** (3.58)	-0.445 (-1.60)	-0.445 (-1.64)	-0.015*** (-5.27)
CFO	-0.015** (-2.35)	-0.007** (-2.56)	-0.014* (-1.93)	-0.003 (-0.52)	-0.015** (-2.22)	-0.015** (-2.42)	-0.000** (-2.16)	-0.004 (-0.32)	-0.002 (-0.39)	-0.005 (-0.38)	-0.019* (-1.70)	-0.004 (-0.29)	-0.004 (-0.33)	-0.000 (-1.43)
BM	-0.118 (-0.50)	0.026 (0.28)	0.180 (1.03)	0.207 (0.42)	-0.118 (-0.48)	-0.118 (-0.51)	-0.000 (-0.06)	-0.604 (-1.22)	-0.290 (-1.50)	-0.191 (-0.40)	0.092 (0.26)	-0.604 (-1.20)	-0.604 (-1.22)	-0.001 (-0.44)
Indratio	-1.129 (-0.49)	-0.327 (-0.35)	-4.537** (-1.96)	6.784** (2.23)	-1.129 (-0.53)	-1.129 (-0.54)	-0.025 (-0.50)	9.081*** (2.68)	3.871*** (3.10)	4.301 (0.97)	-2.598 (-0.50)	9.081*** (2.79)	9.081*** (2.84)	0.082** (2.24)
Lnsalary	0.155 (0.85)	0.024 (0.31)	0.100 (0.49)	-0.174 (-0.36)	0.155 (0.87)	0.155 (0.82)	0.003 (0.70)	-0.123 (-0.42)	-0.104 (-0.90)	-0.401 (-1.13)	-0.613 (-0.98)	-0.123 (-0.35)	-0.123 (-0.38)	-0.003 (-1.14)
Dual	-0.198 (-0.83)	-0.043 (-0.42)	-0.333 (-1.29)	0.417 (0.97)	-0.198 (-0.87)	-0.198 (-0.80)	-0.005 (-0.96)	0.891* (1.79)	0.400** (2.22)	-0.273 (-0.61)	1.206** (2.17)	0.891* (1.84)	0.891 (1.62)	0.005* (1.75)
Avoidloss	0.733*** (2.60)	0.491*** (4.96)	0.862*** (2.93)	-0.490* (-1.90)	0.733*** (2.58)	0.733*** (2.75)	0.003 (0.31)	0.000 (.)	0.000 (.)	1.390** (2.25)	1.081 (0.57)	0.000 (.)	0.000 (.)	0.000 (.)

续表

解释变量	OPIN ROE低于中位数组								OPIN ROE高于中位数组						
	Logit	Probit	滞后一期	一阶差分	面板数据（混合回归）	面板数据（RE）	GMM	Logit	Probit	滞后一期	一阶差分	面板数据（混合回归）	面板数据（RE）	GMM
DA	0.281 (0.24)	0.470 (0.92)	1.689 (1.06)	0.178 (0.10)	0.281 (0.24)	0.281 (0.23)	0.039 (0.95)	2.329 (1.55)	1.013* (1.69)	2.696 (1.47)	-1.512 (-0.54)	2.329 (1.52)	2.329 (1.54)	0.009 (0.28)
Return	-0.141 (-0.55)	-0.135 (-1.18)	-0.105 (-0.35)	0.074 (0.31)	-0.141 (-0.49)	-0.141 (-0.55)	-0.006 (-1.16)	-0.352 (-0.84)	-0.160 (-0.96)	-0.129 (-0.23)	0.219 (0.50)	-0.352 (-0.85)	-0.352 (-0.81)	-0.010** (-2.24)
Difficult1	-2.364** (-2.02)	-0.877* (-1.70)	-1.909 (-1.38)	5.904 (1.58)	-2.364* (-1.82)	-2.364* (-1.95)	-0.068** (-2.39)	-0.752 (-0.42)	-0.204 (-0.28)	-0.232 (-0.10)	3.479 (0.68)	-0.751 (-0.42)	-0.751 (-0.42)	-0.030* (-1.69)
Difficult2	-0.972 (-0.99)	-0.312 (-0.77)	-0.619 (-0.57)	-0.347 (-0.11)	-0.972 (-0.97)	-0.972 (-1.04)	-0.034 (-1.52)	1.050 (0.62)	0.356 (0.57)	2.359 (0.97)	-0.182 (-0.07)	1.050 (0.63)	1.050 (0.69)	-0.022 (-1.21)
L_OPIN	3.661*** (13.32)	1.990*** (14.25)	2.170*** (6.38)	4.618*** (10.52)	3.662*** (11.93)	3.662*** (13.81)	0.496*** (10.82)	3.510*** (7.19)	1.705*** (8.05)	2.795*** (4.42)	6.585*** (6.86)	3.510*** (6.68)	3.510*** (7.26)	0.348*** (6.91)
Switch	0.144 (0.63)	0.048 (0.49)	0.045 (0.17)	0.016 (0.09)	0.144 (0.61)	0.144 (0.62)	0.003 (0.70)	0.244 (0.54)	0.078 (0.49)	0.128 (0.30)	0.028 (0.10)	0.244 (0.55)	0.244 (0.57)	-0.002 (-0.78)
Occupy	9.605*** (3.03)	5.442*** (3.89)	14.645*** (4.09)	12.681* (1.94)	9.604*** (3.12)	9.604*** (3.26)	0.605*** (3.13)	-7.174 (-1.42)	-2.523 (-1.03)	3.747 (0.61)	21.597** (2.10)	-7.173 (-1.42)	-7.173 (-1.15)	-0.172 (-1.30)
Big4	-0.037 (-0.06)	-0.160 (-0.56)	-0.144 (-0.23)	-0.189 (-0.31)	-0.037 (-0.06)	-0.037 (-0.05)	-0.006 (-0.50)	0.226 (0.18)	0.282 (0.68)	0.583 (0.46)	-0.621 (-0.45)	0.226 (0.18)	0.226 (0.20)	0.016** (2.60)
State	0.287 (1.04)	0.148 (1.21)	0.386 (1.17)	-0.673 (-1.48)	0.287 (1.04)	0.287 (1.01)	0.004 (0.59)	-0.474 (-1.11)	-0.167 (-1.01)	0.115 (0.19)	2.755*** (2.96)	-0.474 (-1.08)	-0.474 (-1.05)	-0.010** (-2.24)
Time	0.022 (1.00)	0.015* (1.66)	0.050** (2.20)	-1.301 (-1.47)	0.022 (1.08)	0.022 (1.04)	0.000 (0.53)	-0.030 (-0.74)	-0.005 (-0.36)	-0.031 (-0.66)	0.000 (.)	-0.030 (-0.74)	-0.030 (-0.78)	-0.000 (-0.50)
Constant	-2.028 (-0.47)	-1.080 (-0.58)	0.420 (0.10)	-3.092** (-2.26)	-11.096 (-0.00)	-11.096 (-0.48)	0.050 (0.56)	-0.142 (-0.02)	1.014 (0.42)	4.826 (0.57)	-3.267** (-2.17)	-10.921 (-0.00)	-10.921 (-0.49)	0.319*** (4.63)

续表

解释变量	OPIN													
	ROE 低于中位数组							ROE 高于中位数组						
	Logit	Probit	滞后一期	一阶差分	面板数据（混合回归）	面板数据（RE）	GMM	Logit	Probit	滞后一期	一阶差分	面板数据（混合回归）	面板数据（RE）	GMM
Year/IND	控制	控制	控制	控制	控制	控制	控制	控制	控制	控制	控制	控制	控制	控制
Pseudo - R^2	0.3572	0.3605	0.2102	0.2485	Wald chi2 =326.14	Wald chi2 =326.14	Wald chi2 =235.46	0.5190	0.5143	0.3830	0.3818	Wald chi2 =185.88	Wald chi2 =185.88	Wald chi2 =109.85
χ^2	401.67	417.33	216.24	184.55	Prob > chi2 = 0.0000	Prob > chi2 = 0.0000	R - squared = 0.2476	315.41	372.07	226.47	242.94	Prob > chi2 = 0.0000	Prob > chi2 = 0.0000	R - squared =0.2611
N	4213	4213	2926	2926	4213	4213	4213	4207	4207	2922	2922	4207	4207	4207
基于 Logit 回归的 Chow 检验	chi2（1）=3.84 Prob > chi2 = 0.0501													

注：*** 表示在 1% 水平下显著，** 表示在 5% 水平下显著，* 表示在 10% 水平下显著，已对回归方程中的异方差问题进行了检验和处理，括号内提供的 T 值经过异方差稳健修正。部分 Avoidloss 的回归结果为 0 是由于在 ROE 高于中位数组，按照 Avoidloss 的定义，该组内的 Avoidloss 值均为 0，即公司不在避亏期间，下同。

表 6-9 考虑偿债能力后的风险提示信息与审计意见

解释变量	OPIN													
	LEV 低于中位数组							LEV 高于中位数组						
	Logit	Probit	滞后一期	一阶差分	面板数据（混合回归）	面板数据（RE）	GMM	Logit	Probit	滞后一期	一阶差分	面板数据（混合回归）	面板数据（RE）	GMM
Risk	-0.334 (-0.36)	-0.098 (-0.26)	-1.144 (-1.09)	0.888 (1.20)	-0.334 (-0.40)	-0.334 (-0.30)	-0.002 (-0.03)	1.263** (2.01)	0.556** (2.01)	1.429** (2.27)	1.589* (1.73)	1.263* (1.91)	1.263** (2.08)	0.268* (1.76)
Q	0.105 (1.29)	0.043 (1.21)	-0.031 (-0.28)	0.023 (0.11)	0.105 (1.07)	0.105 (1.20)	0.002 (0.94)	0.025 (0.44)	0.027 (0.97)	0.048 (0.61)	0.132 (1.30)	0.025 (0.44)	0.025 (0.40)	0.013*** (3.85)
ROE	-4.195** (-2.02)	-1.988* (-1.95)	-1.919 (-1.10)	-2.911*** (-2.93)	-4.196** (-2.26)	-4.196** (-2.21)	-0.094* (-1.84)	-0.259 (-0.32)	-0.172 (-0.47)	0.497 (0.52)	2.525 (0.88)	-0.259 (-0.33)	-0.259 (-0.36)	-0.040 (-0.78)

续表

解释变量	OPIN													
	LEV 低于中位数组							LEV 高于中位数组						
	Logit	Probit	滞后一期	一阶差分	面板数据(混合回归)	面板数据(RE)	GMM	Logit	Probit	滞后一期	一阶差分	面板数据(混合回归)	面板数据(RE)	GMM
LEV	2.971* (1.66)	1.237* (1.76)	-1.989 (-1.24)	-2.176* (-1.79)	2.971 (1.61)	2.971* (1.66)	0.047** (2.30)	2.959*** (3.58)	1.389*** (3.59)	2.925*** (3.41)	-1.952 (-0.90)	2.959*** (3.11)	2.959*** (3.59)	0.137*** (3.75)
Size	-0.274 (-0.84)	-0.096 (-0.77)	-0.096 (-0.28)	1.034** (2.41)	-0.274 (-0.87)	-0.274 (-0.86)	-0.004 (-1.56)	-0.432** (-2.26)	-0.162* (-1.95)	-0.455** (-2.41)	-1.727** (-2.50)	-0.432** (-2.34)	-0.432** (-2.39)	-0.008*** (-2.57)
CFO	-0.004 (-0.42)	-0.001 (-0.26)	-0.022** (-2.32)	-0.013* (-1.81)	-0.004 (-0.40)	-0.004 (-0.43)	-0.000 (-0.22)	-0.018*** (-2.69)	-0.008*** (-2.84)	-0.010 (-1.30)	0.005 (0.48)	-0.018*** (-2.57)	-0.018*** (-2.78)	-0.000*** (-2.60)
BM	0.982 (1.20)	0.308 (0.95)	0.614 (0.73)	0.017 (0.06)	0.982 (1.18)	0.982 (1.03)	0.004 (0.38)	-0.183 (-0.76)	-0.117 (-1.14)	-0.069 (-0.32)	1.040 (0.84)	-0.183 (-0.70)	-0.183 (-0.82)	0.004 (1.02)
Indratio	2.344 (0.72)	1.269 (1.02)	-2.242 (-0.58)	4.434 (1.32)	2.344 (0.71)	2.344 (0.79)	-0.005 (-0.15)	1.424 (0.61)	0.954 (0.97)	-2.085 (-0.78)	3.622 (0.61)	1.424 (0.68)	1.424 (0.67)	0.045 (0.86)
Lnsalary	0.274 (0.94)	0.107 (0.92)	-0.264 (-0.91)	-0.335 (-0.86)	0.274 (0.91)	0.274 (0.88)	0.002 (0.72)	0.063 (0.34)	-0.007 (-0.09)	0.170 (0.77)	0.433 (0.62)	0.063 (0.33)	0.063 (0.33)	-0.000 (-0.00)
Dual	-0.479 (-1.36)	-0.147 (-1.09)	-0.822** (-2.23)	0.871* (1.84)	-0.479 (-1.44)	-0.479 (-1.39)	-0.006* (-1.83)	0.347 (1.19)	0.178 (1.42)	-0.060 (-0.20)	0.880* (1.85)	0.347 (1.23)	0.347 (1.14)	0.005 (0.86)
Avoidloss	1.141** (2.34)	0.459** (2.34)	1.298*** (3.23)	-0.167 (-0.51)	1.141** (2.40)	1.141** (2.55)	0.024** (2.17)	0.854** (2.54)	0.374** (2.52)	0.992*** (2.87)	-0.433 (-0.70)	0.854** (2.60)	0.854** (2.60)	0.019 (1.53)
DA	0.060 (0.03)	0.350 (0.42)	1.553 (0.82)	0.173 (0.09)	0.060 (0.03)	0.060 (0.03)	0.018 (0.60)	2.077 (1.64)	0.942* (1.83)	0.720 (0.42)	0.744 (0.35)	2.077 (1.63)	2.077* (1.78)	0.058 (1.44)
Return	0.137 (0.35)	0.037 (0.24)	0.446 (0.94)	0.259 (1.21)	0.137 (0.31)	0.137 (0.36)	-0.005 (-1.30)	-0.358 (-1.48)	-0.220* (-1.95)	-0.603** (-2.15)	-0.251 (-0.69)	-0.358 (-1.44)	-0.358 (-1.32)	-0.011* (-1.74)
Difficult1	-2.138 (-1.01)	-0.449 (-0.56)	-1.292 (-0.50)	4.831 (1.20)	-2.137 (-0.96)	-2.137 (-1.06)	-0.034 (-1.59)	-1.994* (-1.68)	-1.021** (-2.02)	-1.785 (-1.35)	3.422 (0.93)	-1.994 (-1.59)	-1.994* (-1.66)	-0.038 (-1.56)

续表

解释变量	OPIN													
	LEV 低于中位数组						LEV 高于中位数组							
	Logit	Probit	滞后一期	一阶差分	面板数据(混合回归)	面板数据(RE)	GMM	Logit	Probit	滞后一期	一阶差分	面板数据(混合回归)	面板数据(RE)	GMM
Difficult2	-1.246	-0.512	-0.658	-2.148	-1.246	-1.246	-0.032	-0.081	-0.207	0.871	5.806	-0.081	-0.081	-0.021
	(-0.53)	(-0.58)	(-0.32)	(-0.64)	(-0.58)	(-0.69)	(-1.08)	(-0.09)	(-0.50)	(0.72)	(1.13)	(-0.09)	(-0.09)	(-1.15)
L_OPIN	4.169***	2.025***	2.526***	5.309***	4.169***	4.169***	0.332***	3.515***	1.855***	2.216***	5.256***	3.515***	3.515***	0.496***
	(9.27)	(9.37)	(4.97)	(10.61)	(7.43)	(9.44)	(5.59)	(12.39)	(13.07)	(6.32)	(7.91)	(11.30)	(12.69)	(11.81)
Switch	-0.012	-0.002	0.001	0.108	-0.012	-0.012	0.000	0.216	0.072	-0.018	-0.336	0.216	0.216	0.004
	(-0.03)	(-0.02)	(0.00)	(0.55)	(-0.03)	(-0.03)	(0.05)	(0.90)	(0.68)	(-0.07)	(-1.31)	(0.88)	(0.89)	(0.80)
Occupy	9.415	3.950	9.105	20.446***	9.416	9.416	0.124	5.492	3.078**	15.145***	6.047	5.493	5.493**	0.345**
	(1.56)	(1.49)	(1.48)	(4.04)	(1.59)	(1.57)	(0.62)	(1.46)	(1.97)	(3.59)	(0.51)	(1.44)	(1.73)	(2.22)
Big4	0.000	0.000	0.000	-0.565	-24.660	-24.660	-0.008	0.536	0.204	0.465	1.658*	0.536	0.536	0.018**
	(.)	(.)	(.)	(-0.66)	(.)	(-0.00)	(-1.10)	(0.90)	(0.80)	(0.74)	(1.65)	(0.94)	(0.87)	(2.11)
State	-0.035	0.086	-0.195	1.659*	-0.035	-0.035	0.001	0.157	0.082	0.374	2.610**	0.157	0.157	0.000
	(-0.08)	(0.50)	(-0.41)	(1.76)	(-0.07)	(-0.07)	(0.17)	(0.56)	(0.65)	(1.08)	(2.63)	(0.55)	(0.57)	(0.02)
Time	0.022	0.012	0.059*	0.296	0.022	0.022	0.000	-0.003	-0.000	-0.006	-2.488*	-0.003	-0.003	0.000
	(0.80)	(1.06)	(1.70)	(0.36)	(0.83)	(0.68)	(0.40)	(-0.14)	(-0.03)	(-0.22)	(-1.88)	(-0.16)	(-0.15)	(0.59)
Constant	-3.109	-2.302	5.235	-3.664***	-3.109	-3.109	0.063	1.219	-0.034	1.464	0.001	1.219	1.219	0.086
	(-0.47)	(-0.90)	(0.72)	(-3.26)	(-0.46)	(-0.45)	(1.06)	(0.29)	(-0.02)	(0.35)	(0.00)	(0.27)	(0.30)	(0.91)
Year/IND	控制	控制	控制	控制	控制	控制	控制	控制	控制	控制	控制	控制	控制	控制
Pseudo-R^2	0.3274	0.3245	0.2433	0.3131				0.4283	0.4285	0.3026	0.2762			
χ^2	276.47	251.35	161.47	143.69	Wald chi2=167.06	Wald chi2=167.06	Wald chi2=57.32	418.48	490.55	267.62	176.36	Wald chi2=331.58	Wald chi2=331.58	Wald chi2=363.55
					Prob>chi2=0.0000	Prob>chi2=0.0000	R-squared=0.1559					Prob>chi2=0.0000	Prob>chi2=0.0000	R-squared=0.3187
N	4032	4032	2801	2801	4032	4032	4032	4388	4388	3047	3047	4388	4388	4388

第六章 风险提示信息与审计意见

续表

解释变量	OPIN													
	LEV低于中位数组							LEV高于中位数组						
	Logit	Probit	滞后一期	一阶差分	面板数据(混合回归)	面板数据(RE)	GMM	Logit	Probit	滞后一期	一阶差分	面板数据(混合回归)	面板数据(RE)	GMM
基于Logit回归的Chow检验	chi2 (1) = 19.84 Prob > chi2 = 0.0000													

注：*** 表示在1%水平下显著，** 表示在5%水平下显著，* 表示在10%水平下显著，已对回归方程中的异方差问题进行了检验和处理，括号内提供的T值经过异方差稳健修正。

表 6-10 考虑环境不确定性后的风险提示信息与审计意见

解释变量	OPIN													
	环境不确定性较高组							环境不确定性较低组						
	Logit	Probit	滞后一期	一阶差分	面板数据(混合回归)	面板数据(RE)	GMM	Logit	Probit	滞后一期	一阶差分	面板数据(混合回归)	面板数据(RE)	GMM
Risk	2.566*** (3.50)	1.141*** (4.04)	1.369* (1.80)	1.262 (1.64)	2.599*** (3.39)	2.599*** (3.37)	0.163* (1.83)	-0.791 (-0.91)	-0.381 (-0.88)	-0.493 (-0.53)	1.193 (1.33)	-0.844 (-0.98)	-0.844 (-0.93)	0.061 (0.22)
Q	-0.029 (-0.16)	0.024 (0.38)	-0.208 (-1.05)	-0.039 (-0.32)	-0.012 (-0.06)	-0.012 (-0.08)	0.000 (0.28)	0.041 (0.66)	0.019 (0.67)	0.012 (0.12)	-0.081 (-0.64)	0.042 (0.59)	0.042 (0.61)	0.005* (1.73)
ROE	-1.483 (-1.13)	-0.702 (-1.25)	0.353 (0.24)	-3.199* (-1.72)	-1.535 (-1.18)	-1.535 (-1.34)	-0.050 (-0.95)	-0.253 (-0.27)	-0.187 (-0.42)	1.679 (1.50)	-1.360 (-1.18)	-0.272 (-0.29)	-0.272 (-0.29)	-0.061 (-0.87)
LEV	3.280*** (3.51)	1.459*** (3.68)	2.319** (2.01)	0.136 (0.05)	3.450*** (3.25)	3.450*** (3.31)	0.054*** (2.87)	3.495*** (4.58)	1.730*** (5.00)	1.478* (1.95)	-4.163*** (-3.00)	3.604*** (3.90)	3.604*** (4.34)	0.197*** (4.12)
Size	-0.405* (-1.77)	-0.145 (-1.56)	-0.484** (-1.99)	0.426 (0.67)	-0.426** (-2.01)	-0.426 (-1.63)	-0.001 (-0.63)	-0.134 (-0.51)	-0.064 (-0.59)	-0.108 (-0.34)	-0.784 (-1.37)	-0.139 (-0.55)	-0.139 (-0.54)	-0.012* (-1.91)
CFO	-0.017** (-1.97)	-0.007** (-2.04)	-0.015 (-1.61)	-0.025*** (-2.69)	-0.018** (-2.04)	-0.018** (-2.01)	-0.000* (-1.75)	-0.005 (-0.55)	-0.004 (-0.91)	-0.013 (-1.03)	0.011 (1.12)	-0.005 (-0.52)	-0.005 (-0.61)	-0.000 (-0.70)

续表

解释变量	OPIN 环境不确定性较高组							OPIN 环境不确定性较低组						
	Logit	Probit	滞后一期	一阶差分	面板数据(混合回归)	面板数据(RE)	GMM	Logit	Probit	滞后一期	一阶差分	面板数据(混合回归)	面板数据(RE)	GMM
BM	-0.183 (-0.74)	-0.092 (-0.87)	0.015 (0.06)	-0.335 (-0.81)	-0.191 (-0.70)	-0.191 (-0.67)	-0.002 (-0.82)	-0.839* (-1.76)	-0.412** (-2.04)	-0.259 (-0.66)	0.545 (0.94)	-0.861* (-1.76)	-0.861 (-1.56)	-0.022** (-2.55)
Indratio	-0.597 (-0.19)	-0.224 (-0.19)	-11.61*** (-2.93)	6.306 (1.34)	-0.450 (-0.14)	-0.450 (-0.14)	-0.006 (-0.18)	3.820 (1.36)	2.253* (1.87)	2.620 (0.73)	-1.354 (-0.36)	3.967 (1.35)	3.967 (1.50)	0.126 (1.25)
Lnsalary	0.047 (0.20)	-0.015 (-0.15)	0.044 (0.18)	-0.776 (-1.36)	0.015 (0.05)	0.015 (0.05)	-0.001 (-0.47)	0.054 (0.22)	0.051 (0.47)	-0.541 (-1.59)	0.771 (1.63)	0.063 (0.25)	0.063 (0.24)	0.015 (1.55)
Dual	0.365 (0.95)	0.163 (1.10)	0.091 (0.23)	0.914 (1.61)	0.358 (0.86)	0.358 (0.86)	0.001 (0.41)	-0.202 (-0.55)	-0.043 (-0.27)	-0.673 (-1.54)	0.646 (1.05)	-0.189 (-0.49)	-0.189 (-0.52)	-0.003 (-0.30)
Avoidloss	0.552 (1.34)	0.238 (1.36)	0.837** (1.79)	-1.052** (-2.49)	0.546 (1.40)	0.546 (1.26)	0.011 (1.23)	1.018** (2.45)	0.494*** (2.68)	1.970*** (4.64)	-0.576 (-1.43)	1.015** (2.33)	1.015** (2.49)	0.026 (1.45)
DA	0.053 (0.02)	-0.223 (-0.24)	3.114 (1.40)	0.081 (0.03)	0.081 (0.04)	0.081 (0.04)	-0.007 (-0.25)	1.183 (0.95)	0.524 (0.97)	0.183 (0.09)	-0.942 (-0.52)	1.185 (1.03)	1.185 (0.99)	0.054 (0.92)
Return	-0.501* (-1.35)	-0.265* (-1.75)	-0.225 (-0.49)	0.066 (0.21)	-0.557 (-1.42)	-0.557 (-1.23)	-0.002 (-0.71)	-0.108 (-0.37)	-0.055 (-0.43)	0.048 (0.13)	0.277 (0.80)	-0.112 (-0.36)	-0.112 (-0.37)	-0.010 (-1.05)
Difficult1	-1.938 (-1.24)	-1.233* (-1.86)	-1.136 (-0.59)	-2.782 (-0.52)	-2.071 (-1.17)	-2.071 (-1.14)	-0.010 (-0.58)	-0.766 (-0.50)	-0.399 (-0.62)	-1.648 (-0.94)	11.496** (2.33)	-0.805 (-0.50)	-0.805 (-0.53)	-0.078 (-1.60)
Difficult2	1.598 (1.28)	0.450 (0.82)	1.878 (1.30)	-0.288 (-0.08)	1.326 (0.96)	1.326 (0.87)	-0.006 (-0.49)	0.461 (0.36)	0.105 (0.19)	1.911 (1.44)	-0.938 (-0.34)	0.442 (0.43)	0.442 (0.42)	-0.012 (-0.24)
L_OPIN	3.660*** (9.86)	1.833*** (9.91)	2.495*** (5.67)	5.863*** (9.79)	3.555*** (7.28)	3.555*** (8.42)	0.373*** (6.51)	3.233*** (9.73)	1.746*** (10.48)	2.201*** (4.59)	4.440*** (6.46)	3.215*** (8.96)	3.215*** (9.19)	0.435*** (8.89)
Switch	0.046 (0.14)	-0.009 (-0.07)	0.555 (1.53)	-0.105 (-0.46)	0.022 (0.07)	0.022 (0.07)	0.000 (0.03)	0.307 (0.90)	0.114 (0.78)	-0.388 (-0.97)	0.122 (0.51)	0.312 (0.92)	0.312 (0.96)	0.002 (0.25)

续表

解释变量	OPIN 环境不确定性较高组						OPIN 环境不确定性较低组					
	Logit	Probit	滞后一期	一阶差分	面板数据(混合回归)	面板数据(RE)	GMM	Logit	Probit	滞后一期	一阶差分	面板数据(混合回归)	面板数据(RE)	GMM

解释变量	Logit	Probit	滞后一期	一阶差分	面板数据(混合回归)	面板数据(RE)	GMM	Logit	Probit	滞后一期	一阶差分	面板数据(混合回归)	面板数据(RE)	GMM
Occupy	5.663 (1.05)	2.748 (1.31)	14.140** (2.51)	11.376 (1.19)	5.782 (1.12)	5.782 (1.11)	0.112 (0.91)	1.132 (0.23)	0.531 (0.25)	12.374*** (2.66)	12.504* (1.71)	1.093 (0.24)	1.093 (0.25)	0.042 (0.16)
Big4	-0.135 (-0.24)	-0.156 (-0.63)	-0.213 (-0.35)	-1.813** (-2.07)	-0.147 (-0.22)	-0.147 (-0.16)	-0.003 (-0.53)	0.067 (0.05)	0.071 (0.12)	0.000 (.)	-0.175 (-0.14)	0.057 (0.07)	0.057 (0.05)	-0.011 (-0.25)
State	0.264 (0.72)	0.145 (0.96)	0.880** (2.20)	1.261 (0.89)	0.250 (0.64)	0.250 (0.67)	0.004 (0.91)	-0.570 (-1.63)	-0.230 (-1.46)	-0.520 (-1.12)	3.829*** (2.92)	-0.577 (-1.47)	-0.577 (-1.55)	-0.025** (-1.97)
Time	0.032 (0.98)	0.013 (1.01)	0.045 (1.20)	0.149 (0.17)	0.033 (1.04)	0.033 (0.99)	0.001 (1.56)	-0.051 (-1.60)	-0.021 (-1.45)	-0.037 (-0.88)	-0.097 (-0.07)	-0.051 (-1.63)	-0.051* (-1.65)	-0.002** (-2.09)
EU	0.039 (0.11)	0.058 (0.40)	-0.341 (-1.38)	-0.132 (-0.58)	0.042 (0.12)	0.042 (0.11)	0.002 (0.35)	0.082** (2.16)	0.040** (2.43)	0.060 (1.43)	-0.023 (-0.19)	0.083* (1.93)	0.083** (2.32)	0.008*** (3.48)
Constant	0.517 (0.09)	-0.321 (-0.14)	6.655 (1.10)	-3.115** (-2.54)	-0.939 (-0.67)	1.180 (0.20)	0.018 (0.31)	-2.884 (-0.56)	-2.122 (-0.96)	7.214 (0.88)	-2.725 (-1.54)	-3.013 (-0.58)	-3.013 (-0.55)	-0.052 (-0.24)
Year/IND	控制	控制	控制	控制	控制	控制	控制	控制	控制	控制	控制	控制	控制	控制
Pseudo-R²	0.3478	0.3490	0.2406	0.3182	Wald chi2 =170.81	Wald chi2 =170.81	Wald chi2 =77.88	0.4685	0.4660	0.3899	0.3038	Wald chi2 =175.66	Wald chi2 =175.66	Wald chi2 =372.90
χ²	285.51	275.43	160.54	209.29	Prob>chi2 =0.0000	Prob>chi2 =0.0000	R-squared =0.1656	288.70	336.05	157.67	105.42	Prob>chi2 =0.0000	Prob>chi2 =0.0000	R-squared =0.3780
N	1721	1721	923	923	1721	1721	1721	4445	4445	2746	2746	4445	4445	4445

基于 Logit 回归的 Chow 检验 chi2(1) = 7.54 Prob>chi2 = 0.0060

注：***表示在1%水平下显著，**表示在5%水平下显著，*表示在10%水平下显著，已对回归方程中的异方差问题进行了检验和处理，括号内提供的T值经过异方差稳健修正。

度进行分组回归的系数是否在统计上存在显著差异,进一步进行了 Chow 检验(基于 Logit 回归),根据各组检验结果中的 Chi2 值与经验 P 值不难发现,经验 P 值基本上均小于 0.1,表明可以在 10% 的显著水平上拒绝原假设,即按公司不同的经营状态进行分组的回归系数在统计上有显著差异。上述结果表明面临不同财务状况的被审计客户时,审计师对待其披露的风险提示信息重视程度确实存在差别,总体来看,当上市公司的盈利能力、偿债能力、环境不确定性程度较弱时,审计师会更多地将风险信息纳入审计意见标准与否的考量范围。

二、风险提示信息与审计意见:考虑审计师是否初次审计

已有研究发现,当审计师和客户原有的契约关系被打破和重新组合时,继任审计师将面临承接新业务的巨大压力(耀友福等,2017)。相较于连续审计业务,审计师在首次承接的审计业务中往往仅拥有少量的公司内部信息,同时在当前有待优化的市场环境下,公司内部人控制等问题屡见不鲜,使得管理层很大概率上会利用变更审计师的方式来隐藏财务困境并对非标准审计意见加以规避(田野等,2011)。此外,Kausar 等(2016)和谢盛纹等(2013)研究指出,公司在变更审计师过程中出现了有选择性地披露公告内容、掩盖负面信息等现象。因此,相较于实施连续审计的审计师,对客户实施初次审计的审计师存在更加强烈的动机去关注到年报中披露的风险提示信息,分析该信息所传递的风险信号。进一步来看,当事务所从高等级所向普通所变更时,由于审计师能力下降、独立性下降,初次实施审计的事务所即使面对风险提示信息,也很可能会基于维持客户长久关系的利益动机而放松测试标准;而当事务所从普通所变更为高级所时,由于审计师能力和独立性均保持在较高水平,则不容易出现审计意见购买等行为,首次审计师更易关注到企业存在的风险点(陈茜和陈志勇,2018)。因此,考察了初次审计(审计师发生了变更)和连续审计(审计师未发生变更)情境下,审计师在获取其风险提示信息时是否会在后续审计意见出具时区别对待。同时,在区分具体变更类型(在审计师发生变更的情境下)的基础上①,进一步考察何种变更情形更易引起审计师对风险提示信息的高度关注。

表 6 - 11 显示了初次审计和连续审计情况下,风险提示信息对审计意见产生的影响结果。由表 6 - 11 中的回归结果可以看出,当审计师为初次审计时,风险提示信息与审计意见之间呈现出显著的正向关联;当审计师为连续审计时,风险提示信息与审计意见之间未显示出显著的相关性。同时,为了验证按审计师变更

---

① 借鉴陈茜和陈志勇(2018),本书将会计师事务所的变更细分为四种情形:①变更前后均为高等级会计师事务所;②高等级会计师事务所变更为普通会计师事务所;③变更前后均为普通会计师事务所;④普通会计师事务所变更为高等级会计师事务所。

第六章 风险提示信息与审计意见

表6-11 考虑是否初次审计后的风险提示信息与审计意见

	OPIN													
	初次审计（审计师发生变更 Switch=1）							连续审计（审计师未发生变更 Switch=0）						
解释变量	Logit	Probit	滞后一期	一阶差分	面板数据（混合回归）	面板数据（RE）	GMM	Logit	Probit	滞后一期	一阶差分	面板数据（混合回归）	面板数据（RE）	GMM
Risk	1.219*	0.551*	1.379**	1.331	1.219*	1.219	0.236**	0.448	0.110	0.826	-0.704	0.309	0.309	0.025
	(1.85)	(1.93)	(2.05)	(1.71)	(1.80)	(1.91)	(2.24)	(0.49)	(0.31)	(0.88)	(-0.90)	(0.31)	(0.29)	(0.24)
Q	0.055	0.034	-0.006	0.092	0.055	0.055	0.004**	-0.052	-0.024	0.051	-0.061	-0.048	-0.048	0.003
	(0.97)	(1.31)	(-0.08)	(1.00)	(0.89)	(0.97)	(2.21)	(-0.58)	(-0.62)	(0.45)	(-0.30)	(-0.48)	(-0.43)	(1.63)
ROE	-0.367	-0.309	0.873	-2.880**	-0.367	-0.367	-0.057	-0.399	-0.158	0.324	0.420	-0.524	-0.524	-0.044
	(-0.38)	(-0.73)	(0.86)	(-2.21)	(-0.40)	(-0.47)	(-1.03)	(-0.31)	(-0.29)	(0.22)	(0.23)	(-0.41)	(-0.40)	(-0.76)
LEV	3.129***	1.468***	2.066**	-3.736**	3.129***	3.129***	0.112***	2.161**	1.043***	1.582*	-0.326	2.433**	2.433**	0.062***
	(5.44)	(5.57)	(2.79)	(-2.11)	(4.56)	(5.39)	(5.00)	(2.35)	(2.73)	(1.73)	(-0.17)	(2.25)	(2.25)	(2.90)
Size	-0.483**	-0.190**	-0.429**	0.472	-0.483***	-0.483***	-0.010***	-0.183	-0.099	-0.180	0.382	-0.199	-0.199	-0.002
	(-2.61)	(-2.35)	(-2.11)	(1.04)	(-2.84)	(-2.69)	(-3.36)	(-0.70)	(-0.99)	(-0.75)	(0.56)	(-0.73)	(-0.65)	(-0.58)
CFO	-0.016**	-0.008***	-0.019**	-0.004	-0.016**	-0.016**	-0.000***	-0.018*	-0.007*	-0.018	-0.007	-0.019*	-0.019*	-0.000*
	(-2.19)	(-2.68)	(-2.47)	(-0.52)	(-2.08)	(-2.37)	(-1.70)	(-1.95)	(-1.83)	(-1.57)	(-0.58)	(-1.92)	(-1.79)	(-1.96)
BM	-0.148	-0.117	0.041	-0.371	-0.148	-0.148	0.002	-0.342	-0.135	-0.056	0.813**	-0.378	-0.378	-0.009**
	(-0.58)	(-1.04)	(0.18)	(-0.73)	(-0.54)	(-0.60)	(0.44)	(-0.97)	(-0.96)	(-0.20)	(2.46)	(-1.04)	(-0.92)	(-2.06)
Indratio	3.424**	1.842**	0.637	3.861	3.424*	3.424*	0.068	-3.589	-1.404	-9.694**	5.592	-3.474	-3.474	-0.053
	(1.49)	(2.01)	(0.26)	(1.17)	(1.67)	(1.73)	(1.64)	(-0.87)	(-0.96)	(-2.30)	(0.93)	(-0.82)	(-0.87)	(-1.34)
Lnsalary	0.168	0.058	0.109	-0.444	0.168	0.168	0.002	-0.103	-0.079	-0.315	0.458	-0.142	-0.142	-0.000
	(0.91)	(0.72)	(0.53)	(-1.07)	(0.90)	(0.89)	(0.66)	(-0.36)	(-0.74)	(-1.00)	(0.49)	(-0.48)	(-0.44)	(-0.09)

· 191 ·

续表

解释变量	初次审计（审计师发生变更 Switch=1）					连续审计（审计师未发生变更 Switch=0）					
	OPIN					OPIN					
	Logit	Probit	滞后一期	一阶差分	面板数据（混合回归）	面板数据（RE）	GMM	Logit	Probit	滞后一期	一阶差分	面板数据（混合回归）	面板数据（RE）	GMM

解释变量	Logit	Probit	滞后一期	一阶差分	面板数据（混合回归）	面板数据（RE）	GMM	Logit	Probit	滞后一期	一阶差分	面板数据（混合回归）	面板数据（RE）	GMM
Dual	0.070 (0.27)	0.079 (0.74)	-0.360 (-1.24)	0.545 (1.26)	0.070 (0.28)	0.070 (0.27)	0.002 (0.37)	-0.309 (-0.74)	-0.086 (-0.54)	-0.413 (-1.04)	1.164** (2.17)	-0.273 (-0.62)	-0.273 (-0.62)	-0.004 (-0.78)
Avoidloss	1.107*** (3.37)	0.479*** (3.41)	1.296*** (3.82)	-0.379 (-0.87)	1.107*** (3.45)	1.107*** (3.55)	0.022** (2.00)	0.787 (1.47)	0.372* (1.77)	0.707 (1.39)	-0.306 (-0.54)	0.806 (1.43)	0.806 (1.59)	0.018 (1.49)
DA	1.423 (1.24)	0.631 (1.30)	2.676 (1.60)	0.423 (0.17)	1.423 (1.24)	1.423 (1.31)	0.050 (1.46)	1.265 (0.62)	0.589 (0.75)	-3.087 (-1.56)	0.138 (0.10)	1.212 (0.59)	1.212 (0.62)	0.038 (0.88)
Return	-0.224 (-0.84)	-0.151 (-1.28)	0.078 (0.26)	-0.108 (-0.47)	-0.224 (-0.77)	-0.224 (-0.85)	-0.004 (-0.90)	-0.378 (-1.04)	-0.176 (-1.11)	-0.869 (-1.47)	0.408 (1.04)	-0.451 (-1.16)	-0.451 (-0.99)	-0.012** (-2.35)
Difficult1	-1.674 (-1.35)	-0.757 (-1.45)	-0.508 (-0.39)	5.342* (1.68)	-1.674 (-1.29)	-1.674 (-1.39)	-0.030 (-1.48)	-3.849** (-2.41)	-1.593** (-2.44)	-4.846* (-1.86)	1.134 (0.12)	-4.031** (-2.32)	-4.031* (-1.95)	-0.051** (-2.07)
Difficult2	-0.149 (-0.15)	-0.077 (-0.17)	0.710 (0.64)	2.279 (0.81)	-0.149 (-0.15)	-0.149 (-0.16)	0.002 (0.10)	-1.879 (-1.22)	-1.175* (-1.95)	-1.155 (-0.63)	-1.947 (-0.70)	-2.327 (-1.35)	-2.327 (-1.33)	-0.056*** (-2.64)
L_OPIN	3.529*** (12.49)	1.815*** (13.09)	2.379*** (6.30)	5.264*** (11.51)	3.529*** (11.68)	3.529*** (12.95)	0.436*** (10.76)	4.023*** (8.63)	2.063*** (9.25)	2.386*** (4.15)	4.862*** (7.75)	4.264*** (8.15)	4.264*** (7.19)	0.499*** (7.57)
Switch	0.000 (.)	0.000 (.)	0.095 (0.34)	0.017 (0.07)	0.000 (.)	0.000 (.)	0.000 (.)	0.000 (.)	0.000 (.)	0.007 (0.02)	-0.113 (-0.29)	0.000 (.)	0.000 (.)	0.000 (.)
Occupy	6.180* (1.66)	3.047** (1.98)	13.464*** (3.42)	17.735*** (2.72)	6.180 (1.60)	6.180* (1.94)	0.441*** (2.66)	8.336* (1.65)	3.672 (1.63)	6.782 (1.21)	7.054 (0.64)	9.106* (1.76)	9.106 (1.56)	0.250 (1.47)

· 192 ·

第六章 风险提示信息与审计意见

续表

解释变量	OPIN													
	初次审计（审计师发生变更 Switch＝1）							连续审计（审计师未发生变更 Switch＝0）						
	Logit	Probit	滞后一期	一阶差分	面板数据（混合回归）	面板数据（RE）	GMM	Logit	Probit	滞后一期	一阶差分	面板数据（混合回归）	面板数据（RE）	GMM
Big4	0.149 (0.24)	-0.000 (-0.00)	0.217 (0.39)	-0.186 (-0.35)	0.149 (0.23)	0.149 (0.21)	0.011 (1.50)	-0.219 (-0.19)	0.020 (0.04)	-0.228 (-0.20)	0.000 (．)	-0.295 (-0.28)	-0.295 (-0.24)	-0.003 (-0.25)
State	0.180 (0.65)	0.125 (1.07)	0.118 (0.35)	1.459 (1.54)	0.180 (0.65)	0.180 (0.62)	-0.002 (-0.35)	-0.225 (-0.49)	-0.037 (-0.21)	0.746 (1.48)	2.813** (2.17)	-0.194 (-0.39)	-0.194 (-0.42)	-0.004 (-0.55)
Time	0.005 (0.21)	0.005 (0.51)	0.027 (1.08)	-2.304** (-2.17)	0.005 (0.23)	0.005 (0.21)	0.000 (0.90)	0.013 (0.40)	0.006 (0.46)	0.031 (0.90)	0.000 (．)	0.016 (0.47)	0.016 (0.48)	-0.000 (-0.02)
Constant	0.935 (0.25)	-0.426 (-0.26)	-0.006 (-0.08)	-1.101 (-0.80)	0.936 (0.25)	0.936 (0.24)	0.092 (1.28)	1.421 (0.22)	1.033 (0.42)	7.606 (1.27)	-3.214*** (-3.05)	1.735 (0.25)	1.735 (0.26)	0.060 (0.73)
Year/IND	控制	控制	控制	控制	控制	控制	控制	控制	控制	控制	控制	控制	控制	控制
Pseudo-R^2	0.4089	0.4116	0.3018	0.2814	Wald chi2 =358.02	Wald chi2 =358.02	Wald chi2 =252.16	0.3998	0.3980	0.2209	0.2139	Wald chi2 =77.92	Wald chi2 =77.92	Wald chi2 =115.37
χ^2	469.80	485.48	282.80	236.60	Prob＞chi2 =0.0000	Prob＞chi2 =0.0000	R-squared =0.2694	300.81	331.68	121.88	121.78	Prob＞chi2 =0.0000	Prob＞chi2 =0.0000	R-squared =0.2880
N	2937	2937	2040	2040	2937	2937	2937	5483	5483	3808	3808	5483	5483	5483

基于 Logit 回归的 Chow 检验   chi2 (1) ＝3.04   Prob＞chi2 ＝0.0813

注：＊＊＊表示在1%水平下显著，＊＊表示在5%水平下显著，＊表示在10%水平下显著，已对回归方程中的异方差问题进行了检验和处理，括号内提供的T值经过异方差稳健修正。

风险提示信息的决策价值研究——基于年报文本信息的实证检验

与否进行分组回归的系数是否在统计上存在显著差异,进一步进行了 Chow 检验(基于 Logit 回归),结果显示 Chi2 值为 3.04,经验 P 值为 0.0813,表明可以在 10% 的显著水平上拒绝原假设,即按公司不同的经营状态进行分组的回归系数在统计上有显著差异。表 6-12 显示了不同种类的事务所变更情境下,风险提示信息审计意见的 Logit 回归结果。由表 6-12 中可以看出,只有当变更方式为普通会计师事务所变为高等级所时,风险提示信息与审计意见之间才呈现出显著的正向关联;其他类型的变更情境下,风险提示信息与审计意见之间均未显示出显著的相关性。上述结果表明,审计师对客户披露风险提示信息的重视程度会因所处情境的不同而存在差别,相对而言,当客户与审计师首次接触并且事务所等级由普通所转换为高级所时,审计师更倾向于将其披露的风险提示信息纳入审计意见标准与否的考量范围。

表 6-12 考虑会计师事务所变更类型后的风险提示信息与审计意见(Logit 回归)

解释变量	被解释变量 OPIN			
	(1)变更前后均为高等级会计师事务所	(2)高等级会计师事务所变更为普通所	(3)变更前后均为普通会计师事务所	(4)普通会计师事务所变更为高等级所
Risk	1.756	-0.552	0.163	4.591***
	(1.54)	(-0.19)	(0.14)	(2.69)
Q	-0.003	3.765**	0.012	-0.315
	(-0.03)	(2.27)	(0.13)	(-1.48)
ROE	0.470	33.907**	-0.731	-4.523
	(0.26)	(2.37)	(-0.50)	(-1.49)
LEV	4.390***	80.278**	2.883***	6.448***
	(4.12)	(2.02)	(3.11)	(3.14)
Size	-0.872***	-3.939**	-0.318	-0.881
	(-2.74)	(-2.11)	(-0.97)	(-1.06)
CFO	-0.015	-0.235**	-0.022**	-0.021
	(-1.13)	(-2.01)	(-2.02)	(-1.06)
BM	0.090	0.363	-1.016*	-0.873
	(0.22)	(1.57)	(-1.79)	(-0.89)
Indratio	0.523	99.644**	7.303**	-0.525
	(0.12)	(2.08)	(2.22)	(-0.13)
Lnsalary	0.246	-2.291***	-0.083	1.079**
	(0.95)	(-2.72)	(-0.25)	(2.20)

续表

解释变量	被解释变量 OPIN			
	(1)变更前后均为高等级会计师事务所	(2)高等级会计师事务所变更为普通所	(3)变更前后均为普通会计师事务所	(4)普通会计师事务所变更为高等级所
Dual	-0.250	0.000	0.788	0.645
	(-0.63)	(-.00)	(1.61)	(0.78)
Avoidloss	1.958***	2.902**	0.663	-0.621
	(3.06)	(2.38)	(1.24)	(-0.29)
DA	1.444	7.960*	0.616	2.762
	(0.77)	(1.80)	(0.35)	(0.42)
Return	0.444	4.789	-0.572	-0.928
	(1.13)	(0.95)	(-1.30)	(-1.05)
Difficult1	2.079	1.764	-3.360	-7.776**
	(1.00)	(0.21)	(-1.57)	(-2.42)
Difficult2	-0.666	-5.034	0.762	-4.996
	(-0.42)	(-0.81)	(0.46)	(-1.25)
L_OPIN	4.468***	4.411***	3.380***	3.982***
	(7.45)	(5.05)	(6.51)	(4.43)
Occupy	14.138***	17.280	2.406	-9.130
	(2.89)	(1.58)	(0.45)	(-0.91)
Big4	0.868	0.000	0.000	0.000
	(1.27)	(.)	(.)	(.)
State	1.275**	-2.006	-0.007	0.610
	(2.16)	(-1.15)	(-0.02)	(0.84)
Time	-0.019	-0.028	0.008	0.109
	(-0.62)	(-0.28)	(0.21)	(1.64)
Constant	5.699	26.587**	0.351	-0.173
	(0.91)	(2.29)	(0.05)	(-0.01)
Year/IND	控制	控制	控制	控制
Pseudo-R^2	0.5076	0.7275	0.4306	0.5677
χ^2	167.07	220.30	252.13	118.53521
N	1273	293	1959	521

注：*** 表示在1%水平下显著，** 表示在5%水平下显著，* 表示在10%水平下显著，已对回归方程中的异方差问题进行了检验和处理，括号内提供的T值经过异方差稳健修正。鉴于变更类型细分后种类较多，为使结果更加明晰地呈现，此处不再进行其他回归方法的结果列示。

第七节 内生性检验与稳健性测试

一、内生性检验

根据已有研究（许年行和李哲，2016；仇云杰和魏炜，2016），在风险提示信息影响审计意见的过程中，可能会因样本选择偏差导致内生性，导致审计意见实际上不受或不显著受风险提示信息的影响。为了避免估计结果产生偏误，分别采用倾向得分匹配法（PSM）对上述问题进行检验。

首先，使用模型 1 中的控制变量对"分组风险提示信息（FZRisk）"① 进行 Logit 回归，计算出 PS 值，而后采用核匹配方法进行配对，筛选出配对样本并基于上述匹配数据进行多元分析。表 6-13 显示了处理组和对照组之间在倾向得分和协变量上是否存在显著的差异，由表中结果可以看出，在经过平衡性分析过程之后，匹配后的所有条件变量在两组企业之间的偏差程度都显著降低，同时，已匹配样本的 P 值变大，表明处理组和对照组的条件变量在分布上是一致的。这也说明本书所选择的条件变量是合理的，匹配的过程也是有效的。

表 6-14 报告了 PSM 的平均处理效应（ATT），并且同时报告了未经匹配时的回归结果。可以看出，在没有经过倾向值匹配的情况下，风险提示信息较多组（FZRisk = 1）与风险提示信息较少组（FZRisk = 0）在获取的审计意见上产生的差异为 0.00550，而在经过倾向值匹配之后，这一效应达到 0.00598，并且此时的 T 值达到 1.75，表明在经过样本配对后，风险提示信息对于审计意见的促进作用在统计上仍然是非常显著的，这进一步支持了假设 1。

为了验证 PSM 内生性检验结果是否稳健，我们补充进行最近邻匹配方式进行验证即通过在控制组中寻找倾向得分 PS_C 和处理组倾向得分 PS_T 相差绝对值最小的样本作为匹配对象来进行对比。本书采用一配一的方法筛选配对对象，处理组样本均在控制组中找到了配对对象，具体回归结果如下（见表 6-15），表 6-15、表 6-16 中的结果与表 6-13 中的结果差异不大，即验证了前述 PSM 的结果是稳健的。

---

① 为满足倾向得分匹配的检验需要，我们将风险提示信息按照平均值划分为风险提示信息较多组（当 Risk ≥ 平均值，FZRisk = 1）和风险提示信息较少组（当 Risk < 平均值，FZRisk = 0）进行检验。

表6-13 条件变量匹配质量检验（核匹配）

变量	样本	处理组	平均值		偏差降低比例%	T值	P值
			控制组	标准偏差			
Q	匹配前	2.333	2.647	-14.20	90.90	-6.420	0
	匹配后	2.333	2.304	1.300		0.570	0.567
ROE	匹配前	0.056	0.0760	-20.20	76.50	-9.270	0
	匹配后	0.056	0.0600	-4.800		-1.880	0.0610
LEV	匹配前	0.439	0.391	22.40	94.30	10.18	0
	匹配后	0.439	0.436	1.300		0.540	0.591
Size	匹配前	22.02	21.90	9.400	89.90	4.290	0
	匹配后	22.02	22.00	0.900		0.390	0.695
CFO	匹配前	9.952	10.46	-3.200	99.50	-1.450	0.147
	匹配后	9.952	9.954	0		-0.0100	0.995
Indratio	匹配前	0.372	0.375	-5	80.40	-2.250	0.0240
	匹配后	0.372	0.372	1		0.420	0.674
Lnsalary	匹配前	14.15	14.20	-7.700	95.70	-3.470	0.00100
	匹配后	14.15	14.15	-0.300		-0.140	0.891
Difficult1	匹配前	0.118	0.121	-3.100	70.70	-1.420	0.154
	匹配后	0.118	0.119	-0.900		-0.380	0.700
Difficult2	匹配前	0.152	0.148	2.900	76.20	1.300	0.193
	匹配后	0.152	0.153	-0.700		-0.280	0.777
Occupy	匹配前	0.016	0.0154	0.300	71.10	0.150	0.883
	匹配后	0.016	0.0155	-0.100		-0.0400	0.968
DA	匹配前	0.067	0.0653	1.500	62.10	0.700	0.485
	匹配后	0.067	0.0660	0.600		0.240	0.807
Return2	匹配前	0.184	0.231	-8.300	92.80	-3.750	0
	匹配后	0.184	0.180	0.600		0.260	0.791
Time	匹配前	8.926	7.904	16.30	96.50	7.380	0
	匹配后	8.926	8.890	0.600		0.240	0.814
BM	匹配前	0.889	0.753	16.40	89.60	7.480	0
	匹配后	0.889	0.875	1.700		0.680	0.496

表6-14 PSM的平均处理效应（ATT）（核匹配）

变量	处理效应	处理组	控制组	差距	T值
Opinion	Unmatched	0.0265	0.0210	0.00550*	1.65
	ATT	0.0265	0.0205	0.00598*	1.75
	ATU	0.0210	0.0255	0.00454	
	ATE			0.00515	

注：***表示在1%水平下显著，**表示在5%水平下显著，*表示在10%水平下显著。

表6-15 条件变量匹配质量检验（最邻近匹配）

变量	样本	处理组	平均值		偏差降低比例%	T值	P值
			控制组	标准偏差			
Q	匹配前	2.333	2.647	-14.20	79.60	-6.420	0
	匹配后	2.333	2.268	2.900		1.300	0.194
ROE	匹配前	0.056	0.0760	-20.20	82.90	-9.270	0
	匹配后	0.056	0.0587	-3.400		-1.350	0.176
LEV	匹配前	0.439	0.391	22.40	95.90	10.18	0
	匹配后	0.439	0.437	0.900		0.390	0.700
Size	匹配前	22.02	21.90	9.400	97.70	4.290	0
	匹配后	22.02	22.01	0.200		0.0900	0.930
CFO	匹配前	9.952	10.46	-3.200	91.20	-1.450	0.147
	匹配后	9.952	9.907	0.300		0.120	0.907
Indratio	匹配前	0.372	0.375	-5	66.40	-2.250	0.0240
	匹配后	0.372	0.371	1.700		0.720	0.474
Lnsalary	匹配前	14.15	14.20	-7.700	83.70	-3.470	0.00100
	匹配后	14.15	14.14	1.300		0.520	0.602
Difficult1	匹配前	0.118	0.121	-3.100	91.10	-1.420	0.154
	匹配后	0.118	0.118	-0.300		-0.120	0.908
Difficult2	匹配前	0.152	0.148	2.900	11.20	1.300	0.193
	匹配后	0.152	0.156	-2.500		-1.050	0.292
Occupy	匹配前	0.016	0.0154	0.300	62.80	0.150	0.883
	匹配后	0.016	0.0155	-0.100		-0.0500	0.959
abs DA	匹配前	0.067	0.0653	1.500	15.90	0.700	0.485
	匹配后	0.067	0.0655	1.300		0.550	0.582
Return2	匹配前	0.184	0.231	-8.300	99.20	-3.750	0
	匹配后	0.184	0.184	-0.100		-0.0300	0.977
Time	匹配前	8.926	7.904	16.30	87.40	7.380	0
	匹配后	8.926	9.055	-2.100		-0.850	0.397
BM	匹配前	0.889	0.753	16.40	97.40	7.480	0
	匹配后	0.889	0.886	0.400		0.170	0.866

表 6-16　PSM 的平均处理效应（ATT）（最邻近匹配）

变量	处理效应	处理组	控制组	差距	T 值
Opinion	Unmatched	0.0265	0.0210	0.00550*	1.650
	ATT	0.0265	0.0169	0.00957**	2.230
	ATU	0.0210	0.0265	0.00555	
	ATE			0.00724	

注：***表示在1%水平下显著，**表示在5%水平下显著，*表示在10%水平下显著。

二、稳健性检验

为了验证回归结果的稳健性，进行了以下几个方面的稳健性检验：

1. 审计意见替代变量的稳健性测试

韩丽荣等（2013）研究发现，注册会计师对被审计单位财务报告进行审计时，需要对被审计单位存在的重大风险点进行关注和追踪，并需要判断其对当期会计信息的影响程度。当注册会计师有意向对被审计单位财务报告出具非标审计意见时，追加的审计程序会使审计费用提高。因此，借鉴韩丽荣等（2013）的研究，采用审计收费（Fee）对原有的审计意见进行替代对假设1的回归模型进行敏感性测试。测试结果发现，表 6-17 中的实证结果与表 6-5 中的回归结果基本保持一致，证明假设1的结论是稳健的。

表 6-17　审计意见替代变量的稳健性测试

解释变量	被解释变量						
	Fee						
	OLS	滞后一期	一阶差分	基于面板数据（混合回归）	基于面板数据（RE）	基于面板数据（BE）	GMM
Risk	0.002***	0.001*	0.001*	0.001*	0.001**	0.002	0.008***
	(3.34)	(1.75)	(1.93)	(1.94)	(2.14)	(1.55)	(6.17)
Q	0.028***	0.026***	0.021***	0.024***	0.024***	0.030***	0.030***
	(9.56)	(6.60)	(6.07)	(6.59)	(10.32)	(4.66)	(10.96)
ROE	-0.265***	-0.182***	0.012	-0.017	-0.017	-0.659***	-0.337***
	(-4.44)	(-2.63)	(0.35)	(-0.39)	(-0.49)	(-3.92)	(-5.54)
LEV	0.127***	0.140***	0.044	0.045	0.045*	0.123*	0.087***
	(3.97)	(3.63)	(0.92)	(1.06)	(1.65)	(1.90)	(2.73)

续表

解释变量	被解释变量 Fee						
	OLS	滞后一期	一阶差分	基于面板数据（混合回归）	基于面板数据（RE）	基于面板数据（BE）	GMM
Size	0.412*** (50.86)	0.412*** (43.24)	0.326*** (13.31)	0.399*** (30.45)	0.399*** (55.24)	0.429*** (30.66)	0.425*** (60.42)
CFO	0.001* (1.95)	0.000 (0.70)	0.000 (1.59)	0.000* (1.68)	0.000* (1.66)	0.002* (1.87)	0.001*** (2.88)
BM	-0.044*** (-4.07)	-0.056*** (-4.43)	-0.022 (-1.54)	-0.030** (-2.45)	-0.030*** (-3.84)	-0.066*** (-3.27)	-0.063*** (-6.29)
Indratio	-0.026 (-0.32)	0.022 (0.22)	-0.012 (-0.15)	-0.013 (-0.15)	-0.013 (-0.18)	-0.103 (-0.61)	-0.003 (-0.03)
Lnsalary	0.052*** (6.47)	0.052*** (5.22)	0.001 (0.06)	0.034*** (2.86)	0.034*** (4.17)	0.058*** (3.80)	0.050*** (6.26)
Dual	-0.009 (-0.94)	-0.011 (-0.96)	-0.009 (-0.74)	-0.003 (-0.27)	-0.003 (-0.34)	-0.005 (-0.26)	-0.012 (-1.27)
Avoidloss	0.037** (2.23)	0.042** (2.01)	0.013 (1.40)	0.021* (1.90)	0.021** (2.01)	0.058 (1.18)	0.044*** (2.60)
DA	-0.053 (-0.86)	-0.034 (-0.48)	-0.007 (-0.20)	-0.046 (-1.04)	-0.046 (-1.30)	-0.067 (-0.40)	-0.135** (-2.21)
Return	-0.027** (-2.52)	0.007 (0.54)	-0.021*** (-2.91)	-0.028*** (-3.79)	-0.028*** (-4.18)	0.019 (0.56)	-0.014 (-1.58)
Difficult1	0.071 (1.53)	0.129** (2.16)	0.101 (1.04)	0.109 (1.51)	0.109** (2.02)	0.154 (1.64)	0.141*** (3.03)
Difficult2	0.121*** (2.85)	0.117** (2.16)	0.048 (0.51)	0.001 (0.02)	0.001 (0.03)	0.186** (2.08)	-0.090** (-2.36)
L_OPIN	0.169*** (5.69)	0.142*** (3.85)	0.021 (1.00)	0.088*** (3.58)	0.088*** (4.44)	0.218*** (2.78)	0.178*** (6.03)
Switch	-0.021** (-2.25)	-0.011 (-0.95)	-0.001 (-0.11)	-0.007 (-1.43)	-0.007 (-1.41)	-0.063** (-2.17)	-0.023** (-2.47)
Occupy	1.943*** (9.74)	2.049*** (7.48)	0.279 (1.52)	0.843*** (4.31)	0.843*** (5.56)	2.587*** (5.29)	1.698*** (8.38)

第六章 风险提示信息与审计意见

续表

解释变量	被解释变量 Fee						
	OLS	滞后一期	一阶差分	基于面板数据（混合回归）	基于面板数据（RE）	基于面板数据（BE）	GMM
Big4	0.753***	0.751***	0.323**	0.547***	0.547***	0.730***	0.727***
	(24.54)	(20.97)	(2.12)	(7.05)	(17.91)	(16.90)	(24.40)
State	0.068***	0.076***	-0.018	0.019	0.019	0.067***	0.065***
	(5.59)	(5.02)	(-0.61)	(0.93)	(1.12)	(3.03)	(5.23)
Time	0.006***	0.007***	0.027	0.006***	0.006***	0.005***	0.007***
	(6.09)	(5.28)	(1.02)	(3.86)	(4.35)	(2.84)	(7.23)
Constant	3.404***	3.491***	0.052	4.046***	4.046***	3.051***	3.265***
	(18.92)	(16.30)	(1.43)	(12.37)	(23.46)	(9.64)	(21.37)
Year/IND	控制	控制	控制	控制	控制	控制	控制
R-squared	0.7074	0.6941	0.1411	Prob > chi2 = 0.0000	Prob > chi2 = 0.0000	Prob > F = 0.0000	0.6912
F	373.69	268.11	6.47	Wald chi2 = 5130.99	Wald chi2 = 14168.30	116.11	Wald chi2 = 14042.34
N	8420	5848	5848	8420	8420	8420	8420

注：***表示在1%水平下显著，**表示在5%水平下显著，*表示在10%水平下显著，已对回归方程中的异方差问题进行了检验和处理，括号内提供的T值经过异方差稳健修正。

2. 风险提示信息替代变量的稳健性测试

在衡量风险提示信息的数量时，借鉴罗彪等（2014）的做法，我们采用分类风险强度（即将与市场风险以及财务风险有关的词频字节数除以董事会报告总长度，得到分类风险强度的标准化测量结果）替换原先的总风险强度①，形成替代因变量 Riskqd 对假设1的回归模型进行敏感性测试。测试结果发现，表6-18中的实证结果与表6-5中的回归结果基本保持一致，证明假设1的结论是稳健的。

---

① 结合已经搜集到的风险数据，按照风险词频的语义特征以及迪博内部控制风险数据库中对风险类型的划分方式，我们首先将其中一部分风险数据划分成两大类，分别是市场风险（包括市场风险、市场萎缩、汇率风险等词汇）；财务风险（包括财务困境、现金短缺、利息负担、流动性风险等词汇）。

表6-18 风险提示信息替代变量的稳健性测试结果

解释变量	被解释变量 OPIN						
	Logit	Probit	滞后一期	一阶差分	基于面板数据（混合回归）	基于面板数据（BE）	GMM
Risk	0.961*	0.408*	0.967*	1.092*	0.931*	0.931*	0.153**
	(1.82)	(1.81)	(1.65)	(1.75)	(1.71)	(1.74)	(2.00)
Q	0.026	0.019	-0.027	0.042	0.027	0.027	0.003**
	(0.56)	(0.85)	(-0.42)	(0.42)	(0.55)	(0.55)	(2.37)
ROE	-0.284	-0.218	-1.359*	-1.853	-0.308	-0.308	-0.054
	(-0.39)	(-0.66)	(-1.85)	(-1.62)	(-0.43)	(-0.48)	(-1.31)
LEV	2.896***	1.327***	1.741***	-2.995**	2.979***	2.979***	0.100***
	(6.03)	(5.97)	(2.94)	(-2.11)	(5.38)	(5.64)	(5.96)
Size	-0.379**	-0.152**	-0.362**	0.422	-0.390***	-0.390**	-0.006***
	(-2.46)	(-2.33)	(-2.10)	(1.02)	(-2.62)	(-2.54)	(-2.74)
CFO	-0.015***	-0.007***	-0.018***	-0.006	-0.015**	-0.015***	-0.000**
	(-2.67)	(-2.88)	(-2.94)	(-0.93)	(-2.53)	(-2.77)	(-2.36)
BM	-0.226	-0.128	0.166	0.063	-0.230	-0.230	-0.001
	(-1.06)	(-1.39)	(0.89)	(0.23)	(-1.03)	(-1.10)	(-0.34)
Indratio	1.520	0.940	-0.916	4.176	1.610	1.610	0.027
	(0.80)	(1.23)	(-0.44)	(1.47)	(0.91)	(0.93)	(0.85)
Lnsalary	0.066	0.007	-0.099	0.002	0.058	0.058	0.001
	(0.42)	(0.11)	(-0.56)	(0.00)	(0.37)	(0.35)	(0.22)
Dual	-0.073	0.011	-0.409*	0.965***	-0.067	-0.067	-0.001
	(-0.34)	(0.13)	(-1.78)	(2.77)	(-0.31)	(-0.30)	(-0.37)
Avoidloss	1.034***	0.440***	1.176***	-0.520	1.028***	1.028***	0.022***
	(3.72)	(3.73)	(4.12)	(-1.53)	(3.62)	(3.94)	(2.58)
DA	1.125	0.550	1.391	0.123	1.123	1.123	0.051*
	(1.14)	(1.34)	(1.04)	(0.08)	(1.15)	(1.20)	(1.89)
Return	-0.248	-0.148	-6.392	0.075	-0.260	-0.260	-0.006*
	(-1.16)	(-1.56)	(-0.97)	(0.35)	(-1.13)	(-1.19)	(-1.71)
Difficult1	-2.271**	-1.018**	-1.914	4.623	-2.261**	-2.261**	-0.033**
	(-2.21)	(-2.38)	(-1.54)	(1.53)	(-2.04)	(-2.23)	(-2.01)

续表

解释变量	被解释变量 OPIN						
	Logit	Probit	滞后一期	一阶差分	基于面板数据（混合回归）	基于面板数据（BE）	GMM
Difficult2	-0.789 (-0.94)	-0.461 (-1.25)	0.399 (0.40)	1.104 (0.35)	-0.836 (-0.96)	-0.836 (-1.06)	-0.015 (-1.06)
L_OPIN	3.526*** (15.18)	1.816*** (15.71)	2.456*** (7.73)	5.038*** (14.02)	3.486*** (13.32)	3.486*** (14.38)	0.453*** (12.79)
Switch	0.106 (0.53)	0.021 (0.25)	0.009 (0.04)	0.034 (0.22)	0.107 (0.52)	0.107 (0.53)	0.001 (0.22)
Occupy	6.275** (2.03)	3.069** (2.38)	14.454*** (4.58)	17.500*** (2.90)	6.408** (2.05)	6.408** (2.34)	0.413*** (3.22)
Big4	0.185 (0.34)	0.048 (0.21)	-0.114 (-0.15)	-0.367 (-0.93)	0.205 (0.35)	0.205 (0.35)	0.005 (0.84)
State	0.091 (0.39)	0.070 (0.70)	0.094 (0.33)	1.192 (1.33)	0.090 (0.38)	0.090 (0.38)	-0.003 (-0.60)
Time	0.007 (0.37)	0.005 (0.68)	0.054*** (2.89)	-0.916 (-0.92)	0.007 (0.45)	0.007 (0.41)	0.000 (1.14)
Constant	1.079 (0.33)	0.008 (0.01)	4.897 (1.26)	-2.394** (-2.00)	1.328 (0.38)	1.328 (0.39)	0.080 (1.42)
Year/IND	控制	控制	控制	控制	控制	控制	控制
Pseudo-R^2	0.3872	0.3878	0.2475	0.2575	Wald chi2 = 496.27	Wald chi2 = 496.27	Wald chi2 = 334.42
χ^2	602.89	627.75	308.70	294.12	Prob > chi2 = 0.0000	Prob > chi2 = 0.0000	R-squared = 0.2685
N	3198	3198	2223	2223	3198	3198	3198

注：***表示在1%水平下显著，**表示在5%水平下显著，*表示在10%水平下显著。已对回归方程中的异方差问题进行了检验和处理，括号内提供的Z值经过异方差稳健修正。

3. 其他稳健性测试

为了进一步检验结果的稳健性，剔除了当年被ST的上市公司，考察正常上市的公司风险信息披露与审计意见获得情况，回归结果如下（见表6-19）。表6-19的回归结果与表6-5中的回归结果基本保持一致，再次证实了本书的研究结论具有稳健性。

表6-19 其他稳健性测试结果

解释变量	被解释变量 OPIN						
	Logit	Probit	滞后一期	一阶差分	基于面板数据（混合回归）	基于面板数据（BE）	GMM
Risk	1.118**	0.476**	1.097**	1.543**	1.099*	1.099**	0.162**
	(2.04)	(2.07)	(1.98)	(2.49)	(1.92)	(2.00)	(2.21)
Q	0.048	0.028	0.014	0.033	0.050	0.050	0.004***
	(0.99)	(1.25)	(0.23)	(0.40)	(0.96)	(0.97)	(2.82)
ROE	-0.210	-0.160	0.087	-1.502	-0.221	-0.221	-0.034
	(-0.27)	(-0.46)	(0.09)	(-1.23)	(-0.31)	(-0.33)	(-0.79)
LEV	3.183***	1.476***	2.463***	-2.760**	3.256***	3.256***	0.104***
	(6.40)	(6.48)	(4.13)	(-2.15)	(5.55)	(5.72)	(6.55)
Size	-0.416***	-0.163**	-0.350**	0.479	-0.424***	-0.424***	-0.007***
	(-2.59)	(-2.44)	(-2.11)	(1.36)	(-2.73)	(-2.70)	(-3.05)
CFO	-0.013**	-0.006**	-0.015**	-0.004	-0.013**	-0.013**	-0.000**
	(-2.15)	(-2.40)	(-2.31)	(-0.58)	(-2.06)	(-2.25)	(-2.06)
BM	-0.116	-0.088	0.231	0.241	-0.119	-0.119	0.001
	(-0.54)	(-0.98)	(1.28)	(0.79)	(-0.52)	(-0.57)	(0.36)
Indratio	1.644	0.977	-1.572	4.603	1.719	1.719	0.024
	(0.84)	(1.24)	(-0.73)	(1.60)	(0.94)	(0.97)	(0.78)
Lnsalary	0.161	0.036	-0.034	-0.085	0.152	0.152	0.001
	(0.96)	(0.52)	(-0.19)	(-0.21)	(0.93)	(0.87)	(0.55)
Dual	-0.001	0.039	-0.256	0.695*	0.007	0.007	0.001
	(-0.00)	(0.43)	(-1.11)	(1.85)	(0.03)	(0.03)	(0.22)
Avoidloss	1.049***	0.449***	0.905***	0.017	1.046***	1.046***	0.023***
	(3.58)	(3.68)	(3.06)	(0.05)	(3.55)	(3.87)	(2.75)
DA	1.036	0.492	0.529	1.356	1.028	1.028	0.046*
	(0.99)	(1.15)	(0.42)	(0.96)	(0.99)	(1.01)	(1.78)
Return	-0.227	-0.137	-0.240	0.107	-0.236	-0.236	-0.005
	(-1.04)	(-1.42)	(-0.86)	(0.56)	(-1.00)	(-1.06)	(-1.48)
Difficult1	-2.089*	-0.919**	-0.989	2.595	-2.091*	-2.091**	-0.026*
	(-1.95)	(-2.09)	(-0.80)	(0.93)	(-1.77)	(-1.98)	(-1.71)
Difficult2	-0.548	-0.411	0.839	0.456	-0.604	-0.604	-0.011
	(-0.66)	(-1.15)	(0.97)	(0.15)	(-0.65)	(-0.72)	(-0.88)

续表

解释变量	被解释变量 OPIN						
	Logit	Probit	滞后一期	一阶差分	基于面板数据（混合回归）	基于面板数据（BE）	GMM
L_OPIN	3.600*** (14.93)	1.835*** (15.55)	2.633*** (9.35)	5.367*** (13.95)	3.565*** (12.59)	3.565*** (14.07)	0.450*** (12.57)
Switch	0.118 (0.57)	0.020 (0.23)	-0.192 (-0.89)	-0.038 (-0.25)	0.118 (0.55)	0.118 (0.57)	0.001 (0.39)
Occupy	5.693* (1.74)	2.903** (2.15)	12.618*** (3.68)	15.675*** (2.62)	5.812* (1.76)	5.812** (2.01)	0.385*** (3.11)
Big4	0.061 (0.11)	0.012 (0.05)	0.053 (0.09)	-0.346 (-0.86)	0.072 (0.13)	0.072 (0.12)	0.004 (0.62)
State	0.101 (0.42)	0.064 (0.63)	0.191 (0.69)	2.096*** (2.88)	0.099 (0.40)	0.099 (0.40)	-0.003 (-0.74)
Time	0.000 (0.00)	0.001 (0.14)	0.040** (2.07)	0.361 (0.49)	0.000 (0.03)	0.000 (0.02)	0.000 (1.03)
Constant	0.187 (0.05)	-0.272 (-0.19)	3.752 (0.98)	-4.068*** (-3.98)	0.390 (0.11)	0.390 (0.11)	0.071 (1.29)
Year/IND	控制	控制	控制	控制	控制	控制	控制
Pseudo-R^2	0.3930	0.3933	0.2460	0.2546	Wald chi2 = 483.89	Wald chi2 = 483.89	Wald chi2 = 318.29
χ^2	571.69	594.38	323.79	312.26	Prob > chi2 = 0.0000	Prob > chi2 = 0.0000	R-squared = 0.2700
N	8238	8238	5713	5713	8238	8238	8238

注：***表示在1%水平下显著，**表示在5%水平下显著，*表示在10%水平下显著。已对回归方程中的异方差问题进行了检验和处理，括号内提供的Z值经过异方差稳健修正。

第八节 本章小结

以我国A股上市公司为样本，在研究年报中的风险提示信息对审计师出具的审计意见是否产生影响的基础上，加入高管背景以及会计师事务所规模作为调节变量，实证检验了高管呈现的不同背景特征（年龄、性别、学历、任期）能否通过丰富风险信息含量，以及事务所规模扩大能否通过完善外部环境而在其中发挥调节效应。检验结果发现，审计意见与风险提示信息之间存在显著的正相关关系。在加入高管背景后发现，对于年龄越大、学历越高、在一定任职时间内的女性高管，会加强原先风险提示信息对非标准审计意见的正向影响。在进一步加入会计师事务所规模后发现，高管背景与风险提示信息对审计意见产生的显著正向关联普遍存在于规模较大的事务所。

以上研究结果表明，第一，财务报告中的风险提示信息能够在审计师出具的审计意见类型中得到反映，一方面，表明审计师在执行审计测试时已经对该信息给予了相应关注，并且能够从财务报告的非结构化信息中识别出风险增量，对风险程度较高的上市公司实施了更加严格的检查。另一方面，表明现阶段上市公司在年报中披露的非结构化风险信息与公司实际状况贴合性较强，具有较高的决策价值，这不但积极响应了财政部于 2014 年发布的要求上市公司对年报中"管理层讨论与分析"章节进行补充完善的相关规定，同时也解答了我国证券市场上目前普遍存在的一种疑惑，即面临诚信危机的证券市场，利益相关者究竟该从何种渠道获取最具决策价值的信息。事实上，本书研究结论背后反映出文本型风险信息将如何重塑外部投资者对企业风险的感知，进而影响其做出的风险投资决策。从资本市场资源有效配置的全局视角来看，文本型风险信息因降低信息不对称所带来的向上效应远大于"市场压力假说"带来的向下效应。利益相关方不能单纯因为公司年度、月度或日度的股价及交易量数据而直接判定某一公司存在的风险多或少，上市公司亦不能因为非结构化风险信息可能带来的潜在压力而减少或抑制披露比例。此外，现阶段，IPO 注册制已经提上日程，而注册制的灵魂是信息披露，健全风险提示信息的披露将为我国即将实施的 IPO 注册制如何进一步完善提供理论支持。

第二，高管个人特征越"稳健"时，风险提示信息与审计意见之间的贴合度越高，说明高管人员的价值观以及风险偏好会通过提升风险信息的含金量而增加审计意见的可靠性，这一人口学特征对于降低信息不确定性、订立并信守契约等企业行为有着十分重要的意义，并在公司治理实践中产生积极的影响。因此，提醒上市公司在选拔与任用高管时，不能将视角仅仅局限于其岗位胜任能力，而应当将年龄、性别、学历等因素纳入任用标准综合考虑，同时，还应当合理控制高管人员的任职期限，使其保持在合理范围之内。上市公司通过优化高管选拔体系、健全高管选聘机制，将大大减少管理层凭借非财务信息披露实施机会主义行为的动机，使公司内外部利益趋于一致，从而有效改善信息披露质量；通过加强公司不同治理主体（高管与审计师）之间个人背景与风险价值观念的契合，将有利于各主体对于诸如财务报表信息真实与否等重大决策形成一致性意见，降低沟通成本、减少公司治理过程中的效率损失。

第三，由于规模越大的会计师事务所能促进风险提示信息对非标审计意见的正向作用，说明事务所规模扩大这一举措能通过改善外部治理环境而提高审计意见的稳健程度，暗示投资者在甄别审计意见好坏时可将事务所规模纳入衡量范畴，形式上能够提供高质量审计服务的大规模事务所在实质上也能够提供高质量的审计服务，在中国的证券审计市场，大规模事务所可以作为高质量审计的代名词。尽管有研究表明，两者之间并非存在纯粹的正相关关系，甚至得出完全相反的结论，即事务所规模与审计质量负相关。这说明两者关系还受到其他因素的影响。因此，在推进会计师事务所做大做强的同时，必须要"做精做专"。当前，会计师事务所改制、合并更多的是在政府的推动下进行的，这种政府干预一旦过度就会使市场化、法律约束失效，造成审计市场的畸形发展。因此，会计师事务所的规模化应是市场推动的结果，是会计师事务所不断发展壮大的内在需求。

第四，年报中的非结构化风险信息具备较高的参考价值，其作为风险会计的核心内容，能够反映有关风险存在、发生、控制、影响及防范等各方面的系统信息，对其产生的经济后果进行测度不但有助于上市公司不断地完善其信息披露制度，制定科学合理的风险管理政策，提高风险管理效率，同时也有助于增加企业风险承担的透明度，减轻和缓解不同利益相关者之间的"信息不对称"以及派生的道德风险与逆向选择问题。因此，我们在今后进行风险会计研究和风险报告框架建设的过程中应对其给予充分关注，以探索出一套适宜于中国特殊制度背景的风险报告体系。

参考文献

[1] Abdel – Khalik, A. R. The effect of affregating accounting reports on the quality of the lending decision: an empirical investigation [J]. Joural of Accounting Research, 1973 (11): 104 – 138.

[2] Aboody D, Kasznik R. CEO Stock Option Awards and the Timing of Corporate Voluntary Disclosures [J]. Journal of Accounting and Economics, 2000, 29 (1): 73 – 100.

[3] Adam Smith. An Inquiry into the Nature and Causes of the Wealth of Nations [M]. New York: P F Collier and Company, 1776.

[4] Allen, Franklin, Jun Qian, Meijun Qian. Law, Finance, and Economic Growth in China [J]. Journal of Financial Economics, 2005, 77: 57 – 116.

[5] Almazam A., J., et al. Conflicts of Interest Monitoring Costs of Institutional Investors: Evidence from Executive Compensation [R]. Working Paper, 2004.

[6] Antweiler W., Frank M. Z. Is all that talk just noise? The information content of internet stock message boards [J]. The Journal of Finance, 2004, 59 (3): 1259 – 1294.

[7] Arnett H. E., Danos P. CPA firm viability: a study of major environmental factors affecting firms of various sizes and characteristics [M]. Ann Arbor, MI: University of Michigan, 1979.

[8] Asad Kausar, Nemit Shroff, Hal White. Real effects of the audit choice [J]. Journal of Accounting and Economics, 2016, 62 (1): 157 – 181.

[9] Ashbaugh – Skaife, H., D. Veenman, and D. Wan – gerin. Internal Control over Financial Reporting and Managerial Rent Extraction: Evidence from the Profitability of Insider Trading [J]. Journal of Accounting and Economics, 2013, 55 (1): 91 – 110.

[10] Ashiq Ali, Weining Zhang. CEO tenure and earnings management [J]. Journal of Accounting and Economics, 2014, 59 (1): 60 – 79.

[11] Auden W. C., Shackman J D, Onken M H. Top Management Team, Inter-

national Risk Management Factor and Firm Performance [J]. Team Performance Management, 2006, 12 (7/8): 209 –222.

[12] Azizan B., Tinga K. Managerial Overconfidence and Debt Decision: Evidence from Malaysia [J]. Journal of Advanced & Applied Sciences, 2015, 3 (4): 125 –135.

[13] Baginski S., Demers E., Wang C.. Contemporaneous verification of language: evidence from management earnings forecasts [J]. Review of Accounting Studies, 2016, 21 (1): 165 –197.

[14] Baginski, S., Hassell, J., Kimbrough, M. The effect of legal environment on voluntary disclosure: Evidence from management earnings forecasts issued in U.S. and Canadian markets [J]. The Accounting Review, 2002, 77 (1): 25 –50.

[15] Baginski, S., Hassell, J., Kimbrough, M. Why do managers explain their earnings forecasts? [J]. Journal of Accounting Research, 2004, 42: 1 –29.

[16] Baginski, S., Demers, E., Wang, C. and Yu, J. Managerial Incentives and the Language in Management Forecast Press Releases [R]. Working Paper, 2012.

[17] Balakrishnan, K., Bartov, E. Analysts' use of qualitative earnings information: Evidence from the IPO prospectus' risk factors section [R]. New York University, Working Paper, 2010.

[18] Ball, Bushman, Vasvari. The Debt – Contracting Value of Accounting Information and Loan Syndicate Structure [J]. Journal of Accounting Research, 2008 (46): 247 –287.

[19] Balsam S., Jiang W Lu B. Equity Incentives and Internal Control Weaknesses [J]. Contemporary Accounting Research, 2012, 31 (1): 178 –201.

[20] Bantel Jackson. Top Management and Innovations in Banking: Does the Composition of the [J]. Contemporary Accounting Research, 1989, 5 (2) : 754 –774.

[21] Bao B., Chen G. Audit qualification prediction using accounting and market variables: The case of Chinese listed companies [J]. Working Paper, 1998.

[22] Bao Y., Datta A. Simultaneously discovering and quantifying risk types from textual risk disclosures [J]. Management Science, 2014, 60 (6): 1371 –1391.

[23] Beattie V., Mc Innes, B. Fearnley S., A Methodology for Analysing and Evaluating Narratives in Annual Reports: A Comprehensive Descriptive Profile and Metrics for Disclosure Quality Attributes [J]. Accounting Forum 2004, 28 (3): 205 –

236.

[24] Bedard J. Reported Internal Control Deficiencies and Earnings Quality [R]. Working Paper, University Laval, 2006.

[25] Behn, B. K. , Kaplan S. E. and Krumwiede. K. R. Further Evidence on the Auditor's Going – concern Report: The Influence of Management Plans [J]. Auditing: A journal of Practice and Theory, 2001, 20 (1): 13 – 28.

[26] Bharath, S. T. , Sunder, J. , Sunder, S. V. Accounting Quality and Debt Contracting [R]. University of Michigan and Northwestern University Working Paper, 2006.

[27] Bhushan R. Firm Characteristics and Analyst Following [J]. Journal of Accounting and Economics, 1989, 11: 255 – 274.

[28] Biddle, G. and G. Hilary. Accounting Quality and Firm Level Capital Investment [J]. Accounting Review, 2006, 81 (5): 963 – 982.

[29] Blei D. M. , Ng A. Y. , Jordan M I. Latent dirichlet allocation [J]. Journal of Machine Learning Research, 2003, 3: 993 – 1022.

[30] Bochkay K. , Levine C. B. . Using MD & A to improve earnings forecasts [R]. Working Paper, 2013.

[31] Bonsall S. B. , Bozanic Z. , Fischer P E. The informativeness of disclosure tone [R]. Working Paper, 2013.

[32] Bozzolan, S. , Trombetta, M. and Beretta, S. "Forward – Looking Disclosures, Financial Verifiability and Analysts' Forecasts: A Study of Cross – Listed European Firms" [J]. European Accounting Review, 2009, 18 (3): 435 – 473.

[33] Brazel, J. F. , K. L. Jones and M. F. Zimbelman. Using Nonfinancial Measures to Assess Fraud Risk [J]. Journal of Accounting Research, 2009, 47 (5): 1135 – 1166.

[34] Brickley, J. A. , R. C. Lease, C. W. Smith. Ownership Structure and Voting on Antitakeover Anmendments [J]. Journal of Financial Economics, 1988, 20: 267 – 291.

[35] Broberg P. , Tagesson T. , Collin S. O. What Explains Variation in Voluntary Disclosure? A study of the Annual Reports of Corporations Listed on the Stockholm Stock Exchange [J]. Journal of Management and Governance, 2010, 14 (4): 351 – 377.

[36] Brochet F. , Naranjo P. , Yu G. The capital market consequences of language barriers in the conference calls of non – U. S. firms [R]. Working Paper, 2015.

[37] Brown N. C. , Wei K. D. , Wermers R. Analyst Recommendations, Mutual Fund Herding, and Overreaction in Stock Prices [J]. Management Science, 2013, 60 (1): 1 – 20.

[38] Brown S. V. , Tucker J. W. Large – sample evidence on firms' year – over – year MD & A modifications [J]. Journal of Accounting Research, 2011, 49 (2): 309 – 346.

[39] Burton J. C. , Roberts W. A Study of Auditor Changes [J]. Journal of Accountancy, 1967, 123 (4): 31 – 36.

[40] Bushee B. J. , Gow I. D. , Taylor D. J. Linguistic complexity in firm disclosures: Obfuscation or information? [R]. Working Paper, 2015.

[41] Bushman R. , J. Piotroski, A. Smith. Capital Allocation and Timely Accounting Recognition of Economic Losses [J]. Journal of Business, Finance and Accounting, 2011 (38): 1 – 33.

[42] C. Prendergast, L. Stole. Impetuous youngsters and jaded old – timers: Acquiring a reputation for learning [J]. Journal of Political Economy, 1996, 104 (6): 1105 – 1134.

[43] Campbell, J. L. , H. Chen, D. S. Dhaliwal, H. . Lu, and L . B. Steele. The Information Content of Mandatory Risk Factor Disclosures in Corporate Filings [J]. Review of Accounting Studies, 2014, 19 (1) : 396 – 455.

[44] Casey. Jr. C. J. Variation in accounting information load: the effect on loan officers' predictions of bankruptcy [J]. Accounting Review, 1980 (1): 36 – 49.

[45] Cecchini M. , H. Aytug, G. J. Koehler, P. Pathak. Making Words Work: Using Financial Text as a Predictor of Financial Events [J]. Decision Support Systems, 2010, 50 (7): 164 – 175.

[46] Chaiken S. Heuristic systematic information processing and the use of source versus message cues in persuasion [J]. Journal of Personality and Social, 1980, 39 (5): 752 – 766.

[47] Chan, K. H. , D. H. Wu. Aggregate Quasi Rents and Auditor Independence: Evidence from Audit Firm Mergers in China [J]. Contemporary Accounting Research, 2011, 28 (1): 175 – 213.

[48] Chen H. L. , De P. , Hu Y. J. , et al. Wisdom of crowds: The value of stock opinions transmitted through social media [J]. Review of Financial Studies, 2014, 27 (5): 1367 – 1403.

[49] Chen Y. S. , Hsu J. , Huang T. M. . Quality, size and performance of audit

firms [J]. The International Journal of Business and Finance Research, 2013 (7): 89 – 105.

[50] Chen Q., W. Jiang. Analysts Weighting of Private and Public Information. [J]. Review of Financial Studies, 2006, 19: 319 – 355.

[51] Choi H., Kim S., Lee J. Role of network structure and network effects in diffusion of innovation [J]. Industrial Marketing Management, 2010, 39 (1): 170 – 177.

[52] Chow C., Rice S. J. Qualified audit opinions and auditor switching [J]. The Accounting Review, 1982, 57: 326 – 335.

[53] Christensen B., K. W. Smith, and D. Wang. Small Audit Firm Mergers in the United States: Determinants and Consequences [J]. Working Paper, 2016.

[54] Core J. E., Guay W., Larcker D. F. The power of the pen and executive compensation [J]. Journal of Financial Economics, 2008, 88 (1): 1 – 25.

[55] Cornett, M. M., Marcus, A. J., Saunders, A., Tehranian, H. The Impact of Institutional Ownership on Corporate Operating Performance [J]. Journal of Banking and Finance, 2007, 31 (6): 1771 – 1794.

[56] Czerlinski J., Gigerenzer G., Goldstein D. G. How good are simple heuristics? //Gigerenzer G., Todd P M, eds. The ABC Reading Group, Simple Heuristics That Make Us Smart [M]. New York: Oxford University Press, 1999, 97 – 118.

[57] Daboub, A. J., A. M. Radheed. Top Management Team Characteristics and Corporate Illegal Acativity [J]. Academy of Manegement Review, 1995, 20 (1): 138 – 170.

[58] Damodaran A. 投资估价 [M]. 朱武祥, 等译. 北京: 清华大学出版社, 1999.

[59] Davis A. K., Ge W. L., Matsumoto D., et al. The effect of manager – specific optimism on the tone of earnings conference calls [J]. Review of Accounting Studies, 2015, 20 (4): 639 – 673.

[60] Davis A. K., Piger J. M., Sedor L. M. Beyond the numbers: Measuring the information content of earnings press release language [J]. Contemporary Accounting Research, 2012a, 29 (3): 845 – 868.

[61] Davis, A., Tama – Sweet, I. Managers' use of language across alternative disclosure outlets: Earnings press releases versus MD & A [J]. Contemporary Accounting Research, 2012, 29: 804 – 837.

[62] De Franco G., Hope O. K., Vyas D., et al. Analyst report readability [J]. Contemporary Accounting Research, 2015, 32 (1): 76 – 104.

[63] De Angelo L. E. Auditor size and audit quality [J]. Journal of Accounting and Economics, 1981, 1: 113 – 127.

[64] DeFond M. L., Lennox C S. The effect of SOX on small auditor exits and audit quality [J]. Journal of Accounting and Economics, 2011, 52 (1): 21 – 40.

[65] Demers E., Vega C. Understanding the role of managerial optimism and uncertainty in the price formation process: evidence from the textual content of earnings announcements [R]. SSRN, 2014.

[66] Denis D. K., and J. J. Mc Connell. International Corporate Governance [J]. Journal of Financial and Quantitative Analysis, 2003, 38 (1): 1 – 36.

[67] Diamond D. Monitoring and Reputation: the Choice between Bank Loans and Directly Placed Debt [J]. Journal of Political Economy, 1991 (99): 689 – 721.

[68] Dietrich J. R., S. J. Kachelmeier, D. N. Kleinmuntz, T. J. Linsmeier. An Experimental Investigation of Forward – looking Non – financial Performance Disclosures [R]. University of Illinois at Urbana – Champaign and University of Texas at Austin, Working Paper, 1997.

[69] Dietrich J. R.; S. J. Kachelmeier; D. N. Kleinmuntz; T. J. Linsmeier. An Experimental Investigation of Forward – looking Non – financial Performance Disclosures [J]. University of Illinois at Urbana – Champaign and University of Texas at Austin, Working Paper, 1997.

[70] Druz M., Wagner A. F. Zeckhauser R. J. Tips and Tells from Managers: Between the Lines Inferences from Conference Calls [R]. Working Paper, 2013.

[71] Dye R. A. Auditing standards, legal liability, and auditor wealth [J]. Journal of Political Economy, 1993, 101 (5): 887 – 914.

[72] Efraim B., Carola F.. Military CEOs [J]. Journal of Financial Economics, 2015, 117 (1): 43 – 59.

[73] Eli B., Ferdinand A. G., Judy S. T. Discretionary Accruals Models and Audit Qualifications [J]. Working Paper, 1998 (17): 66 – 69.

[74] Elshandidy T., Shrives, P. J. Environmental incentives for and usefulness of textual risk reporting: Evidence from Germany [J]. The International Journal of Accounting, 2016, 51 (4): 464 – 486.

[75] Fama E. F., Jensen M. C. Separation of Ownership and Control [J]. Journal of Law and Economics, 1983, 26 (2): 301 – 325.

[76] Feldman R., Govindaraj S., Livnat J., et al. Management's tone change, post earnings announcement drift and accruals [J]. Review of Accounting Studies, 2010, 15 (4): 915 – 953.

[77] Fernadez Frank A. The Role and Responsibilities of Securities Analysts [R]. Securities Industry Association Research Report, 2001.

[78] Finkelstein S., Hambrick K. C. Strategic Leadership [M]. Minneapolis/St Paul: West Publishing Company, 1996, 57 – 75.

[79] Firth M., A. Smith. Selection of auditor firms by companies in the new issue Market [J]. Applied Economics, 1992, 24 (2): 247 – 255.

[80] Firth M. Qualified audit reports: their impact on investment decision [J]. The Accounting Review, 1978, 53 (3): 642 – 650.

[81] Fondas N., S. Sassalos. A different Voice in the Boardroom: How the Presence of Women Directors Affects Board Influence over Management [J]. Global Focus, 2000, 12 (2): 13 – 22.

[82] Francis J., Wang D. The joint effect of investor protection and big4 audits on earnings quality around the world [J]. Contemporary Accounting Research, 2008, 25: 157 – 191.

[83] Francis J., La Fond R., Olsson P., Schipper K. The Market Pricing of Accruals Quality [J]. Journal of Accounting and Economics, 2005, 39 (2): 295 – 327.

[84] Francis Krishnan. Accounting Accruals and Auditor Reporting Conservatism [J]. Contemporary Accounting Research, 1999, 16 (1): 135 – 165.

[85] Francis J., R. La Fond, P. Olsson, K. Schipper. The Market Pricing of Accruals Quality [J]. Journal of Accounting and Economics, 2005, 39 (2): 295 – 327.

[86] Francoeur C. R.. Women directors and disclosure of intellectual capital information [J]. European Research on Management and Business Economics, 2017: 123 – 131.

[87] Francoeur C., R. Labelle, S. D. Bernard. Gender Diversity in Corporate Governance and Top Management [J]. Journal of Business Ethics, 2008, 81: 83 – 95.

[88] Fraser S., Greene F. J. The Effects of Experience on Entrepreneurial Optimism and Uncertainty [J]. Economica, 2006, 73 (290): 169 – 192.

[89] GAO. Public Accounting Firms: Mandated Study on Consolidation and Com-

petition [EB/OL]. http://www.gao.gov.search., 2003.

[90] Geiger M. A., Rama D. V. Audit Firm Size and Going-Concern Reporting Accuracy [J]. Accounting Horizons, 2006, 20 (1): 1-17.

[91] Ghosh, D., L., Olsen. Environmental Uncertainty and Managers' Use of Discretionary Accruals [J]. Accounting, Organizations and Society, 2009, 34 (2): 188-205.

[92] Gibbins M., K. T. Trotman. Audit review: Managers' interpersonal expectations and conduct of the review [J]. Contemporary Accounting Research, 2002, 19 (19): 12-46.

[93] Givoly D., Lakonishok J., The Information Content of Financial Analysts' forecasts of Earnings: Some Evidence on Semi-strong Inefficiency [J]. Journal of Accounting and Economics. 1979, 1: 165-185.

[94] Glosten R., P. Milgrom, Bid. Ask and Transaction Prices in a Specialist Market with Heterogeneously Inormde traders [J]. Journal of Financial Economics, 1984, 14 (1): 71-100.

[95] Godfrey P. C. The relationship between corporate philanthropy end shareholder wealth: a risk management perspective [J]. Academy of Management Review, 2005, 30 (4): 777-798.

[96] Goel S., Gangolly J., Faerman S. R., et al. Can linguistic predictors detect fraudulent financial filings? [J]. Journal of Emerging Technologies in Accounting, 2010, 7 (1): 25-46.

[97] Groening C. J., V. Kanuri, S. Sridhar. Incongruency between corporate social responsibility and stakeholder outcomes: A study of immediate investor reaction to news of both positive and negative CSR activities [R]. University of Missouri, Working Paper, 2011.

[98] Gul F. A., Wu D., Yang Z. Do individual auditors affect audit quality? Evidence from archival data [J]. The Accounting Review, 2013, 88 (6): 1993-2023.

[99] Hambrick D. C., Fukutomi GDS. The Seasons of a CEO's Tenure [J]. Academy of Management Review, 1991, 16 (4): 719-742.

[100] Hambrick, D. C. and P. A. Mason. Upper Echelons: The Organization as a Reflection of its Top Managers [J]. Academy of Management Review, 1984, 9 (2): 193-206.

[101] Hambrick. Top management Group: A Conceptual Integration and Consid-

eration of the "team" Label [J]. Research in Organizational Behavior, 1994 (16): 171 – 213.

[102] Handajani L, Subroto B., Sutrisno T. Does board diversity matter on corporate social disclosure? An Indonesian evidence [J]. Journal of Economics and Sustainable Development, 2014 (9): 8 – 16.

[103] Harrison Hong, Jeffrey D. Kubik, Amit Solomon. Security Analysts Career Concerns and Herding of Earnings Forecasts [J]. The Rand Journal of Economics, 2000, 31 (1): 121 – 144.

[104] Healy P. M., K. G. Palepu. Information Asymmetry, Corporate Disclosure, and the Capital Markets: a Review of the Empirical Disclosure Literature [J]. Journal of Accounting and Economics, 2001, 31: 405 – 440.

[105] Hermanson H. M. Ananalysis of the demand for reporting on internal control [J]. Accounting Horizons, 2000, 14: 325 – 341.

[106] Hoberg G., Phillips G. M. Product market synergies and competition in mergers and acquisitions: A text – based analysis [J]. Review of Financial Studies, 2010, 23 (10): 3773 – 3811.

[107] Hogarth R. M., Karelaia N. Entrpreneurial success and failure: Confidence and fallible judgment [J]. Organization Science, 2012, 23 (6): 1733 – 1747.

[108] Hope O. K., Hu D. Q., Lu H. The benefits of specific risk – factor disclosures [R]. Working Paper, 2014.

[109] Hope O. –K., Hu D., Lu H. The Benefits of Specific Risk – factor Disclosures [J]. Review of Accounting Studies, 2016, 21 (4), 1005 – 1045.

[110] Hsiang – Lan Chen. CEO Tenure and R&D Investment: The Moderating Effect of Board Capital [J]. The Journal of Applied Behavioral Science, 2013, 49 (4): 437 – 459.

[111] Hsu C., Li X., Ma Z. M., et al. Does product market competition influence analyst coverage and analyst career success [R]. Working Paper, 2015.

[112] Huang X., Teoh S. H., Zhang Y. L. Tone management [J]. The Accounting Review, 2014, 89 (3): 1083 – 1113.

[113] Humpherys S. L., Moffitt K. C., Burns M. B., et al. Identification of fraudulent financial statements using linguistic credibility analysis [J]. Decision Support Systems, 2011, 50 (3): 585 – 594.

[114] Hunt, Allen K. Lulseged, Ayalew. Client importance and non – Big 5 auditors' reporting decisions [J]. Journal of Accounting and Public Policy, 2007, 26:

212 - 248.

[115] Ibrahim A. H., Hanelah M. M. Board diversity and corporate responsibility in Jordan [J]. Journal of Financial Reporting and Accounting, 2016, 14 (2): 279 -298.

[116] Jeffrey T. Doyle, Matthew J. Magilke. The Timing of Earnings Announcements: An Examination of the Strategic Disclosure Hypothesis [J]. The Accounting Review, 2008, 25 (3): 1 -42.

[117] Jegadeesh N., Wu D. Word power: A new approach for content analysis [J]. Journal of Financial Economics, 2013, 110 (3): 712 - 729.

[118] Jensen M. and W. Meckling. Theory of the Firm: Managerial Behavior, Agency Costs and Ownership Structure [J]. Journal of Financial Economics, 1976, 3 (4): 305 - 360.

[119] Joe J. R. Why Press Coverage of a Client Influence the Auditor Opinion [J]. Journal of Accounting Research, 2003, 41 (1): 109 - 133.

[120] Johl S., Jubb C. and K. Houghton. Earnings Management and the Audit Opinion: Evidence from Malaysia [J]. Managerial Auditing Journal, 2007, 22 (7): 688 - 715.

[121] Karen M. Y, Bin Srinidhi, Ferdinand A. GUL, Judy S. L. Board Gender Diversity, Auditor Fees, and Auditor Choice [J]. Contemporary Accounting Research, 2017, 34 (3): 1681 - 1714.

[122] Katz R. The effects of group longevity on project communication and performance [J]. Administrative Science Quarterly, 1982, 27 (1): 81 - 104.

[123] Khurana I. K., Raman K. K. Litigation risk and the financial reporting credibility of Big4 versus Non - Big4 audits: evidence from Angelo - American countries [J]. The Accounting Review, 2004, 79: 473 - 495.

[124] Kim J. I. Krinsky, J. Lee. Institutional Holdings and Trading Volume Reactions to Quarterly Earnings Announcements [J]. Journal of Accounting, Auditing&Finance, 1997, 12 (4): 1 - 14.

[125] Kinney W. R., L. S. Mc Daniel. Characteristics of Firms Correcting Previously Reported Quarterly Earnings [J]. Journal of Accounting and Economics, 1989, 11 (1): 71 - 93.

[126] Kollmuss A., Agyeman J. Mind the Gap: Why do People Act Environmentally and What are the Barriers to Pro - environmental Behavior? [J]. Environmental Education Research, 2002, 8 (3): 245 - 267.

[127] Kothari S. P., Li X., Short J. E. The effect of disclosures by management,

analysts, and business press on cost of capital, return volatility, and analyst forecasts: A study using content analysis [J]. The Accounting Review, 2009, 84 (5): 1639 – 1670.

[128] Kravet T., Muslu V. Textual risk disclosures and investors' risk perceptions [J]. Review of Accounting Studies, 2013, 18 (4): 1088 – 1122.

[129] Kravet, T., T. Shevlin. Accounting Restatements and Information Risk [Z]. Review of Accounting Studies, 2010, 15 (2) : 264 – 294.

[130] Kuhnen C. M., Niessen A. Public opinion and executive compensation [J]. Management Science, 2012, 58 (7): 1249 – 1272.

[131] La Porta R., F. Lopez – de – Silanes, A. Schleifer, R. W. Vishny. Legal Determinants of External Finance [J]. Journal of Finance, 1997, 52 (3): 1131 – 1150.

[132] Lang M. H. R. J. Lundholm. Corporate Disclosure Policy and Analyst Behavior [J]. The Accounting Review, 1996, 71: 461 – 492.

[133] Larcker D. F., Zakolyukina A. A. Detecting deceptive discussions in conference calls [J]. Journal of Accounting Research, 2012, 50 (2): 495 – 540.

[134] Lee Y. J. The effect of quarterly report readability on information efficiency of stock prices [J]. Contemporary Accounting Research, 2012, 29 (4): 1137 – 1170.

[135] Leftwich R., Accounting Information in Private Markets: Evidence from Private Lending Agreements [J]. The Accounting Review , 1983, 58 (1): 23 – 42.

[136] Lehavy R., Li F., Merkley K. The effect of annual report readability on analyst following and the properties of their earnings forecasts [J]. The Accounting Review, 2011, 86, 1087 – 1115.

[137] Lennox C. Are Large Auditors More Accurate than Small Auditors? [J]. Accounting and Business Research, 1999, 29 (3): 217 – 227.

[138] Lennox C. Do Companies Successfully Engage in Opinion Shopping? Evidence from the UK [J]. Journal of Accounting and Economics, 2000, 29 (3): 321 – 337.

[139] Levine C. B., M. J. Smith. Critical Accounting Policy Disclosures [R]. Carnegie Mellon University and Boston University, Working Paper, 2006.

[140] Lewis B., Walls, J., Dowell G. Difference in Degrees: CEO Characteristics and Firm Environmental Disclosure [J]. Strategic Management Journal, 2014, 35 (5): 712 – 722.

[141] Li E. X., Ramesh K. Market reaction surrounding the filing of periodic SEC reports [J]. The Accounting Review, 2009, 84 (4): 1171 – 1208.

[142] Li F., Lundholm R., Minnis M. A measure of competition based on 10-K filings [J]. Journal of Accounting Research, 2013, 51 (2): 399-436.

[143] Li F., Lundholm R., Minnis M. The impact of perceived competition on the profitability of investments and future stock returns [R]. Working Paper, 2010.

[144] Li F. Annual report readability, current earnings and earnings persistence [J]. Journal of Accounting and Economics, 2008, 45 (2-3): 221-247.

[145] Li F. Textual analysis of corporate disclosures: A survey of the literature [J]. Journal of Accounting Literature, 2010a, 29: 143-165.

[146] Li F. The information content of forward-looking statements in corporate filings - a naïve Bayesian machine learning approach [J]. Journal of Accounting Research, 2010b, 48 (5): 1049-1102.

[147] Li F. Do Stock Market Investors Understand the Risk Sentiment of Corporate Annual Reports? [R]. University of Michigan Working Paper, 2010.

[148] Linsley P., Shrives P. Risk reporting: A study of risk disclosure in the annual reports of UK companies [J]. The British Accounting Review, 2006, 38 (4): 387-404.

[149] Lobo, G., M. Song, M. Stanford. Accruals Quality and Analyst Coverage [J]. Journal of Banking & Finance, 2012, 36 (2): 497-508.

[150] Loughran T., McDonald B. Measuring readability in financial disclosures [J]. The Journal of Finance, 2014a, 69 (4): 1643-1671.

[151] Loughran T., McDonald B. Regulation and financial disclosure: The impact of plain English [J]. Journal of Regulatory Economics, 2014b, 45 (1): 94-113.

[152] Loughran T., McDonald B. When is a liability not a liability? Textual analysis, dictionaries, and 10-Ks [J]. The Journal of Finance, 2011, 66 (1): 35-65.

[153] Loughran T., McDonald B. When is a liability not a liability? [J]. The Journal of Finance, 2011, 66, 35-55.

[154] Loughran T., McDonald B. Measuring readability in financial disclosures [J]. The Journal of Finance, 2014, 69, 1643-1671.

[155] Lu H., Tsai F., Chen H., Hung M. Li S. Credit Rating Change Modeling Using News and Financial Ratios [J]. ACM Transactions on Management Information System, 2012, 3 (3): 1-30.

[156] Lu J., Shi Z. Does improved disclosure lead to higher executive compensation? Evidence from the conversion to IFRS and the dual-class share system in China

[J]. Journal of Corporate Finance, 2018, 48: 244 – 260.

[157] Lu Y. C., Shen C. H., Wei Y. C. Revisiting Early Warning Signals of Corporate Credit Default Using Linguistic Analysis [J]. Pacific – Basin Finance Journal, 2013, 24: 1 – 21.

[158] Luo X., Kanuri V. K., Andrews M. How does CEO tenure matter? The mediating role of firm – employee and firm – customer relationships [J]. Strategic Management Journal. 2014, 35 (4): 492 – 511.

[159] Marshall A., Geiger K. Raghunandan, Dasaratha V. Rama. Auditor decision – making in different litigation environments: The Private Securities Litigation Reform Act, audit reports and audit firm size [J]. Journal of Accounting and Public Policy, 2006, 25 (3): 333 – 353.

[160] Mayew W. J., Sharp, N. Y. Venkatachalam, M. Using Earnings Conference Calls to Identify Analysts with Superior Private Information [J]. Review of Accounting Studies, 2013, 18 (2): 386 – 413.

[161] Mcclelland P. L., Barker Ⅲ V. L., Oh W – Y. CEO career horizon and tenure: Future performance implications under different contingencies [J]. Journal of Business Research, 2012, 65 (9): 1387 – 1393.

[162] Merkley K. J. Narrative disclosure and earnings performance: Evidence from R&D disclosures. [J]. Accounting Review, 2014, 89 (2): 725 – 757.

[163] Merkley K. J., Bamber, L., Christensen, T. Detailed management earnings forecasts: Do analysts listen? [J]. Review of Accounting Studies, 2013, 18, 479 – 521.

[164] Michael D. Incentive for risk reporting – A discretionary disclosure and cheap talk approach [J]. The International Journal of Accounting, 2008, 43: 184 – 206.

[165] Miller B. P. The effects of reporting complexity on small and large investor trading [J]. The Accounting Review, 2010, 85 (6): 2107 – 2143.

[166] Minutti – Meza, M. Issues in Examining the Effect of Auditor Litigation on Audit Fees [J]. Journal of Accounting Research, 2014, (2): 341 – 356.

[167] Moore G., Scott W. Auditors' Legal Liability, Collusion with Management, and Investor' Loss Top Team Make a Difference [J]. Strategic Management, 1989 (4): 107 – 124.

[168] Muslu V., Radhakrishnan S., Subramanyam K. R. Forward – looking MD & A disclosures and the information environment [J]. Management Science, 2015, 61 (5): 931 – 948.

[169] Muttakin M. B. , Khan A, Subramaniam N. Firm characteristics, board diversity and corporate social responsibility: evidence from Bangladesh [J]. Pacific Accounting Review, 2012, 7 (3): 353 – 372.

[170] Myllymki E. R. The Persistence in the Association between Section 404 Material Weaknesses and Financial Reporting Quality [J]. Auditing: A Journal of Practice and Theory, 2013, 33 (1): 93 – 116.

[171] Narratives in Annual Reports: A Comprehensive Descriptive Profile and Metrics for Disclosure Quality Attributes [J]. Accounting Forum, 2004, 28 (3): 205 – 236.

[172] Nelson K. , Pritchard A. C. Litigation risk and voluntary disclosure: The use of meaningful cautionary language [R]. Rice University, Working Paper, 2007.

[173] Norden L. , Weber M. Credit line usage, checking account activity and default risk of bank borrowers [J]. Review of Financial Studies, 2010 (23): 3665 – 3699.

[174] Ogneva M. , K. R. Subramanyam, K. Raghunan – dan. Internal Control Weakness and Cost of Equity: Evidence from SOX Section 404 Disclosures [J]. The Accounting Review, 2007, 82 (5): 1255 – 1297.

[175] Peng W. Q. , K. C. J. Wei. Women Executives and Corporate Investment: Evidence from the S&P 1500 [J]. Financial Management Annual Conference, Working Paper, 2007.

[176] Perdo J. Garcia – Teruel, Perdo Martinez – Solano, Juan P. Sanchez – Ballesta. Accrua is quality and debt maturity structure [J]. Abaciis, 2010 (02): 188 – 210.

[177] Petty R. E. , Cacioppo J. T. The elaboration likelihood model of persuasion [J]. Advances in Experimental Social Psychology, 1986, 19 (4): 123 – 205.

[178] Pike B. J. , M. B. Curtis, L. Chui. How does an initial expectation bias influence auditors' application and performance of analytical procedures [J]. The Accounting Review, 2013, 88 (4): 1413 – 1431.

[179] Post C. , K. Byron. Women on Boards and Firm Financial Performance: A Meta – analysis [J]. Academy of Management Journal, 2015, 58 (5): 1546 – 1571.

[180] Potter G. Accounting Earnings Announcements, Institutional Investor Concentration and Common Stock Return [J]. Journal of Accounting Research, 1992, 30 (1): 146 – 155.

[181] Poun J. , Shiller R. J. Are Institutional Investor's Speculators? [J]. The

Journal of Portfolio Management, 1987, 13 (1): 46-52.

[182] Price S. M., Doran J. S., Peterson D R, et al. Earnings conference calls and stock returns: The incremental informativeness of textual tone [J]. Journal of Banking & Finance, 2012, 36 (4): 992-1011.

[183] Purda L., Skillicorn D. Accounting variables, deception, and a bag of words: Assessing the tools of fraud detection [J]. Contemporary Accounting Research, 2015, 32 (3): 1193-1223.

[184] Puri M. Commercial banks as underwriters: Implications for the going public process [J]. The Journal of Finance, 1999, 54: 133-163.

[185] Rajgopal S. Early evidence on the informativeness of the SEC's market risk disclosures: The case of commodity price risk exposure of oil and gas producers [J]. The Accounting Review, 1999, 74 (3): 251-280.

[186] Ran G. Supervisory board characteristics and accounting information quality: Evidence from China [J]. International Review of Economics & Finance, 2015, 37: 18-32.

[187] Reuters. Refco risks boiler-plate disclosure. By Scott Malone. Friday, October 21, 2005. http://w4.stern.nyu.edu/news/news.cfm?doc_id=5094.

[188] Reynolds J. K, J. R. Francis. Dose size matter? The influence of large clients on office-level auditor reporting decision [J]. Journal of Accounting and Economics, 2001 (30): 234-268.

[189] Richard J. Dowen. The Relation of Firm Size, Security Analyst Bais and Neglect [J]. Applied Economics, 1989, 21 (1): 19-23.

[190] Robert F Bruner. An Analysis of Value Destruction and Recovery in the Alliance and Proposed Merger of Volvo and Renault [J]. Journal of Financial Economics, 1999, 51 (1): 25-166.

[191] Rock S., Sedo S., Willenborg M. Analyst Following and Count-Data Econometrics [J]. Journal of Accounting and Economics, 2000 (30): 351-373.

[192] Rogers J. L., Van Buskirk A., Zechman S. L. C. Disclosure tone and shareholder litigation [J]. The Accounting Review, 2011, 86 (6): 2155-2183.

[193] Said R., Omar N., Abdullah W. Empirical Investigations on Boards, Business Characteristics, Human Capital and Environmental Reporting [J]. Social Responsibility Journal, 2013, 9 (4): 534-553.

[194] Sati P. Bandyopadhyay, Jere R. Francis. The Economic Effect of Differing Levels of Auditor Assurance on Bankers' Lending Decision [J]. Canadian Journal of

Administrative Sciences, 1995, 12 (3): 238-249.

[195] Schmitt D. P., A. Realo M. Voracek J. Allik. Why Can't a Man Be More Like a Woman? Sex Differences in Big Five Personality Traits Across 55 Cultures [J]. Journal of Personality and Social Psychology, 2008, 94 (1): 168-182.

[196] Sengupta P., Shen M. Can Accruals Quality Explain Auditors' Decision Making? The Impact of Accruals Quality on Audit Fees, Going Concern Opinions and Auditor Change [J]. Social Science Electronic Publishing, 2008.

[197] Shrives P., Linsley P. Risk disclosures in U. K. and German annual reports: A comparative study. Paper presented at the 6th Financial Reporting and Business Communication Congress Cardiff Business School, 2003 (6): 3-4.

[198] Shrives P., Linsley P. Communicating risk to shareholders and other stakeholders: An empirical study. Paper presented at the 25th Annual Congress of the European Accounting Association Copenhagen, 2002 (4): 24-26.

[199] Skinnner D. Why firms voluntarily disclose bad news [J]. Journal of Accounting Research, 1994, 32 (1): 38-60.

[200] Slater D., Dixon-Fowler H. The Future of the Planet in the Hands of MBAs: An Examination of CEO MBA Education and Corporate Environmental Performance [J]. Academy of Management Learning and Education, 2010, 9 (3): 429-441.

[201] Stephen Baginski, Elizabeth Demers, Chong Wang, Julia Yu. Contemporaneous verification of language: evidence from management earnings forecasts [J]. Review of Accounting Studies, 2016, 21: 165-197.

[202] Stephen P. Baginskia, Elizabeth Demersb, Asad Kausarc, Yingri Julia Yu. Linguistic tone and the small trader [J]. Accounting, Organizations and Society, 2018 (68-69): 21-37.

[203] Tamer Elshandidy, Philip J. Shrives, Matt Bamber, Santhosh Abraham. Risk reporting: A review of the literature and implications for future research [J]. Journal of Accounting Literature, 2018, 40: 54-82.

[204] Tan H. T., Wang E. Y., Zhou B. O. When the use of positive language backfires: The joint effect of tone, readability, and investor sophistication on earnings judgments [J]. Journal of Accounting Research, 2014, 52 (1): 273-302.

[205] Tetlock P. C., Saar-Tsechansky M., Macskassy S. More than words: Quantifying language to measure firms' fundamentals [J]. The Journal of Finance, 2008, 63 (3): 1437-1467.

[206] Tetlock P. C. All the news that's fit to reprint: Do investors react to stale

information？［J］. Review of Financial Studies，2011，24（5）：1481－1512.

［207］Tetlock P. C. Giving content to investor sentiment：The role of media in the stock market［J］. The Journal of Finance，2007，62（3）：1139－1168.

［208］Thomas A. S.，Simerly R. L. Internal Determinants of Corporate Social Performance：the Role of Top Managers［J］. Academy of Management Proceedings，1995（1）：411－415.

［209］Tihanyil，Ellstrand A. E.，Daily C. M. Composition of the Top Management Team and Firm International Diversification［J］. Journal of Management：Official Journal of the Southern Management Association，2000，26（6）：1157－1177.

［210］V. Athanasakou，K. Hussainey. Forward－Looking Performance Disclosure and Earnings Quality［R］. London School of Economics and University of Stirling，Working Paper，2010.

［211］Vroom V.，B. Pahl. Relationship between Age and Risk－taking Among Managers［J］. Journal of Applied Psychology，1971，55（4）：399－405.

［212］Warfield T. D.，Wild J. J.，and Wild K. L. Managerial Ownership，Accounting Choices，and Informativeness of Earnings［J］. Journal of Accounting and Economics，1995，20（1）：61－91.

［213］Womack K. L. Do Brokerage Analysts' Recommendations Have Investment Value？［J］. The Journal of Finance，1996，51（1）：137－67.

［214］Xiao H. F. and Yuan J. G. Ownership Structure，Board Composition and Corporate Voluntary Disclosure：Evidence from Listed Companies in China［J］. Managerial Auditing Journal，2007，22（6）：604－619.

［215］巴鲁克·列夫，谷丰. 会计的没落与复兴（中译本）［M］. 北京：北京大学出版社，2018.

［216］薄仙慧，吴联生. 盈余管理、信息风险与审计意见［J］. 审计研究，2011（1）：90－97.

［217］毕茜，彭珏，左永彦. 环境信息披露制度、公司治理和环境信息披露［J］. 会计研究，2012（7）：39－47.

［218］边海容，万常选，刘德喜，江腾蛟. 考虑Web金融信息的上市企业财务危机预测模型研究［J］. 计算机科学，2013，40（11）：295－298+315.

［219］边海容，万常选，万建香. 网络金融信息与上市公司财务状况的关系研究［J］. 江西财经大学学报，2013（3）：37－44.

［220］卜落凡，李晓涵. 审计师会关注文本信息披露吗？——来自管理层讨论与分析文本相似度的证据［J］. 中南财经政法大学学报，2018（4）.

［221］蔡冬梅，郑婕霞．小议内部控制信息披露的效益与成本［J］．首都经济贸易大学学报，2005（2）：88-90．

［222］蔡庆丰，杨侃．是谁在"捕风捉影"：机构投资者 VS 证券分析师——基于 A 股信息交易者信息偏好的实证研究［J］．金融研究，2013（6）：193-206．

［223］岑维，童娜琼．高管任期、盈余质量与真实盈余管理［J］．现代财经，2015（6）：55-69．

［224］曾雪云，陆正飞．盈余管理信息风险、业绩波动与审计意见——投资者如何逃离有重大盈余管理嫌疑的上市公司？［J］．财经研究，2016，42（8）：133-144．

［225］曾忠禄，马尔丹．文本分析方法在竞争情报中的运用［J］．情报理论与实践，2011，34（8）：47-50．

［226］陈海平．中美高校网站的内容分析与比较［J］．情报杂志，2012，31（2）：87-92．

［227］陈军梅．股权激励、内部控制与会计稳健性［J］．现代财经（天津财经大学学报），2015，35（4）：81-92．

［228］陈茜，陈志勇．四种事务所变更情形对审计质量的影响研究［J］．经济研究导刊，2018（32）：128-131+134．

［229］陈庆杰，余春宏．财务报告舞弊的高管因素分析与人本治理［J］．财政研究，2006（1）：61-63．

［230］陈守明，简涛，王朝霞．CEO 任期与 R&D 强度：年龄和教育层次的影响［J］．科学学与科学技术管理，2011，32（6）：159-165．

［231］陈艺云．大数据时代基于文本信息的信用风险管理研究［J］．金融理论与实践，2017（4）：14-20．

［232］陈郁．所有权、控制权与激励——代理经济学文选［M］．上海：上海三联书店，上海人民出版社，1988．

［233］程新生，谭有超，刘建梅．非财务信息、外部融资与投资效率——基于外部制度约束的研究［J］．管理世界，2012（7）：137-150+188．

［234］池国华，杨金，邹威．高管背景特征对内部控制质量的影响研究——来自中国 A 股上市公司的经验证据［J］．会计研究，2014（11）：67-74+97．

［235］仇云杰，魏炜．研发投入对企业绩效的影响——基于倾向得分匹配法的研究［J］．当代财经，2016（3）：96-106．

［236］邓传洲，李正．论非金融类公司年度报告中的风险信息披露［J］．会计研究，2003（8）：19-22．

［237］董卉娜，严茹梅．高管层持股对企业内部控制缺陷的影响［J］．财会

月刊,2016(5):8-13.

[238] 董艳,李凤. 管理层持股、股利政策与代理问题 [J]. 经济学(季刊),2011,10(3):1015-1038.

[239] 杜莉,戴倩倩. 年度报告的风险信息沟通及影响因素 [J]. 证券市场导报,2010(7):32-36+49.

[240] 杜兴强,周泽将. 政治联系与审计师选择 [J]. 审计研究,2010(2):47-53.

[241] 樊纲,王小鲁,朱恒鹏. 中国市场化指数——各地区市场化相对进程2009年报告 [M]. 北京:经济科学出版社,2009.

[242] 方春生,王立彦,林小驰,林景艺,冯博. SOX法案、内控制度与财务信息可靠性——基于中国石化第一手数据的调查研究 [J]. 审计研究,2008(1):45-52.

[243] 方红星,张志平. 内部控制质量与会计稳健性——来自深市A股公司2007~2010年年报的经验证据 [J]. 审计与经济研究,2012,27(5):3-10.

[244] 方军雄,洪剑峭,李若山. 我国上市公司审计质量影响因素研究:发现和启示 [J]. 审计研究,2004(6):35-43.

[245] 冯延超,梁莱韵. 上市公司法律风险、审计收费及非标准审计意见——来自中国上市公司的经验数据 [J]. 审计研究,2010(3):75-80.

[246] 傅传锐,洪运超. 公司治理、产品市场竞争与智力资本自愿信息披露——基于我国A股高科技行业的实证研究 [J]. 中国软科学,2018(5):123-134.

[247] 高雷,戴勇,张杰. 审计实务影响银行贷款政策吗?——基于上市公司面板数据的经验研究 [J]. 金融研究,2010,5:191-206.

[248] 郭杰,洪洁瑛. 中国证券分析师的盈余预测行为有效性研究 [J]. 经济研究,2009(11):55-67+81.

[249] 韩丽荣. 注册会计师是否关注了环境事项?——来自中国沪市重污染行业的经验证据 [A]. 当代会计评论,2013,4(2):17.

[250] 韩文才,汤琦瑾. 公司社会责任对审计收费与审计意见影响的实证研究 [J]. 新疆财经,2013(5):30-38.

[251] 郝云宏,周翼翔. 董事会结构、公司治理与绩效——基于动态内生性视角的经验证据 [J]. 中国工业经济,2010(5):110-120.

[252] 何威风,刘启亮. 我国上市公司高管背景特征与财务重述行为研究 [J]. 管理世界,2010(7):144-155.

[253] 贺建刚,孙铮,周友梅. 金字塔结构、审计质量和管理层讨论与分

析——基于会计重述视角 [J]. 审计研究, 2013 (6): 68-75+112.

[254] 胡国强, 盖地. 高管股权激励与银行信贷决策——基于我国民营上市公司的经验证据 [J]. 会计研究, 2014, 4: 58-65+96.

[255] 胡茂莉. 异质机构投资者对高管薪酬的影响研究 [D]. 西南财经大学, 2013.

[256] 胡奕明, 饶艳超, 陈月根, 李鹏程. 证券分析师的信息解读能力调查 [J]. 会计研究, 2003 (11): 14-20+65.

[257] 胡奕明, 周伟. 债权人监督: 贷款政策与企业财务状况——来自上市公司的一项经验研究 [J]. 金融研究, 2006, 4: 49-60.

[258] 胡玥. 我国上市公司高管特征与审计收费的相关性研究 [D]. 长江大学, 2016.

[259] 黄荷暑, 周泽将. 女性高管、信任环境与企业社会责任信息披露——基于自愿披露社会责任报告 A 股上市公司的经验证据 [J]. 审计与经济研究, 2015 (4): 30-39.

[260] 黄顺武, 雷磊. 分析师评级的机构持股效应研究 [J]. 贵州财经大学学报, 2015 (2): 12-20.

[261] 黄永安, 曾小青. 投资者情绪、机构投资者与分析师跟进——基于面板数据负二项回归的经验研究 [J]. 山西财经大学学报, 2013 (6): 111-124.

[262] 贾炜莹. 基本物流上市公司年度报告的风险信息披露的实证分析 [J]. 中国市场, 2007 (15): 32-33.

[263] 姜付秀, 张敏, 陆正飞, 陈才东. 管理者过度自信、企业扩张与财务困境 [J]. 经济研究, 2009, 44 (1): 131-143.

[264] 科斯, 等. 契约经济学 [M]. 李风圣主译. 北京: 经济科学出版社, 1999: 185-209.

[265] 黎文靖, 杨丹. 管理层为何自愿披露劳动力成本上涨风险信息?——来自中国上市公司的经验证据 [J]. 财经研究, 2013, 39 (10): 91-105.

[266] 李春涛, 胡宏兵, 谭亮. 中国上市银行透明度研究——分析师盈利预测和市场同步性的证据 [J]. 金融研究, 2013 (6): 118-132.

[267] 李春涛, 宋敏, 张璇. 分析师跟踪与企业盈余管理——来自中国上市公司的证据 [J]. 金融研究, 2014 (7): 124-139.

[268] 李端生, 周虹. 高管团队特征、垂直对特征差异与内部控制质量 [J]. 审计与经济研究, 2017, 32 (2): 24-34.

[269] 李嘉明, 杨帆. 对外担保会影响审计费用与审计意见吗? [J]. 审计与经济研究, 2016, 31 (1): 27-37.

[270] 李丽青. 分析师盈利预测能表征"市场预期盈利"吗?——来自中国 A 股市场的经验证据 [J]. 南开管理评论, 2012 (6): 44-50+84.

[271] 李留闯, 李彬. 真实活动盈余管理影响审计师的风险决策吗? [J]. 审计与经济研究, 2015, 30 (5): 44-54.

[272] 李龙会, 刘行. 上市公司 CEO 任期与业绩关系的实证研究 [J]. 会计论坛, 2011, 20 (2): 95-104.

[273] 李明辉. 内部控制与会计信息质量 [J]. 当代财经, 2002 (3): 72-77.

[274] 李明辉. 代理成本与审计师选择——基于中国 IPO 公司的研究 [J]. 财经研究, 2006 (4): 91-102.

[275] 李青原, 赵艳秉. 企业财务重述后审计意见购买的实证研究 [J]. 审计研究, 2014 (5): 101-107.

[276] 李胜利. SEC 市场风险披露准则及其借鉴 [J]. 证券市场导报, 2002 (2): 20-23.

[277] 李晚金, 张莉. 非财务信息披露与分析师预测——基于深市上市企业社会责任报告的实证检验 [J]. 财经理论与实践, 2014 (5): 69-74.

[278] 李心丹, 宋素荣, 卢斌, 查晓磊. 证券市场内幕交易的行为动机研究 [J]. 经济研究, 2018 (10): 65-79+92.

[279] 李心合. 丧失相关性的会计与会计的持续性变革 [J]. 会计研究, 2012, 10: 3-10+95.

[280] 李心合. 内部控制研究的困惑与思考 [J]. 会计研究, 2013 (6): 54-61+96.

[281] 李璇. 创业板"管理层讨论与分析"披露影响因素实证研究 [D]. 重庆工商大学, 2012.

[282] 梁倬骞, 王东, 朱慧, 潘定. 基于领域本体的网络财务报告文本信息抽取研究 [J]. 广东工业大学学报, 2017, 34 (3): 89-95.

[283] 林江辉. 安然事件对市场风险披露的启示 [J]. 财会月刊, 2002 (8): 11-12.

[284] 林乐, 谢德仁. 分析师荐股更新利用管理层语调吗?——基于业绩说明会的文本分析 [J]. 管理世界, 2017 (11): 125-145+188.

[285] 林乐, 谢德仁. 投资者会听话听音吗?——基于管理层语调视角的实证研究 [J]. 财经研究, 2016, 42 (7): 28-39.

[286] 林丽萍, 余佩斯. 高管背景特征、盈余管理与审计意见 [J]. 会计之友, 2017 (21): 82-88.

[287] 林毅夫, 李志赟. 政策性负担、道德风险与预算软约束 [J]. 经济研究, 2004, 2: 17-27.

[288] 林钟高, 陈曦. 社会信任、内部控制重大缺陷及其修复与财务风险 [J]. 当代财经, 2016 (6): 118-129.

[289] 林钟高, 章铁生, 苏延春. 审计职业判断、持续经营不确定性及其质量检验 [J]. 税务与经济, 2009 (6): 34-46.

[290] 林钟高, 章铁生. 会计信息价值论——作为市场决策基础的研究 [M]. 大连: 东北财经大学出版社, 2001.

[291] 林钟高, 郑军, 卜继栓. 环境不确定性、多元化经营与资本成本 [J]. 会计研究, 2015 (2): 36-43+93.

[292] 刘峰, 谢斌, 黄宇明. 规模与审计质量: 店大欺客与客大欺店?——基于香港市场大陆上市公司的经验数据 [J]. 审计研究, 2009 (3): 45-54.

[293] 刘峰, 许菲. 风险导向型审计·法律风险·审计质量——兼论"五大"在我国审计市场的行为 [J]. 会计研究, 2002 (2): 21-27+65.

[294] 刘峰, 周福源. 国际四大意味着高审计质量吗——基于会计稳健性角度的检验 [J]. 会计研究, 2007 (3): 79-87+94.

[295] 刘凤芹, 马慧. 倾向得分匹配方法的敏感性分析 [J]. 统计与信息论坛, 2009, 24 (10): 7-13.

[296] 刘进, 池趁芳. 高管团队特征、薪酬激励对内部控制质量影响的实证研究——来自创业板上市公司的经验数据 [J]. 工业技术经济, 2016, 35 (2): 60-67.

[297] 刘井建, 焦怀东, 南晓莉. 高管薪酬激励对公司债务期限的影响机理研究 [J]. 科研管理, 2015, 36 (8): 96-103.

[298] 刘启亮, 罗乐, 张雅曼, 陈汉文. 高管集权、内部控制与会计信息质量 [J]. 南开管理评论, 2013, 16 (1): 15-23.

[299] 刘笑霞, 李明辉. 会计师事务所规模与审计质量——基于审计意见视角的经验研究 [J]. 商业经济与管理, 2011 (6): 74-82.

[300] 刘逸爽, 陈艺云. 管理层语调与上市公司信用风险预警——基于公司年报文本内容分析的研究 [J]. 金融经济学研究, 2018, 33 (4): 46-54.

[301] 刘昱熙. 中国上市公司"管理层讨论与分析"信息披露理论与实证研究 [D]. 暨南大学, 2007.

[302] 龙小海, 张媛媛. 会计师事务所规模与审计质量——基于会计师事务所分所的实证研究 [J]. 南京审计大学学报, 2016, 13 (5): 92-103.

[303] 卢馨, 李慧敏, 陈烁辉. 高管背景特征与财务舞弊行为的研究——基

于中国上市公司的经验数据 [J]. 审计与经济研究, 2015, 30 (6): 58 - 68.

[304] 陆正飞, 祝继高, 孙便霞. 盈余管理、会计信息与银行债务契约 [J]. 管理世界, 2008, 3: 152 - 158.

[305] 逯东, 王运陈, 付鹏. CEO激励提高了内部控制有效性吗?——来自国有上市公司的经验证据 [J]. 会计研究, 2014 (6): 66 - 72 + 97.

[306] 路军. 女性高管抑制上市公司违规了吗?——来自中国资本市场的经验证据 [J]. 中国经济问题, 2015 (5): 66 - 81.

[307] 罗彪, 葛佳佳, 王琼. 探索型、挖掘型战略选择对组织绩效的影响研究 [J]. 管理学报, 2014, 11 (1): 37 - 45.

[308] 吕先锫, 王伟. 注册会计师非标准审计意见影响因素的实证研究——来自中国证券市场的行业经验证据 [J]. 审计研究, 2007 (1): 51 - 58.

[309] 孟庆斌, 杨俊华, 鲁冰. 管理层讨论与分析披露的信息含量与股价崩盘风险——基于文本向量化方法的研究 [J]. 中国工业经济, 2017 (12): 132 - 150.

[310] 欧阳励励. 分析师跟进决策的影响因素 [J]. 技术经济与管理研究, 2011 (7): 90 - 93.

[311] 彭博. 上市公司风险信息披露水平的影响因素及其后果的实证研究 [D]. 新疆财经大学, 2012.

[312] 彭华涛. 科技体制改革演进过程中的科技创新规律——基于《人民日报》1985~2013年标题的文本分析 [J]. 科学学研究, 2014, 32 (9): 1313 - 1321.

[313] 彭梅. 大数据环境下的文本信息挖掘方法 [J]. 现代电子技术, 2017, 40 (23): 123 - 126.

[314] 齐保垒, 田高良, 李留闯. 上市公司内部控制缺陷与财务报告信息质量 [J]. 管理科学, 2010, 23 (4): 38 - 47.

[315] 丘心颖, 郑小翠, 邓可斌. 分析师能有效发挥专业解读信息的作用吗?——基于汉字年报复杂性指标的研究 [J]. 经济学 (季刊), 2016, 15 (4): 1483 - 1506.

[316] 饶艳超, 胡奕明. 银行信贷中会计信息的使用情况调查与分析 [J]. 会计研究, 2005, 04: 36 - 41 + 94 - 95.

[317] 任颋, 王峥. 女性参与高管团队对企业绩效的影响: 基于中国民营企业的实证研究 [J]. 南开管理评论, 2010, 13 (5): 81 - 91.

[318] 申慧慧, 吴联生. 股权性质、环境不确定性与会计信息的治理效应 [J]. 会计研究, 2012 (8): 8 - 16 + 96.

[319] 宋彪，朱建明，李煦．基于大数据的企业财务预警研究［J］．中央财经大学学报，2015（6）：55-64．

[320] 宋衍蘅，肖星．监管风险、事务所规模与审计质量［J］．审计研究，2012（3）：83-89．

[321] 宋玉，沈吉，范敏虹．上市公司的地理特征影响机构投资者的持股决策吗？——来自中国证券市场的经验证据［J］．会计研究，2012（7）：72-79+97．

[322] 孙德升．高管团队与企业社会责任：高阶理论的视角［J］．科学学与科学技术管理，2009，30（4）：188-193．

[323] 孙蔓莉，姚岳．公司报告语言信息研究［J］．甘肃社会科学，2005（3）：244-247．

[324] 孙铮，曹宇．股权结构与审计需求［J］．审计研究，2004（3）：7-14．

[325] 孙铮，李增泉，王景斌．所有权性质、会计信息与债务契约——来自我国上市公司的经验证据［J］．管理世界，2006，10：100-107+149．

[326] 唐红珍，于海云，王嫚．高管持股变化、信息披露的择时行为及市场反应［J］．财会通讯，2014（33）：57-60．

[327] 唐松莲，胡奕明．机构投资者关注上市公司的信息透明度吗？——基于不同类型机构投资者选股能力视角［J］．管理评论，2011，23（6）：31-40+48．

[328] 唐松莲．机构投资者选股能力及其持股行为的经济效果研究［D］．上海交通大学，2009．

[329] 唐跃军，吕斐适，程新生．大股东制衡、治理战略与信息披露——来自2003年中国上市公司的证据［J］．经济学（季刊），2008，2：647-664．

[330] 田野，陈全．审计师变更的经济后果研究——来自中国证券市场的经验证据［J］．中国会计评论，2011，9（3）：317-336．

[331] 瓦茨，齐默尔曼．实证会计理论［M］．陈少华等译．大连：东北财经大学出版社，1999：276-285．

[332] 汪祥耀，潘莹．后危机时代公司整合报告的构想及创新——基于FESG四维信息与SWOT分析的思考［J］．财经论丛，2012，1：76-83．

[333] 王芳．高管团队特征与上市公司内部审计质量——基于高层梯队理论的实证研究［J］．中国管理信息化，2016，19（17）：51-53．

[334] 王华杰，王克敏．应计操纵与年报文本信息语气操纵研究［J］．会计研究，2018（4）：45-51．

[335] 王进朝．非标准审计意见与高管更换的相关性检验——基于2002年~2009年中国A股上市公司的实证研究［J］．审计与经济研究，2011，26（1）：

48-56.

[336] 王晶,彭博,熊焰韧,张萍,张娟.内部控制有效性与会计信息质量——西方内部控制研究文献导读及中国制度背景下的展望(一)[J].会计研究,2015(6):87-95+97.

[337] 王生年,尤明渊.管理层薪酬激励能提高信息披露质量吗?[J].审计与经济研究,2015,30(4):22-29.

[338] 王永妍,鲍睿,卢闯.审计师关注资产质量吗?——一项经验证据[J].中央财经大学学报,2017(12):44-59.

[339] 王士红.所有权性质、高管背景特征与企业社会责任披露——基于中国上市公司的数据[J].会计研究,2016(11):53-60.

[340] 王霞,徐晓东.审计重要性水平、事务所规模与审计意见[J].财经研究,2009,35(1):37-48.

[341] 王霞,薛跃,于学强.CFO的背景特征与会计信息质量——基于中国财务重述公司的经验证据[J].财经研究,2011,37(9):123-133+144.

[342] 王雄元,李岩琼,肖忞.年报风险信息披露有助于提高分析师预测准确度吗?[J].会计研究,2017(10):37-43+96.

[343] 魏晓博.上市公司内部控制评价的成本效益研究[D].河南大学,2013.

[344] 温国山.会计师事务所规模、审计质量与市场反应——来自中国证券审计市场的证据[J].审计与经济研究,2009,24(6):34-45.

[345] 温毓敏.会计师事务所规模、法制环境与审计质量实证研究[J].财会通讯,2016(9):16-19.

[346] 吴蓓蓓.高管异质性对企业绩效的影响探析——以社会责任信息披露的中介作用为例[J].人才资源开发,2017(18):172-174.

[347] 吴昊旻,王华.代理冲突及其制度渊源、事务所规模与审计质量[J].审计研究,2010(5):68-72.

[348] 吴昊旻,吴春贤,杨兴全.惩戒风险、事务所规模与审计质量——来自中国审计市场的经验证据[J].审计研究,2015(1):75-83.

[349] 吴良海,张玉,吕丹丽,谢志华.环境污染、公益性捐赠与"清洁"审计意见——来自中国A股市场的经验证据[J].审计与经济研究,2017,32(6):31-42.

[350] 吴明礼,戴荣波.政治关联、信息披露质量与债务融资成本[J].南京审计学院学报,2015,12(3):81-87.

[351] 吴水澎,李奇凤.国际四大、国内十大与国内非十大的审计质量——

来自 2003 年中国上市公司的经验证据 [J]. 当代财经, 2006 (2): 114 - 118.

[352] 吴溪, 杨育龙, 张俊生. 预防性监管伴随着更严格的审计结果吗?——来自中注协年报审计风险约谈的证据 [J]. 审计研究, 2014 (4): 63 - 71.

[353] 吴先聪. 机构投资者对公司内部控制人的监督及其经济后果研究 [D]. 重庆大学, 2012.

[354] 吴运建, 商行. 上证 A 股上市公司年报中风险信息的价值研究 [J]. 财经问题研究, 2013 (6): 66 - 73.

[355] 武晓玲, 詹志华, 张亚琼. 我国上市公司现金持有动机的实证研究——基于资本市场信息不对称的视角 [J]. 山西财经大学学报, 2007 (11): 88 - 93.

[356] 夏普, 等. 投资学 (下) [M]. 赵锡军, 等译. 北京: 中国人民大学出版社, 1998: 145.

[357] 肖浩, 詹雷, 王征. 国外会计文本信息实证研究述评与展望 [J]. 外国经济与管理, 2016, 38 (9): 93 - 112.

[358] 谢德仁, 林乐. 管理层语调能预示公司未来业绩吗?——基于我国上市公司年度业绩说明会的文本分析 [J]. 会计研究, 2015 (2): 20 - 27 + 93.

[359] 谢少敏. 市场风险披露研究: 基于 A 股年报与 ADR 年报的比较 [A]. 中国会计学会会计基础理论专业委员会. 中国会计学会会计基础理论专业委员会 2010 年专题学术研讨会论文集 [C]. 中国会计学会会计基础理论专业委员会: 厦门大学会计发展研究中心, 2010: 10.

[360] 谢盛纹, 闫焕民. 事务所变更、信息隐藏及市场反应 [J]. 审计与经济研究, 2013, 28 (4): 23 - 33.

[361] 许年行, 李哲. 高管贫困经历与企业慈善捐赠 [J]. 经济研究, 2016, 51 (12): 133 - 146.

[362] 薛爽, 肖泽忠, 潘妙丽. 管理层讨论与分析是否提供了有用信息?——基于亏损上市公司的实证探索 [J]. 管理世界, 2010 (5): 130 - 140.

[363] 燕麟. 分析师跟踪与机构投资者持股的相互关系 [J]. 浙江金融, 2016 (9): 36 - 44.

[364] 杨德明, 冯晓. 银行贷款、债务期限与上市公司内部控制 [J]. 山西财经大学学报, 2011, 8: 44 - 50.

[365] 杨海燕, 韦德洪, 孙健. 会计研究机构投资者持股能提高上市公司会计信息质量吗?——兼论不同类型机构投资者的差异 [J]. 会计研究, 2012 (9): 16 - 23 + 96.

[366] 杨海燕. 监督或无为：异质机构投资者对代理成本的影响 [A]. 中国会计学会教育分会. 中国会计学会 2011 学术年会论文集 [C]. 中国会计学会教育分会，2011.

[367] 杨娟娟. 持续经营不确定性对审计意见影响的实证研究 [D]. 湖南大学，2010.

[368] 杨书怀. 公允价值分层计量、环境不确定性与审计质量 [J]. 审计研究，2018 (2)：104-112.

[369] 杨星. 高管团队背景特征、薪酬激励与内部控制有效性 [J]. 商业会计，2013 (12)：82-84.

[370] 杨扬，周一懋，周宗放. 基于文本大数据的企业信用风险评估 [J]. 大数据，2017，3 (1)：44-50.

[371] 杨有红，胡燕. 试论公司治理与内部控制的对接 [J]. 会计研究，2004 (10)：14-18.

[372] 耀友福，胡宁，周兰. 审计师变更、事务所转制与股价崩盘风险 [J]. 审计研究，2017 (3)：97-104.

[373] 叶建芳，陈辉发，蒋义宏. 法律渊源、投资者保护与审计质量——来自全球主要股票市场的证据 [J]. 审计研究，2010 (4)：78-88.

[374] 叶建芳，李丹蒙，丁琼. 真实环境下机构投资者持股与公司透明度研究——基于遗漏变量与互为因果的内生性检验分析视角 [J]. 财经研究，2009 (1)：49-60.

[375] 叶建芳，李丹蒙，章斌颖. 内部控制缺陷及其修正对盈余管理的影响 [J]. 审计研究，2012 (6)：50-59+70.

[376] 游家兴，李斌. 信息透明度与公司治理效率——来自中国上市公司总经理变更的经验证据 [J]. 南开管理评论，2007 (4)：73-79+85.

[377] 于鹏. 公司特征、国际"四大"与审计意见 [J]. 审计研究，2007 (2)：53-60.

[378] 余钧. 社会科学研究中的文本信息分析：应用演进与热点领域 [J]. 情报探索，2017 (10)：128-134.

[379] 袁蓉丽，肖泽忠，邹宏. 金融机构投资者的持股和公司业绩：基于股东积极主义的视角 [J]. 中国软科学，2010 (11)：110-122+192.

[380] 原红旗，李海建. 会计师事务所组织形式、规模与审计质量 [J]. 审计研究，2003 (1)：32-37.

[381] 约翰逊，卡普兰. 管理会计兴衰史（相关性的遗失）[M]. 北京：清华大学出版社，2004.

[382] 岳衡, 林小驰. 证券分析师 VS 统计模型: 证券分析师盈余预测的相对准确性及其决定因素 [J]. 会计研究, 2008 (8): 40-49+95.

[383] 翟华云, 廖洪. 投资机会、审计风险与审计质量研究 [J]. 审计与经济研究, 2011, 26 (4): 46-53.

[384] 张曾莲. 双重上市公司境内外风险信息披露一致性及其影响因素 [J]. 财经理论与实践, 2014, 35 (4): 85-90.

[385] 张迪. 审计师对信息风险区别对待了吗?——基于"调增式变脸"与审计意见关系的证据 [J]. 审计研究, 2012 (3): 106-112.

[386] 张国清, 肖华. 高管特征与公司环境信息披露——基于制度理论的经验研究 [J]. 厦门大学学报 (哲学社会科学版), 2016 (4): 84-95.

[387] 张海燕. 我国上市公司内部控制信息披露与财务报告质量研究 [D]. 西南财经大学, 2007.

[388] 张洪辉, 章琳一. 融券制度与审计质量——基于准自然实验分析 [J]. 经济管理, 2018, 40 (1): 172-190.

[389] 张会丽, 张然, 林景艺. 女性高管是否影响公司盈余质量——基于我国上市公司的大样本分析 [J]. 财经理论与实践, 2010, 31 (6): 62-66.

[390] 张继勋, 屈小兰. 管理层风险提示信息、诚信度与投资者决策——一项实验证据 [J]. 证券市场导报, 2011 (9): 51-56.

[391] 张健. 企业社会责任信息披露的经济后果研究——从影响审计收费的视角 [J]. 山东财经大学学报, 2015, 27 (6): 96-106.

[392] 张利霞. 诉讼风险、事务所规模与审计质量关联性分析 [J]. 财会通讯, 2016 (27): 18-21.

[393] 张奇峰, 张鸣. 公司控制权安排、审计师选择与市场价值——来自中国上市公司的证据 [J]. 山西财经大学学报, 2009, 31 (6): 108-115.

[394] 张青. 上市公司内部控制质量对财务报告重述影响的实证研究 [D]. 首都经济贸易大学, 2016.

[395] 张瑞芳. 我国上市公司风险信息披露质量影响因素研究 [D]. 东北大学, 2010.

[396] 张苏彤, 周虹. 我国商业银行风险披露状况研究: 上市银行的案例 [J]. 上海金融, 2003 (10): 17-20.

[397] 张馨艺, 张海燕, 夏冬林. 高管持股、择时披露与市场反应 [J]. 会计研究, 2012 (6): 54-60+93.

[398] 张兆国, 刘永丽, 谈多娇. 管理者背景特征与会计稳健性——来自中国上市公司的经验证据 [J]. 会计研究, 2011 (7): 11-18+97.

[399] 赵芳芳,权亚文. 高管个人特征对企业环境信息披露的影响研究 [J]. 财会通讯, 2017 (27): 100-104.

[400] 赵亚明. 2005年深市"管理层讨论与分析"的执行情况 [J]. 证券市场导报, 2006 (7): 59-61.

[401] 赵一蔚. 机构投资者异质性对上市公司投资效率的影响研究 [D]. 西南财经大学, 2014.

[402] 赵勇,赵筱媛. 基于政策文本计量的中小企业政策体系研究 [J]. 中国科技论坛, 2016 (11): 37-42.

[403] 郑军,林钟高,王颖. 政府干预、内控质量与银行信贷资源配置——来自中国上市公司的经验证据 [J]. 安徽大学学报（哲学社会科学版）, 2014, 1: 138-146.

[404] 郑伟. 非结构化数据背后的价值 [J]. 首席财务官, 2016 (10): 72-73.

[405] 郑艳敏. 持续经营不确定因素对审计意见影响的实证研究 [D]. 西南财经大学, 2009.

[406] 钟伟强,张天西,张燕妮. 自愿披露与公司治理——一项基于中国上市公司数据的实证分析 [J]. 管理科学, 2006 (3): 81-89.

[407] 周婷婷. 国企高管腐败、风险信息与责任承担——基于党组织甄别免责动机的视角 [J]. 财贸研究, 2016, 27 (6): 122-130.

[408] 周晓惠,田蒙蒙,聂浩然. 高管团队异质性、盈余管理与企业绩效 [J]. 南京审计大学学报, 2017, 14 (3): 75-85.

[409] 周泽将. 信息披露透明度与公司治理关系的实证分析——源自深市信息披露评分的证据 [J]. 铜陵学院学报, 2007 (4): 34-37.

[410] 朱朝晖,包燕娜,许文瀚. 管理层语调离差策略及其对分析师预测乐观度影响——基于A股制造业上市公司MD&A文本分析公共选择理论下的税收成本与社会契约形式转变 [J]. 财经论丛, 2018 (2): 39-46.

[411] 朱朝晖,许文瀚. 管理层语调是否配合了盈余管理行为 [J]. 广东财经大学学报, 2018, 33 (1): 86-98.

[412] 朱朝晖,许文瀚. 上市公司业绩预告文本信息、语言特征与市场反应 [J]. 浙江工商大学学报, 2018 (2): 73-84.

[413] 朱春艳,伍利娜. 上市公司违规问题的审计后果研究——基于证券监管部门处罚公告的分析 [J]. 审计研究, 2009 (4): 42-51.

[414] 朱红军,何贤杰,陶林. 信息源、信息搜寻与市场吸收效率——基于证券分析师盈利预测修正的经验证据 [J]. 财经研究, 2008 (5): 63-74.

［415］朱小平，余谦．上市公司的财务指标与审计意见类型相关性的实证分析［J］．中国会计评论，2003（1）：29-48．

［416］邹新月，李茂卿．基于动态内生性视角的公司高管激励与绩效实证研究［J］．广东金融学院学报，2012，27（5）：53-65．